창세기 이야기

김민웅
창세기 이야기

❸ 넘치는 축복

한길사

창세기 이야기 ❸ 넘치는 축복

지은이 · 김민웅
펴낸이 · 김언호
펴낸곳 · (주)도서출판 한길사

등록 · 1976년 12월 24일 제74호
주소 · 413-756 경기도 파주시 교하읍 문발리 520-11
　　　www.hangilsa.co.kr
　　　E-mail: hangilsa@hangilsa.co.kr

전화 · 031-955-2000~3　　팩스 · 031-955-2005

상무이사 · 박관순 | 영업이사 · 곽명호
편집 · 박희진 안민재 | 전산 · 한향림
마케팅 및 제작 · 이경호 이연실 | 관리 · 이중환 문주상 장비연 김선희

출력 · 한국커뮤니케이션 | 인쇄 제본 · 갑우문화사

제1판 제1쇄 2010년 3월 10일

값 14,000원
ISBN 978-89-356-6156-5　04230
ISBN 978-89-356-6157-2 (전3권)

• 잘못 만들어진 책은 구입하신 서점에서 바꿔드립니다.

이 도서의 국립중앙도서관 출판시도서목록(CIP)은
e-CIP 홈페이지(http://www.nl.go.kr/ecip)에서 이용하실 수 있습니다.
(CIP제어번호: CIP2010000722)

"인간은 선한 것도 악하게 끌고 가는데 하나님은
악한 일도 선한 열매를 거두는 계기로 바꾸어내십니다.
여기에 우리의 희망이 있습니다."

김민웅
창세기 이야기 ❸ 넘치는 축복

❶ 생명의 빛

창세의 시작은 지금 여기입니다 | 책을 내면서
마음을 새롭게 하는 성서읽기 | 들어서는 글

❷ 길 떠나는 사람들

31 야곱의 귀환

창세기 29장 31절-35절, 30장, 31장

여인들의 자식 낳기 경쟁

야곱이 라반의 사위가 되면서 하란은 그에게 제2의 고향처럼 됩니다. 그러나 야곱의 인생은 갈등과 긴장의 연속입니다. 부인들 사이의 치열한 경쟁과 장인 라반의 기만을 감당하면서 야곱은 자기의 미래의 터를 닦아야 했습니다. 그러고는 마침내 집으로 돌아가겠다는 결정을 내리지요.

이 과정에서 야곱은 아무도 따를 수 없는 지혜와 능력을 갖추게 됩니다. 하란에서의 이십 년은 야곱이 자신의 온 몸을 던져 야곱 공동체의 기반을 세운 세월이었습니다. 그 공동체는 야곱이 하란을 가던 중 꿈에서 하나님을 만났던 베델, 즉 '하나님의 집'을 그 영혼의 중심 좌표로 삼아 이루어낸 축복이자, 라반에게 속고 당하기만 했던 그 인생의 일대 역전逆轉을 입증하는 실체였습니다. '하나님의 집'이라는 뜻의 베델은, 절망의 자리에서 언제나 나타나시는 하나님을 기억케 하는 믿음의 표식입니다.

그것을 믿는 이는 감당하기 어려운 시련 앞에서도 물러서지 않으며 무릎 꿇지 않습니다. 우리는 누구든 이러다가 패한다고 생각될 때 인생 역전의 축복을 절실히 갈망합니다. 야곱은 그것을 이뤄냅니다. 그에 이르기까지 야곱의 삶에 어떤 일들이 일어났는지 살펴보기로 하겠습니다.

우선 야곱의 아내들 사이에서 치열한 다툼이 일어납니다. 그것은 이 여인들의 아버지 라반이 뿌린 씨앗이기도 하지요. 애초에 야곱이 원했던 라헬과 결혼하도록 했으면 일어나지 않았을 일입니다. 언니와 동생을 한 남자와 혼인하게 함으로써 두 자매는 자신들로서는 원치 않았던 연적이 되었고, 그것이 또 자식 낳기 경쟁으로 이어져 야곱의 사랑을 독차지하려는 쟁투가 벌어지게 되었던 것입니다. 야곱의 마음이 라헬에게 가 있으니 레아는 상처를 받지 않을 수 없었습니다. 첫 동침은 레아가 하지만 사랑은 라헬이 더 많이 받았다고 하는데, 자녀출산에서는 레아가 라헬보다 앞서는 상황이 벌어집니다. 라헬은 임신하지 못하는 반면에 레아는 아이를 연달아 낳았던 것입니다.

주께서는, 레아가 남편의 사랑을 받지 못하는 것을 보시고, 레아의 태를 열어주셨다. 라헬은 임신을 하지 못하였으나 레아는 마침내 임신을 하여 아들을 낳았다. 그는 속으로 "주께서 나의 고통을 살피시고, 나에게 아들을 주셨구나. 이제는 남편도 나를 사랑하겠지" 하면서, 아기 이름을 르우벤이라고 하였다. 그가 또 임신을 하여 아들을 낳았다. 그는 속으로 "주께서, 내가 남편의 사랑을 받지 못하여 하소연하는 소리를 들으시고, 이렇게 또 아들을 주셨구나" 하면서, 아이 이름을 시므온이라고 하였다. 그가 또 임신을 하여 아들을 낳았다. 그는 속으로 "내가 아들을 셋이나 낳았으니, 이제는 남편도 별

수 없이 나에게 단단히 매이겠지" 하면서, 아이 이름을 레위라고 하였다. 그
가 또 임신을 하여 아들을 낳았다. 그는 속으로 "이제야말로 내가 주를 찬양
하겠다" 하면서, 아이 이름을 유다라고 하였다. 레아의 출산이 그쳤다. _{창세기}

29: 31-35

레아는 아들들을 낳으면서 남편의 사랑이 자신에게 돌아오리라고 여
깁니다. 자식 낳기 경쟁의 목적은 오로지 야곱의 마음을 얻는 데에 있었
지요. "이제는 남편도 나를 사랑하겠지"라는 대목은 바로 그런 레아의
심정을 그대로 표현하고 있습니다. 그녀가 낳은 자식들의 이름은 레아
자신이 짓는데 그 뜻도 레아의 마음을 그대로 보여주고 있습니다. 첫아
이 '르우벤'(보라, 아들이라)을 낳고는 한이 풀렸고, 둘째 아이 '시므온'
(들으심)을 통해서 자신의 기도가 이루어지는 감격을 나타냈다면, 셋째
'레위'(연합함)를 낳자 남편의 마음을 자신이 확실히 잡았다고 믿고 싶
어합니다. '유다'(찬송함)까지 생기자 레아는 "주를 찬양하노라"고 하면
서 자신의 사정보다는 하나님의 은혜를 앞세웁니다. 레아의 출산은 일단
여기에서 멈춥니다. 레아와 라헬의 경쟁은 여기까지만 보면 레아의 승리
처럼 보입니다.

그러자 자식이 없는 라헬의 마음이 자연스레 불안해지기 시작했겠지
요. 지금이야 남편의 사랑은 자신이 더 많이 받고 있지만 이러다가 혹시
이 사랑마저 빼앗기지 않을까라는 불길한 생각이 들었을 것입니다. 언니
가 이름짓는 방식이 그녀에게 위기감을 느끼게 했을지도 모를 일입니다.
하나님이 언니 레아의 편인 것처럼 여겨질 수 있기 때문입니다. 그래서
라헬은 할 수 없이 방법을 찾습니다.

라헬은 자기와 야곱 사이에 아이가 없으므로, 언니를 시새우며, 야곱에게 말하였다. "나도 아이 좀 낳게 해주셔요. 그렇지 않으면, 죽어버리겠어요." 야곱이 라헬에게 화를 내면서 말하였다. "내가 하나님이라도 된단 말이오? 당신이 임신할 수 없게 하신 분이 하나님이신데, 나더러 어떻게 하라는 말이오?" 라헬이 말하였다. "나에게 몸종 빌하가 있습니다. 빌하와 동침하셔요. 그가 아이를 낳아서, 나에게 안겨주면, 빌하의 몸을 빌려서, 나도 당신의 집안을 이어나가겠어요." 창세기 30: 1-3

라헬이 야곱에게 자기도 아이를 낳게 해달라면서 그렇지 않으면 죽어버리겠다고 하자 라헬을 그토록 사랑하는 야곱도 화를 버럭 냅니다. 그게 어디 사람의 능력에 달린 일이냐고 반박합니다. 라헬이 왜 그런 말을 했는지 아는 야곱이 자식이 없으면 어떠냐, 내가 사랑하니 괜찮다라고 위로해주었다면 상황이 좀 달라졌을 텐데 야곱 역시 어쩔 수 없는 가부장적 남자였던 모양입니다. 이렇게 되자 라헬은 자신의 몸종 빌하를 야곱과 동침하게 합니다. 이것은 사라가 아브라함에게 하갈을 아내로 내주었던 것과 다를 바 없습니다. 다만 그렇게 해서 낳은 몸종의 아들들도 끝까지 내쫓지 않았다는 점은 사라 때와는 다르다고 하겠습니다.

야곱이 이런 라헬의 제안을 그대로 받아들이는 태도는 자연스럽지 않습니다. 하지만 그렇게 하는 이유를 굳이 짐작해보자면 이를 거절할 경우 이미 아들을 낳아 기득권자가 된 듯한 레아의 편에만 서 있는 인상을 줄 수도 있기 때문이고, 또 라헬 쪽에서 "당신은 나를 사랑한다며 왜 내 말을 안 들어줘?" 이렇게 몰아세울 수도 있기 때문입니다. 그런데 이 몸종 빌하는 나중에 레아의 큰 아들 르우벤이 범하는 여인입니다. 르우벤에게는 작은 어머니, 또는 이모 뻘 되는 여인이자 엄연히 아버지 야곱의 아내입니다. 그녀가 낳은 자식과 르우벤은 이복형제 사이입니다. 서로 간에 매우 복잡한 관계가 되는 셈인데 자기 쪽으로 아이를 가져 언니를 이겨보겠다는 라헬의 계획은 그대로 들어맞아 그녀의 몸종 빌하가 야곱과 동침한 후 자식을 낳습니다.

라헬이 자기의 몸종 빌하를 남편에게 주어서 아내로 삼게 하니, 야곱이 빌하와 동침하였다. 마침내, 빌하가 임신을 하여, 야곱과 빌하 사이에 아들이 태어났다. 라헬은 "하나님이 나의 호소를 들으시고, 나의 억울함을 풀어주시려고, 나에게 아들을 주셨구나!" 하면서, 그 아이 이름을 단이라고 하였다. 라헬의 몸종인 빌하가 또 임신을 하여 야곱과의 사이에서 두 번째로 아들을 낳았다. 라헬은 "내가 언니와 크게 겨루어서, 마침내 이겼다" 하면서, 그 아이 이름을 납달리라고 하였다. 창세기 30: 4-8

빌하의 몸에서 태어난 아들 둘도 모두 라헬이 이름을 짓는데, 그녀가 '단'(억울함을 푸심)이라고 지으면서 "나에게 아들을 주셨구나" 하는 것을 보면, 빌하의 아들을 자신의 자식으로 여기고 있다는 것을 알 수 있습니다. 둘째가 태어나자 '납달리'(겨루어 승리함)라고 하면서 자기가 언니와의 경쟁에서 이겼다고 선언합니다. 남편의 사랑은 라헬이 받아도 자식은 레아가 더 많이 낳아서 라헬은 패배자가 되나 했는데 몸종 빌하를 통해 낳게 된 자식을 두고 자신의 승리를 밝힌 셈입니다. 이는 남편의 사랑을 그 자신의 존재로서가 아니라 자식 낳기 경쟁으로 차지하려 한 슬픈 여성사女性史이기도 합니다. 라헬만이 아니라 레아도 나중에 그녀의 몸종인 실바를 야곱과 동침케 하는 대목에 이르면 이 여인들의 경쟁의 중심에 야곱의 책임도 없다고는 할 수 없습니다. 자식 낳기 경쟁에서 라헬 자신이 승리자라고 여기자 이미 자식을 넷이나 낳은 레아가 가만히 있지 못했던 모양입니다.

레아는, 자기가 다시는 더 아기를 낳을 수 없다는 것을 알고서, 자기의 몸종 실바를 데려다가 야곱에게 주어서, 아내로 삼게 하였다. 레아의 몸종 실바와 야곱 사이에서, 아들이 태어났다. 레아는 "내가 복을 받았구나" 하면서, 그 아이 이름을 갓이라고 하였다. 레아의 몸종 실바와 야곱 사이에서 두 번째로 아들이 태어났다. 레아는 "행복하구나, 여인들이 나를 행복하다고 말하리라" 하면서, 그 아이 이름을 아셀이라고 하였다. 창세기 30: 9-13

빌하나 실바 모두 정작 자식은 자신들이 낳고도 그 이름은 주인들이 지으니 이 또한 기가 막힐 일입니다. 생모는 자기들인데, 공식적인 어머니 역할은 라헬과 레아가 하고 있습니다. 열 달을 뱃속에서 기른 친어머니의 입장에서는 애통하고 억울한 처사지요. 라헬과 레아의 싸움 뒤에 가려진 존재들의 아픔과 사연도 생각해볼 필요가 있습니다. 이른바 '씨받이' 또는 '대리모'인데 이런 여성들의 애절한 역사는 동과 서를 막론하고 그 어디에서나 꽤 오래 지속되었고, 많은 이야기 속에 녹아 있다고 할 수 있습니다.

자귀나무가 무엇이기에

두 자매의 싸움은 쉽게 끝나지 않습니다. 레아는 그 자신이 낳은 아들 넷에 실바의 자식까지 합치면 여섯이 있었으며, 라헬 쪽으로는 빌하가 낳은 아들 둘이 있었으니 야곱은 모두 여덟 명의 아들을 둔 사람이 되었습니다. 그러던 어느 날, 레아의 첫 아들 르우벤이 자귀나무를 가져오자 이것을 둘러싸고 또 일이 하나 벌어집니다.

> 보리를 거두어들일 때에, 르우벤이 들에 나갔다가, 자귀나무를 발견하여, 어머니 레아에게 가져다 주니, 라헬이 레아에게 말하였다. "언니, 아들이 가져온 자귀나무를 조금만 나눠줘요." 창세기 30: 14

라헬은 왜 자귀나무에 집착한 것일까요? 라헬의 청에 레아가 "내 남편도 차지하더니 이것도 가지려고 하느냐?"라고 합니다. '내 남편'이라고 강조하고 있지요. 그러면서 그 남편을 "네가 차지해버렸다"고 지탄합니다. 사실 엄밀히 따지면 혼인 첫날 동생 라헬에게 야곱을 빼앗은 것은 레아인데 지금 이렇게 말하고 있는 까닭은 "너는 나보다 더 자주 남편 야곱과 동침하지 않았느냐?"라는 이야기입니다. 잠은 라헬과 더 많이 자는데 자식은 레아가 더 많이 낳았으니, 동침을 아무리 많이 한다 해도 라헬은 태기가 없고 레아는 아이가 쉽게 들어선 겁니다. 그런데 이런 말에 아랑곳하지 않고 라헬은 자귀나무를 얻기 위해 이렇게 말하고 있습니다.

> 라헬이 말하였다. "좋아요. 그럼, 언니 아들이 가져온 자귀나무를 나에게

주어요. 그 대신에 오늘 밤에는 그이가 언니하고 함께 자도록 하지요." 창세기
30: 15

도대체 자귀나무가 무엇이기에 이렇게 언니에게 동침의 권한까지 양
보하고 있을까요? 그 나무를 주면 언니가 야곱과 자도 된다는 라헬의 말
이 적나라합니다. 라헬에게는 절박한 문제였기 때문입니다. 자귀나무는
우선 흔하지 않아서 찾기가 쉽지 않았고, 무엇보다 동서를 막론하고 '합
환채'合歡采라고 해서, 이 나무의 열매나 잎을 달여서 먹으면 건강해지고,
회춘하게 되고, 성적인 능력도 충만해진다는 여러 속설이 있었습니다.
라헬이 이 나무를 원했던 까닭은 분명했겠지요. 아이를 낳기 위해서가
아니겠습니까? 그러니까 이 자귀나무가 레아한테는 그다지 의미가 없을
지 모르지만, 라헬에게는 아주 중요했던 겁니다.

레아는 이 나무를 라헬에게 주고 들로 나가 야곱을 맞이합니다. 자칫
야곱이 라헬의 방으로 들어설까봐 그랬던 모양이지요. 오늘 당신은 내
것이라고 분명히 못 박는 겁니다.

그날 저녁에 야곱이 들에서 돌아올 때에, 레아가 그를 맞으러 나가서 말하
였다. "당신은 오늘 밤에는 나의 방으로 드셔야 합니다. 나의 아들이 가져온
자귀나무를 라헬에게 주고, 그 대신에 당신이 나의 방으로 드시게 하기로 하
였습니다." 그날 밤에 야곱은 레아와 함께 잤다. 하나님이 레아의 호소를 들
어 주셔서, 레아가 임신을 하였고, 야곱과의 사이에서 다섯 번째 아들을 낳
았다. 창세기 30: 16-17

이렇게 야곱과 동침을 하고 난 후 레아는 다시 자식을 낳습니다. 합환 채를 동생 라헬에게 양보한 그녀가 도리어 임신하고 아이를 낳았습니다. 하나님이 그녀의 호소를 들어주신 결과라고 성서는 기록하고 있습니다. 한 아들은 하나님이 자신의 몸종을 야곱에게 준 "대가를 갚아주셨다"는 뜻으로 '잇사갈'(값)이라 했으며, 또 아들 하나를 낳아 그 이름을 남편이 자신에게 잘해줄 것이라며 '스불론'(거함)이라 했고, 마지막으로는 딸 디나를 낳습니다.

이런 중에도 라헬은 아직 아이가 없습니다. 레아는 아들을 여섯이나 낳았으니 이 냉담한 양반도 이제 나에게 마음을 돌리지 않을까 하고 기대를 합니다. 바로 그럴 즈음 라헬이 아기를 낳습니다. 하나님이 라헬의 호소도 들어주신 겁니다. 그렇게 낳은 아이가 바로 '요셉'(더함)입니다.

하나님은 라헬도 기억하셨다. 하나님이 라헬의 호소를 들으시고, 그의 태를 열어주셨다. 그가 임신을 하여서, 아들을 낳으니 "하나님이 나의 부끄러움을 벗겨주셨구나" 하고 생각하였다. 라헬은 그 아이의 이름을 지을 때에 "주께서 나에게 또 다른 아들 하나를 더 주시면 좋겠다" 하는 뜻으로, 그 아이 이름을 요셉이라고 하였다. 창세기 30: 22-24

야곱의 슬하에는 이렇게 해서 나중에 라헬이 낳은 베냐민까지 더해 아들이 열두 명, 레아가 낳은 딸 디나까지 합쳐서 모두 열세 명이 됩니다. 어머니들 사이의 자식 낳기 경쟁과, 요셉에 대한 아버지의 사랑, 이런 것이 이후 요셉의 어린 시절을 규정하는 가정환경이 되지요. 따라서 요셉과 다른 형제들의 관계가 훗날 간단치 않음을 예고하고 있습니다. 야곱은 라헬을 더 사랑했고 또 늦게 낳은 요셉을 다른 자식들보다 더 예뻐했으니, 형제들 사이가 좋을 리 만무합니다. 어머니들끼리의 갈등이 자식들 사이의 긴장으로 이어지는 상황이 되지요. 그리고 이 긴장의 근원은 멀리 따져보면 이들의 할아버지 라반이 결혼식 날 밤, 일을 잘못 처리한 결과였다는 것을 알게 됩니다. 할아버지의 선택이 손자 요셉의 운명에까지 영향을 미칩니다. 하지만 인간의 선택은 그렇게 문제가 많았어도 하나님의 역사는 그것을 전혀 새롭게 바꾸어나가십니다.

야곱과 라반의 새로운 거래

이제 야곱은 요셉을 낳고 난 뒤에는 라반의 집을 떠나기로 결심하고 라반의 허락을 받고자 합니다. 세월이 이만큼 흘렀고 가족도 크게 불어났으니 처가살이는 그만하고 집으로 가겠다는 겁니다. 그러나 라반은 보물덩어리 야곱을 놓치고 싶어하지 않습니다.

라헬이 요셉을 낳은 뒤에, 야곱이 라반에게 말하였다. "제가 고향 땅으로 돌아갈 수 있도록, 저를 보내주십시오. 장인 어른의 일을 해드리고 얻은 저의 처들과 자식들도, 제가 데리고 가게 허락하여주십시오. 제가 장인 어른의 일을 얼마나 많이 해드렸는가 하는 것은, 장인께서 잘 아십니다." 라반이 그에게 말하였다. "자네가 나를 좋아하면, 여기에 머물러 있기를 바라네. 주께서 자네를 보시고 나에게 복을 주신 것을, 내가 점을 쳐보고서 알았네." 라반은 또 덧붙였다. "자네의 품삯은 자네가 정하게. 정하는 그대로 주겠네." 창세기 30: 25-28

라반은 야곱의 공적을 인정하고 평가합니다. 그런데 자신이 직접 눈으로 보고 확인해온 세월이 있는데도 매우 엉뚱한 말을 합니다. "주께서 자네를 보시고 나에게 복을 주신 것을, 내가 점을 쳐보고서 알았네"라고 하는 대목은 라반의 한계를 보여주는 것입니다. 야곱의 뒤에는 언제나 하나님이 계심을 자신의 영적 감수성으로 느끼는 것이 아니라, 점을 치고 나서야 안다는 것은 라반이 무엇에 의지하고 있는 사람인지를 단적으로 말해주지요. 라반은 야곱에게 새로운 거래를 제안합니다. 야곱을 자기 가문에 묶어두기 위해 무엇을 주면 흡족하겠는지 원하는 "그대로 주겠다"고 합니다. 이건 맨 처음 야곱이 라반의 집에 왔을 때 했던 "네가 나의 조카이긴 하다만, 나의 일을 거저 할 수는 없지 않느냐? 너에게 어떻게 보수를 주면 좋을지, 너의 말을 좀 들어보자"라는 말을 떠올리게 합니다.

야곱은 그때 사랑하는 라헬을 아내로 달라고 요구했지만 결국 라반에게 속고 말지요. 그런데 이번에는 이미 야곱의 능력이 확인된 상황입니다. 전에는 "너의 말을 좀 들어보자"라고 했지요. 그러니까 듣고 난 다음에 그것을 받아들일지 말지하는 결정권은 어디까지나 라반에게 있었습니다. 하지만 이번에는 "그대로"라고 했으니 야곱이 거래의 내용을 결정하는 겁니다. 달리 문제를 제기하지도 또한 속이지도 않겠다는 것이며, 야곱이 주도권을 가지고 있음을 인정하는 발언입니다. 지금까지 상황이 역전되는 시작입니다.

야곱은 신중하게 자신이 바라는 내용을 정해야 합니다. 그건 첫째, 자신이 기여한 바가 아무리 많다고 해도 상대가 경계할 만큼의 보상을 요구하면 안 되고 둘째, 상대가 아무리 술수를 써도 결코 불리한 결과가 오지 않도록 해야 합니다. 야곱이 처음 라반을 만났을 때에는 제 나름대로는 똑똑하다고 여겼는지 모르나 자신이 겪은 일을 모조리 털어놓았던 세상 물정 모르는 순진한 청년에 불과했습니다. 그래서 노회한 라반에게 속고 억울한 세월을 보냈지만 이번에는 좀 다릅니다. 그 어려운 고비를 넘어오면서 야곱은 하나님의 지혜에 의존하는 성숙한 존재가 된 겁니다. 그간의 세월이 헛되지 않았지요. 억울한 일을 겪을 당시에는 이게 도대체 뭔가 했던 과정이 지나고 보니 새로운 가치를 지니게 되었던 것입니다.

야곱이 그에게 말하였다. "제가 장인 어른의 일을 어떻게 해드리고, 장인 어른의 가축 떼를 얼마나 잘 보살폈는지는, 장인께서 잘 아십니다. 제가 여기에 오기 전에는, 장인 어른의 소유가 얼마 되지 않았으나, 이제 떼가 크게 불어났습니다. 주께서는, 제가 하는 수고를 보시고서, 장인 어른에게 복을 주셨습니다. 그러나 이제는, 제가 저의 살림을 챙겨야 할 때가 되었다고 봅니다." 창세기 30: 29-30

자신이 지금까지는 라반의 집안을 위해 노력해왔지만 이제는 자신의 일가를 일으키기 위해 노력할 때가 오지 않았는가라고 밝힙니다. 그 전제는 라반에게 할 만큼 했다는 겁니다. 자기가 왔을 때만 해도 변변찮았던 라반의 가세가 크게 일어섰고 이 모든 성과는 자기의 수고에 대한 하나님의 축복이라고 말하고 있습니다. 자기를 내세우는 것이 아니라 하나님의 축복을 강조하고 있지요. 라반은 그것을 점을 쳐서 비로소 알았다고 하는데, 야곱은 하나님에 대한 고백을 하고 있는 것이 주목됩니다.

라반이 물었다. "그러면 내가 자네에게 무엇을 주면 좋겠는가?" 야곱이 대답하였다. "무엇을 달라는 것이 아닙니다. 다만, 저에게 한 가지 일만 허락하여주시면, 제가 장인 어른의 가축 떼를 계속 먹이고 돌보겠습니다. 창세기 30: 31

여기서 야곱은 자신에게 최선의 조건을 내세우며 흥정하지 않습니다. 상대가 경계하지 않고 자신도 결코 속지 않을 방법을 정하는 셈인데, 그 발언의 내용만 보면 라반에게는 전혀 불리할 게 없어 보입니다. 대단한 것을 달라는 것도 아니고 딱 한 가지만 허락하면 라반의 집일까지도 계속 하겠다고 합니다. 이 말을 듣는 라반은 긴장했던 마음을 누그러뜨릴 수 있는 상황입니다. 이제부터 우리는 야곱의 놀라운 지혜를 보게 됩니다.

오늘, 제가 장인 어른의 가축 떼 사이로 두루 다니면서, 모든 양 떼에서 얼룩진 것들과 점이 있는 것과 모든 검은 새끼 양을 가려내고, 염소 떼에서도 점이 있는 것들과 얼룩진 것들을 가려낼 터이니, 그것들을 저에게 삯으로 주십시오. 제가 정직하다는 것은, 훗날 장인께서 저에게 삯으로 주신 가축 떼를 확인하여 보실 때에 증명될 것입니다. 제가 가진 것 가운데서, 얼룩지지 않은 양이나 점이 없는 양이 있든지, 검은 색이 아닌 새끼 양이 있으면, 그것들은 모두 제가 훔친 것이 될 것입니다." 라반이 말하였다. "그러세. 자네가 말한 대로 하겠네." 창세기 30: 32-34

듣고 보니 그 정도 요구야 아무것도 아니라고 라반은 여겼을 겁니다. 더욱이 라반은 다른 생각이 있었습니다. 즉, 또 야곱을 속일 생각을 했지요. 그렇게 주기로 하고 미리 빼돌리면 된다고 생각합니다.

그러나 라반은 이렇게 말해놓고서도, 바로 그날로, 숫염소 가운데서 줄무늬가 있는 것과 점이 있는 것을 가려내고, 또 모든 암염소 가운데서도 흰 바탕에 얼룩이 진 것과 점이 있는 것과 모든 검은 새끼 양을 가려내어, 자기의 아들들에게 주었다. 그런 다음에 라반은, 야곱이 있는 데서 사흘 길을 더 나가서, 자기와 야곱 사이의 거리를 그만큼 뜨게 하였다. 야곱은 라반의 나머지 양 떼를 쳤다. 창세기 30: 35-36

라반은 전혀 지체함이 없이 "바로 그날" 자기의 가축 가운데 야곱이 달라고 했던 종류는 모두 골라서 아들들한테 주어버립니다. 나중에 야곱이 가축 떼에서 그런 종자를 찾아내려고 해도 씨도 찾아볼 수 없게 말입니다. 라반은 겉으로는 "오냐, 좋다" 하고 사실은 기회 자체를 완전히 봉쇄해버립니다. 그것도 사흘 길을 멀리 이동해서 자기 것과 야곱이 가지고 있는 것들이 섞이지 않도록 격리합니다. 매우 치밀하지요. 이런 상황에서는 야곱이 아무리 날고뛰는 재주가 있더라도 안 됩니다. 거래는 성립했지만 야곱이 빈털털이가 되게 하는 수법을 썼던 것입니다. 라반의 일도 하겠다고 했으니 그것만 평생 하다가 늙어 죽어라는 식입니다.

능력과 지혜를 갖춘 야곱

그런데 야곱은 라반이 미처 생각하지 못했던 놀라운 능력이 있었습니다. 돌아보면 번번이 당하기만 했지 않습니까? 아내 라헬을 얻기 위해 십사 년의 세월을 보낸 것도 그렇고, 라반과 그 아들들의 등쌀에 견딜 수 없다고 생각하고 나중에 "장인께서는 저에게 주셔야 할 품삯을 열 번이나 바뀌치셨습니다"라고 항변하는 대목을 보면, 야곱이 그간 겪은 일이 얼마나 기막혔나를 알 수 있습니다. 이런 고난을 겪으며 야곱은 지혜로 워졌습니다. 품삯 가지고 장난치지 못하게 만드는 방법을 터득한 것인데, 이를테면 자신의 가치를 각성한 노예가 자신을 속이려 드는 주인을 능가하는 힘을 가지게 된 셈이지요. 주인과 노예의 투쟁에서 노예가 이기고 있는 것입니다. 성서는 자신의 삶에서 주도권을 박탈당했던 사람이 하나님의 은혜를 입어 각성하고 능력을 길러 궁극적으로 승리하는 것을 언제나 확인시켜주고 있습니다. '주도권의 역전'입니다.

야곱이 요구한 것은 점박이, 얼룩이, 또는 검은 색의 양과 염소를 자기에게 달라고 했던 것인데, 말그대로 "그거 줘봐야 얼마 되겠어"라고 할 만한 소수의 가축들이었습니다. 뿐만 아니라 그것은 야곱이 빼돌렸는지 아닌지 즉시 확인이 가능한 종류입니다. 점박이, 얼룩이, 검은 양과 검은 염소 무리 가운데 하얀 색의 양과 염소가 함께 섞여 있으면 단번에 알아볼 수 있으니 말이지요. 야곱이 라반을 쉽게 속일 수 없는 방식입니다.

그러나 라반이 미처 생각하지 못한 점이 있습니다. 야곱의 요구가 현실에서 무산되도록 사전에 라반이 재빨리 조치를 취했지만 야곱은 지난 세월 동안 밑바닥에서 모든 일을 감당하고 살아오면서 염소와 양의 습성을 완전히 파악하고 있었다는 사실 말입니다. 양과 염소에 대해서 모르는 게 없었습니다. 어떤 양과 염소가 어떤 버릇을 가지고 있는지, 무엇을 좋아하는지, 얼마만큼을 먹는지, 교미는 어떤 조건에서 하게 되는지, 새끼의 출산은 어떻게 하는지 등등. 마치 야곱이, 완두콩을 가지고 놀라운 유전의 법칙을 밝힌 멘델보다 훨씬 이전에 그 유전에 대한 법칙을 알았다고 할 수 있습니다. 그가 택한 방법이 참 재미있어요.

야곱은, 미루나무와 감복숭아나무와 플라타너스 나무에서 푸른 가지들을 꺾어서 껍질을 벗긴 다음에, 벗긴 가지에 흰 무늬를 냈다. 야곱은, 껍질을 벗긴 그 흰 무늬 가지들을 물 먹이는 구유 안에 똑바로 세워놓고, 양 떼가 와서, 물을 먹을 때에, 바로 눈 앞에 세워놓은 그 가지들을 볼 수 있게 하였다. 양들은 물을 먹으러 와서, 거기에서 교미를 하였다. 양들은, 껍질 벗긴 그 나뭇가지 앞에서 교미를 하고서, 줄무늬가 있거나, 얼룩이 지거나, 점이 있는 양을 낳았다. 야곱은 이런 새끼 양들을 따로 떼어놓았다. 라반의 가축 떼 가운데서, 줄무늬가 있거나 검은 양들은 다 가려냈다. 야곱은 이렇게 자기 가축 떼를 따로 가려내서, 라반의 가축 떼와 섞이지 않게 하였다. 야곱은, 튼튼한 암컷들이 교미할 때에는, 물 먹이는 구유에 껍질 벗긴 가지들을 놓아서, 그 가지 앞에서 교미하도록 하곤 하였다. 그러나 약한 것들이 교미할 때에는, 그 가지들을 거기에 놓지 않았다. 그래서 약한 것들은 라반에게로 가게 하고, 튼튼한 것들은 야곱에게로 오게 하였다. 이렇게 하여, 야곱은 아주 큰 부자가 되었다. 야곱은 가축 떼뿐만 아니라, 남종과 여종, 낙타와 나귀도 많이 가지게 되었다. 창세기 30: 37–43

레아의 아들 르우벤이 가져온 자귀나무를 라헬이 달라고 했던 적이 있는데, 인간의 합환채가 자귀나무였다면 야곱은 동물들의 합환채를 알고 있었지요. 미루나무, 감복숭아나무, 플라타너스 나무에서 푸른 가지를 꺾어서 껍질을 벗긴 다음에 흰 무늬를 내고 그 다음에 그것을 구유 안에다 똑바로 세워놓으면 그 냄새가 양과 염소에게 호르몬 변화를 가져오게 했던 모양인지 그것을 보고 몰려들어 교미를 하고 그것도 야곱이 원하는 종만 태어나게 합니다. 양과 염소의 습성을 세밀하게 아는 야곱만이 할 수 있는 방식이지요. 라반이 미리 빼돌리고 격리시켰지만 그 술책은 소용이 없게 되었습니다. 약한 것들은 라반에게, 강한 것들은 야곱에게 속하도록 한 겁니다.

뛰는 놈 위에 나는 놈입니다. 계속 몰리고 당하는 줄 알았는데 당하고 몰렸던 그 세월이 야곱에게 누구도 능가할 수 없는 지혜를 가져다준 거지요. 고생만 한 게 아니었고, 결코 억울한 세월만은 아니었습니다. 그 사이에 야곱은 누구도 앗아갈 수 없는 그 자신의 능력을 길러낸 겁니다. 누구나 무명의 시절이 있게 마련인데, 그 세월에 하나님의 인도하심에 따라 고투의 훈련을 겪어내면 그것이 곧 그의 자산이 됩니다. 축복의 실체가 자신의 존재 내면에 스며들어가게 되는 겁니다.

야곱이 양과 염소의 수를 불려나가는 방식을 주목해보면, 이미 있는 것 가운데 무언가를 어떻게든 얻어내는 방식이 아니라 현재는 전혀 존재하지 않지만 새것이 태어나게 해서 자신의 것으로 만들고 있습니다. 야곱의 계산은 현재에 속해 있지 않았습니다. 미래의 가능성에 더 큰 무게를 둡니다. 이것을 깨우치면 힘겹고 어려운 시절이 도리어 고마운 시간이 됩니다. 비탄과 원망의 세월이 자신을 성장시키는 과정이 됩니다.

야곱은 어리석게 속는 자 같았으나 지혜로운 자였고, 지는 자 같았으나 이기는 자였으며, 빈손이 되는 자 같았으나 그 내면이 깊고 풍성한 존재가 되었습니다. 이제는 다른 사람으로 위장하지 않아도 자신의 존재 자체로 하나님의 축복 가운데 우뚝 섭니다. 그는 결국 라반의 집에서 떠날 채비를 합니다. 라반과 그의 아들들 역시 야곱을 경계했으니 당연히 갈라서야 할 때가 온 거지요. 야곱 일가가 위험에 처한 동시에 새로운 기회가 열린 겁니다.

라반의 집을 떠나다

야곱은 아내들에게 자신이 겪은 일을 모두 말하고, 하나님의 뜻이라면서 집으로 돌아갈 계획을 털어놓자 아내들은 야곱을 중심으로 확실하게 뭉칩니다. 비록 자기들끼리는 싸웠지만 야곱 공동체가 위기에 처하자 모두 하나가 됩니다. 그동안 긴장과 갈등을 겪어왔던 이들에게 연대감이 형성되고 마침내 모두 라반의 집에서 탈주합니다. 이는 이후 출애굽기에 기록된 히브리인 노예들의 이집트 제국 대탈주의 원형 사건이라고 할 수 있습니다. 도주하는 야곱 일가를 라반이 맹렬하게 추격합니다. 야곱이 떠난 뒤 사흘 만에 소식을 듣고 칠일이 걸리는 길을 따라잡은 겁니다.

> 라반은, 야곱이 도망한 지 사흘 만에야 그 소식을 전해들었다. 라반은 친족을 이끌고 이렛길을 쫓아가서, 길르앗 산간지방에서 야곱이 있는 곳에 이르렀다. 창세기 31: 22-23

일전一戰이 벌어질 상황입니다. 이 일은 과연 어떻게 해결될까요? 하나님은 라반의 꿈에 나타나셔서 "좋은 말이든지 나쁜 말이든지, 야곱에게 아무 말도 하지 않도록 조심하라"고 하셨지만 라반은 일단 따지고 듭니다. 그러나 자신에게 악의가 없음을 덧붙이고 있습니다.

> 라반이 야곱에게 말하였다. "자네가 나를 속이고, 나의 딸들을 전쟁 포로 잡아가듯 하니, 어찌 이럴 수가 있는가? 어찌하여 자네는 나를 속이고, 이렇게 몰래 도망쳐 나오는가? 어찌하여 나에게 아무 말도 하지 않았는가? 자네

가 간다고 말하였으면, 북과 수금에 맞추어서 노래를 부르며, 자네를 기쁘게 떠나보내지 않았겠는가? 자네는, 내가 나의 손자 손녀들에게 입을 맞출 기회도 주지 않고, 딸들과 석별의 정을 나눌 시간도 주지 않았네. 자네가 한 일이 어리석기 짝이 없네. 창세기 31: 26-28

진정 라반이 기쁘게 야곱을 떠나보낼 수 있었을까요? 라반은 지금까지 입증되었듯이 아무리 봐도 속이는 자이지 진실을 말하는 자는 아닙니다. 그러나 하나님의 계시를 잊진 않았습니다. 마음만 먹으면 너는 간단히 해치울 수 있다는 자기 내심을 결국 드러내면서도 하나님의 경고를 망각하지 않고 고백하지요.

"내가 마음만 먹으면, 자네를 얼마든지 해칠 수 있네. 그러나 어젯밤 꿈에 자네 조상의 하나님이 나타나셔서 나에게 경고하시기를 '좋은 말이든지 나쁜 말이든지, 야곱에게 아무 말도 하지 않도록 조심하여라' 하셨다네. 자네가 아버지의 집이 그리워서 돌아가는 것은 당연하지만, 어찌하여 나의 수호 신상들을 훔쳤는가?" 창세기 31: 29-30

그런데 이 본문에서 보듯이 한 가지 문제가 생겼습니다. 라헬이 라반의 집안에서 모시고 있던 신상을 몰래 가져온 겁니다. 라헬은 야곱의 하나님이 아니라 라반이 지켜온 신에 대한 집착이 아직 더 강했음을 보여주는데, 그 수호신상이 사라졌다는 것은 라반에게는 자기 기반이 무너질 수 있다는 두려움을 주는 사건이었습니다. 새로운 긴장이 발생했지만 마침 라헬이 생리중임을 이유로 신상을 숨겨둔 낙타 위에서 내려오지 않음으로써 사태는 진정됩니다. 이로써 라헬은 아버지 라반과 최후의 결별을 했으니, 그녀 역시 이제는 자신의 가족과 공동체가 더 소중한 처지가 되었지요. 야곱은 이 모든 것을 하나님의 뜻으로 정리합니다.

"나의 조상의 하나님, 곧 아브라함을 보살펴주신 하나님이시며, 이삭을 지켜주신 '두려운 분'께서 저와 함께 계시지 않으셨으면, 장인께서는 저를 틀림없이 빈 손으로 돌려보내셨을 것입니다. 그러나 하나님은, 제가 겪은 고난과 제가 한 수고를 몸소 살피시고, 어젯밤에 장인 어른을 꾸짖으셨습니다." ^창
세기 31: 42

야곱은 여차하면 그를 치려는 라반의 마음을 꿰뚫어보면서 하나님을 수호자로 내세우고 있습니다. 야곱이 하나님을 '두려운 분'이라고 강조하는 것은, 자신보다는 상대인 라반을 향한 말이라고 할 수 있습니다. 라반이 마음만 먹으면 야곱을 해할 수 있다고 한 것에 대해, 그보다 더 두려운 분이 계심을 일깨우고 있었던 것입니다. 꿈에 나타나 해주신 계시도 라반에 대한 꾸짖음으로 해석하고, 더 이상 추격해오거나 문제를 일으키면 하나님이 그 다음 행동을 취하실 수 있다고 암시하고 있는 겁니다. 자신을 지키는 것은 자기가 가진 현실의 힘이 아니라 하나님이심을 분명히 밝히는 동시에, 이 모든 사건의 중심에 하나님의 뜻과 축복이 존재함을 야곱은 당당하게 선언하고 있습니다. 집을 떠나올 때의 야곱과는 너무나 다른 모습입니다. 그러자 라반은 화해의 뜻을 전합니다. 라반과 야곱 사이에 평화가 이루어지는 순간입니다.

라반이 야곱에게 대답하였다. "이 여자들은 나의 딸이요, 이 아이들은 다 나의 손자 손녀요, 이 가축 떼도 다 내 것일세. 자네의 눈 앞에 있는 것이 모두 내 것이 아닌가? 그러나 여기 있는 나의 딸들과 그들이 낳은 나의 손자 손녀를, 이제 내가 어떻게 하겠는가? 이리 와서, 자네와 나 사이에 언약을 세우고, 그 언약이 우리 사이에 증거가 되게 하세."……그 돌무더기 옆에서 잔치를 벌이고, 함께 먹었다.……"자네가 나의 딸들을 박대하거나, 나의 딸들을 두고서, 달리 아내들을 얻으면, 자네와 나 사이에는 아무도 없다고 하더라도, 하나님이 자네와 나 사이에 증인으로 계시다는 것을 명심하게." …… "……내가 이 돌무더기를 넘어 자네 쪽으로 가서 자네를 치지 않을 것이니, 자네도 또한 이 돌무더기와 이 돌기둥을 넘어 내가 있는 쪽으로 와서 나를 치지 말게. 아브라함의 하나님, 나홀의 하나님, 그들의 조상의 하나님이 우리 사이를 판가름하여주시기를 바라네." 그러자 야곱은 그의 아버지 이삭을 지켜주신 '두려운 분'의 이름으로 맹세하였다. 창세기 31: 43-53

라반은 이렇게 해서 자기 딸들의 장래를 야곱에게 맡깁니다. 아버지로서 딸들과 마지막 화해를 한 셈입니다. 그러고는 돌로 표식을 세우고 하나님의 뜻으로 서로 평화를 맹약합니다. 자신을 추격해온 상대를 초대하여 잔치를 벌이고 뜨거운 마음으로 이별의 시간을 갖습니다. 적대적 결전을 벌일 뻔했던 사람들이 축복과 사랑으로 각자의 고향으로 돌아가게 되었습니다.

야곱은 거기 산에서 제사를 드리고, 친족들을 식탁에 초대하였다. 그들은 산에서 제사 음식을 함께 먹고, 거기에서 그날 밤을 보냈다. 라반은 다음날

아침 일찍 일어나, 자기 손자 손녀들과 딸들에게 입을 맞추고, 그들에게 축
복하고, 길을 떠나서 고향으로 돌아갔다. 창세기 31: 54-55

야곱은 집을 떠나올 때, 모든 것을 잃은 채 나왔습니다. 얕은 술수로
이득을 취하려 했던 어리석음의 대가를 톡톡히 치렀지요. 라반의 집에서
는 오랜 세월 전력을 다해 일한 대가를 정당하게 받지도 못하고, 희생만
강요당하기도 했습니다. 그의 삶은 그렇게 끝날 수 있었습니다. 하지만
그는 막막한 들판에서 하나님의 돌보심을 경험했던 베델의 좌표를 마음
에 새기고 그 고통의 세월을 견디면서 내면의 성장을 이루어내고, 마침
내 역전의 순간을 맞이합니다. 모든 위기를 극복하고 하나님의 축복 가
운데 얻을 것을 다 얻고 평화롭게 돌아가는 자가 되었습니다. 유혈극이
될 수 있었던 일을 평화와 화해로 마무리짓고, 쫓고 쫓기던 자들이 함께
잔치를 베풀고 서로 축복하며 헤어지는 감동적인 장관이 벌어집니다.
야곱은 이제 자신의 존재를 새롭게 발견하고 내면의 힘을 얻어 돌아갑
니다. 한때는 형 에서의 원한을 사서 죽을 뻔했고 라반의 추격으로 목숨
이 위태로웠던 그가 모든 분쟁의 문제를 생명과 평화의 문제로 풀 줄 알
게 되었습니다. 역전은 단순히 패배가 승리로 바뀌는 것만을 뜻하지 않
습니다. 상대에게 과시하고 위압하기 위한 것 또한 아닙니다. 그것이 생
명과 평화를 가져다 줄 때 하나님의 축복 안에서 이루어지는 진정한 '역
전'의 의미가 완성됩니다. 우리가 바라는 모습이 그런 게 아닐까요? 들판
을 외롭게 헤맨다고 여길 때에도 하나님의 집에 중심을 세우는 사람은
이 기쁨을 반드시 얻을 것입니다. 역전의 감격이 쌓이면, 우리 인생은 더
큰 능력으로 자라날 것입니다.

29

31 주께서는, 레아가 남편의 사랑을 받지 못하는 것을 보시고, 레아의 태를 열어주셨다. 라헬은 임신을 하지 못하였으나 32 레아는 마침내 임신을 하여 아들을 낳았다. 그는 속으로 "주께서 나의 고통을 살피시고, 나에게 아들을 주셨구나. 이제는 남편도 나를 사랑하겠지" 하면서, 아기 이름을 르우벤이라고 하였다. 33 그가 또 임신을 하여 아들을 낳았다. 그는 속으로 "주께서, 내가 남편의 사랑을 받지 못하여 하소연하는 소리를 들으시고, 이렇게 또 아들을 주셨구나" 하면서, 아이 이름을 시므온이라고 하였다. 34 그가 또 임신을 하여 아들을 낳았다. 그는 속으로 "내가 아들을 셋이나 낳았으니, 이제는 남편도 별 수 없이 나에게 단단히 매이겠지" 하면서, 아이 이름을 레위라고 하였다. 35 그가 또 임신을 하여 아들을 낳았다. 그는 속으로 "이제야말로 내가 주를 찬양하겠다" 하면서, 아이 이름을 유다라고 하였다. 레아의 출산이 그쳤다.

30

1 라헬은 자기와 야곱 사이에 아이가 없으므로, 언니를 시새우며, 야곱에게 말하였다. "나도 아이 좀 낳게 해주세요. 그렇지 않으면, 죽어버리겠어요." 2 야곱이 라헬에게 화를 내면서 말하였다.
"내가 하나님이라도 된단 말이오? 당신이 임신할 수 없게 하신 분이 하나님이신데,

나더러 어떻게 하라는 말이오?"
3 라헬이 말하였다. "나에게 몸종 빌하가 있습니다. 빌하와 동침하셔요. 그가 아이를 낳아서, 나에게 안겨주면, 빌하의 몸을 빌려서, 나도 당신의 집안을 이어나가겠어요." 4 라헬이 자기의 몸종 빌하를 남편에게 주어서 아내로 삼게 하니, 야곱이 빌하와 동침하였다.
5 마침내, 빌하가 임신을 하여, 야곱과 빌하 사이에 아들이 태어났다. 6 라헬은 "하나님이 나의 호소를 들으시고, 나의 억울함을 풀어주시려고, 나에게 아들을 주셨구나!" 하면서, 그 아이 이름을 단이라고 하였다.
7 라헬의 몸종인 빌하가 또 임신을 하여 야곱과의 사이에서 두 번째로 아들을 낳았다. 8 라헬은 "내가 언니와 크게 겨루어서, 마침내 이겼다" 하면서, 그 아이 이름을 납달리라고 하였다.
9 레아는, 자기가 다시는 더 아기를 낳을 수 없다는 것을 알고서, 자기의 몸종 실바를 데려다가 야곱에게 주어서, 아내로 삼게 하였다. 10 레아의 몸종 실바와 야곱 사이에서, 아들이 태어났다. 11 레아는 "내가 복을 받았구나" 하면서, 그 아이 이름을 갓이라고 하였다.
12 레아의 몸종 실바와 야곱 사이에서 두 번째로 아들이 태어났다. 13 레아는 "행복하구나, 여인들이 나를 행복하다고 말하리라" 하면서, 그 아이 이름을 아셀이라고 하였다.
14 보리를 거두어들일 때에, 르우벤이

들에 나갔다가, 자귀나무를 발견하여, 어머니 레아에게 가져다주니, 라헬이 레아에게 말하였다. "언니, 아들이 가져온 자귀나무를 조금만 나눠줘요." 15 레아가 라헬에게 말하였다. "내 남편을 차지한 것만으로는 부족하냐? 그래서 내 아들이 가져온 자귀나무까지 가져 가려는 것이냐?" 라헬이 말하였다. "좋아요. 그럼, 언니 아들이 가져온 자귀나무를 나에게 주어요. 그 대신에 오늘 밤에는 그이가 언니하고 함께 자도록 하지요."

16 그날 저녁에 야곱이 들에서 돌아올 때에, 레아가 그를 맞으러 나가서 말하였다. "당신은 오늘 밤에는 나의 방으로 드셔야 합니다. 나의 아들이 가져온 자귀나무를 라헬에게 주고, 그 대신에 당신이 나의 방으로 드시게 하기로 하였습니다." 그날 밤에 야곱은 레아와 함께 갔다. 17 하나님이 레아의 호소를 들어주셔서, 레아가 임신을 하였고, 야곱과의 사이에서 다섯 번째 아들을 낳았다. 18 레아는 "내가 나의 몸종을 나의 남편에게 준 값을 하나님이 갚아주셨구나" 하면서, 그 아이 이름을 잇사갈이라고 하였다. 19 레아가 다시 임신을 하여서, 야곱과의 사이에 여섯 번째 아들이 태어났다. 20 레아는 "하나님이 나에게 이렇게 좋은 선물을 주셨구나. 내가 아들을 여섯이나 낳았으니, 이제부터는 나의 남편이 나에게 잘해 주겠지" 하면서, 그 아이

이름을 스불론이라고 하였다. 21 얼마 뒤에 레아가 딸을 낳고, 그 아이 이름을 디나라고 하였다.

22 하나님은 라헬도 기억하셨다. 하나님이 라헬의 호소를 들으시고, 그의 태를 열어주셨다. 23 그가 임신을 하여서, 아들을 낳으니 "하나님이 나의 부끄러움을 벗겨주셨구나" 하고 생각하였다. 24 라헬은 그 아이의 이름을 지을 때에 "주께서 나에게 또 다른 아들 하나를 더 주시면 좋겠다" 하는 뜻으로, 그 아이 이름을 요셉이라고 하였다.

25 라헬이 요셉을 낳은 뒤에, 야곱이 라반에게 말하였다. "제가 고향 땅으로 돌아갈 수 있도록, 저를 보내주십시오. 26 장인 어른의 일을 해드리고 얻은 저의 처들과 자식들도, 제가 데리고 가게 허락하여주십시오. 제가 장인 어른의 일을 얼마나 많이 해드렸는가 하는 것은, 장인께서 잘 아십니다." 27 라반이 그에게 말하였다. "자네가 나를 좋아하면, 여기에 머물러 있기를 바라네. 주께서 자네를 보시고 나에게 복을 주신 것을, 내가 점을 쳐보고서 알았네."

28 라반은 또 덧붙였다. "자네의 품삯은 자네가 정하게. 정하는 그대로 주겠네." 29 야곱이 그에게 말하였다. "제가 장인 어른의 일을 어떻게 해드리고, 장인 어른의 가축 떼를 얼마나 잘 보살폈는지는, 장인께서 잘 아십니다. 30 제가 여기에 오기 전에는, 장인 어른의 소유가 얼마 되지 않았으나, 이제 떼가

크게 불어났습니다. 주께서는, 제가 하는 수고를 보시고서, 장인 어른에게 복을 주셨습니다. 그러나 이제는, 제가 저의 살림을 챙겨야 할 때가 되었다고 봅니다." 31 라반이 물었다. "그러면 내가 자네에게 무엇을 주면 좋겠는가?" 야곱이 대답하였다. "무엇을 달라는 것이 아닙니다. 다만, 저에게 한 가지 일만 허락하여주시면, 제가 장인 어른의 가축 떼를 계속 먹이고 돌보겠습니다. 32 오늘, 제가 장인 어른의 가축 떼 사이로 두루 다니면서, 모든 양 떼에서 얼룩진 것들과 점이 있는 것과 모든 검은 새끼 양을 가려내고, 염소 떼에서도 점이 있는 것들과 얼룩진 것들을 가려낼 터이니, 그것들을 저에게 삯으로 주십시오. 33 제가 정직하다는 것은, 훗날 장인께서 저에게 삯으로 주신 가축 떼를 확인하여 보실 때에 증명될 것입니다. 제가 가진 것 가운데서, 얼룩지지 않은 양이나 점이 없는 양이 있든지, 검은 색이 아닌 새끼 양이 있으면, 그것들은 모두 제가 훔친 것이 될 것입니다." 34 라반이 말하였다. "그러세. 자네가 말한 대로 하겠네." 35 그러나 라반은 이렇게 말해놓고서도, 바로 그날로, 숫염소 가운데서 줄무늬가 있는 것과 점이 있는 것을 가려내고, 또 모든 암염소 가운데서도 흰 바탕에 얼룩이 진 것과 점이 있는 것과 모든 검은 새끼 양을 가려내어, 자기의 아들들에게 주었다. 36 그런 다음에 라반은, 야곱이 있는 데서

사흘 길을 더 나가서, 자기와 야곱 사이의 거리를 그만큼 뜨게 하였다. 야곱은 라반의 나머지 양 떼를 쳤다. 37 야곱은, 미루나무와 감복숭아나무와 플라타너스 나무에서 푸른 가지들을 꺾어서 껍질을 벗긴 다음에, 벗긴 가지에 흰 무늬를 냈다. 38 야곱은, 껍질을 벗긴 그 흰 무늬 가지들을 물 먹이는 구유 안에 똑바로 세워놓고, 양 떼가 와서, 물을 먹을 때에, 바로 눈 앞에 세워놓은 그 가지들을 볼 수 있게 하였다. 양들은 물을 먹으러 와서, 거기에서 교미를 하였다. 39 양들은, 껍질 벗긴 그 나뭇가지 앞에서 교미를 하고서, 줄무늬가 있거나, 얼룩이 지거나, 점이 있는 양을 낳았다. 40 야곱은 이런 새끼 양들을 따로 떼어놓았다. 라반의 가축 떼 가운데서, 줄무늬가 있거나 검은 양들은 다 가려냈다. 야곱은 이렇게 자기 가축 떼를 따로 가려내서, 라반의 가축 떼와 섞이지 않게 하였다. 41 야곱은, 튼튼한 암컷들이 교미할 때에는, 물 먹이는 구유에 껍질 벗긴 가지들을 놓아서, 그 가지 앞에서 교미하도록 하곤 하였다. 42 그러나 약한 것들이 교미할 때에는, 그 가지들을 거기에 놓지 않았다. 그래서 약한 것들은 라반에게로 가게 하고, 튼튼한 것들은 야곱에게로 오게 하였다. 43 이렇게 하여, 야곱은 아주 큰 부자가 되었다. 야곱은 가축 떼뿐만 아니라, 남종과 여종, 낙타와 나귀도 많이 가지게 되었다.

31

¹ 라반의 아들들이 하는 말이 야곱에게 들렸다. "야곱은 우리 아버지의 재산을 다 빼앗고, 우리 아버지의 재산으로 저처럼 큰 부자가 되었다."

² 야곱이 라반의 안색을 살펴보니, 자기를 대하는 라반의 태도가 이전과 같지 않았다. ³ 주께서 야곱에게 말씀하셨다. "너는 너의 조상의 땅, 너의 친족에게로 돌아가거라. 내가 너와 함께 있겠다."

⁴ 야곱이 라헬과 레아에게 심부름꾼을 보내어, 그들을 그의 가축 떼가 있는 들로 불러내서 ⁵ 일렀다. "장인께서 나를 대하시는 것이 전과 같지 않소. 그러나 나의 조상의 하나님이 이제껏 나와 함께 계셨소. ⁶ 당신들도 알다시피, 나는 있는 힘을 다해서, 장인의 일을 해 드렸소. ⁷ 그러나 장인께서는 나에게 주실 품삯을 열 번이나 바꿔치시면서, 지금까지 나를 속이셨소. 그런데 하나님은, 장인 어른이 나를 해치지는 못하게 하셨소. ⁸ 장인께서 나더러 '점 있는 것들이 자네 품삯이 될 걸세' 하면, 가축 떼가 모두 점 있는 새끼를 낳고 '줄무늬 있는 것이 자네의 품삯이 될 걸세' 하면, 가축 떼가 모두 줄무늬 있는 새끼를 낳았소. ⁹ 하나님은 이렇게 장인의 가축 떼를 빼앗아서, 나에게 주셨소. ¹⁰ 가축 떼가 새끼를 밸 때에, 한 번은, 내가 이런 꿈을 꾸었소. 내가 눈을 크게 뜨고 보니, 암컷들과 교미하는 숫염소들도, 줄무늬 있는 것이거나, 점이 있는 것이거나, 얼룩진 것들이었소. ¹¹ 그 꿈에서 하나님의 천사가 '야곱아!' 하고 부르시기에 '여기 있습니다' 하고 대답을 하니, ¹² 그 천사의 말이 '가축 떼와 교미하는 숫염소가, 모두, 줄무늬 있는 것들이거나, 점이 있는 것이거나, 얼룩진 것들이니, 고개를 들고 똑바로 보아라. 라반이 이제까지 너에게 어떻게 하였는지, 내가 다 보았다. ¹³ 나는 베델의 하나님이다. 네가 거기에서 기둥에 기름을 붓고, 거기에서 나에게 맹세하였다. 이제 너는 곧 이 땅을 떠나서, 네가 태어난 땅으로 돌아가거라' 하고 말씀하셨소."

¹⁴ 라헬과 레아가 그에게 대답하였다. "이제는 우리가 우리 아버지의 집에서 얻을 분깃이나 유산이 더 있다고는 생각하지 않습니다. ¹⁵ 아버지께서는 우리를 아주 딴 나라 사람으로 여기십니다. 아버지께서는 우리를 파실 뿐만 아니라, 우리 몫으로 돌아올 것까지 다 가지셨습니다. ¹⁶ 하나님이 우리 아버지에게서 빼앗으신 것은 다 우리와 우리 자식들의 것입니다. 그러니 하나님이 당신에게 말씀하신 대로 다 하십시오."

¹⁷ 야곱이 서둘러서, 자식들과 아내들을 낙타에 나누어 태우고, ¹⁸ 그가 얻은 모든 짐승과 그가 밧단아람에서 모은 모든 소유를 다 가지고서, 가나안 땅에 있는 자기 아버지 이삭에게로 돌아갈

채비를 하였다.

19 라헬은, 라반이 양털을 깎으러 나간 틈을 타서, 친정집 수호신의 신상들인 드라빔을 훔쳐 냈다. 20 그뿐만 아니라, 야곱은 도망칠 낌새를 조금도 보이지 않은 채, 아람 사람 라반을 속이고 있다가, 21 모든 재산을 거두어 가지고 도망하였다. 그는 강을 건너서, 길르앗 산간지방 쪽으로 갔다.

22 라반은, 야곱이 도망한 지 사흘 만에야 그 소식을 전해들었다. 23 라반은 친족을 이끌고 이렛 길을 좇아가서, 길르앗 산간지방에서 야곱이 있는 곳에 이르렀다. 24 그날 밤에 아람 사람 라반이 꿈을 꾸는데, 하나님이 나타나셔서 "좋은 말이든지 나쁜 말이든지, 야곱에게 아무 말도 하지 않도록 조심하라" 하고 그에게 말씀하셨다.

25 라반이 야곱을 따라잡았을 때에, 야곱이 길르앗 산간지방에다 이미 장막을 쳐놓았으므로, 라반도 자기 친족과 함께 거기에 장막을 쳤다. 26 라반이 야곱에게 말하였다. "자네가 나를 속이고, 나의 딸들을 전쟁 포로 잡아가듯 하니, 어찌 이럴 수가 있는가? 27 어찌하여 자네는 나를 속이고, 이렇게 몰래 도망쳐 나오는가? 어찌하여 나에게 아무 말도 하지 않았는가? 자네가 간다고 말하였으면, 북과 수금에 맞추어서 노래를 부르며, 자네를 기쁘게 떠나보내지 않았겠는가? 28 자네는, 내가 나의 손자 손녀들에게 입을 맞출 기회도

주지 않고, 딸들과 석별의 정을 나눌 시간도 주지 않았네. 자네가 한 일이 어리석기 짝이 없네. 29 내가 마음만 먹으면, 자네를 얼마든지 해칠 수 있네. 그러나 어젯밤 꿈에 자네 조상의 하나님이 나타나셔서 나에게 경고하시기를 '좋은 말이든지 나쁜 말이든지, 야곱에게 아무 말도 하지 않도록 조심하여라' 하셨다네. 30 자네가 아버지의 집이 그리워서 돌아가는 것은 당연하지만, 어찌하여 나의 수호신상들을 훔쳤는가?"

31 야곱이 라반에게 대답하였다. "장인께서 저의 처들을 강제로 빼앗으실까 보아 두려웠습니다. 32 그러나 장인 댁 수호신상들을 훔친 사람이 있으면, 그를 죽이셔도 좋습니다. 장인의 물건 가운데서, 무엇이든 하나라도 저에게 있는지, 우리의 친족들이 보는 앞에서 찾아보시고, 있거든 가져가십시오." 야곱은, 라헬이 그 수호신상들을 훔쳤으리라고는, 전혀 생각하지 못하였다.

33 라반은 먼저 야곱의 장막을 뒤졌다. 다음에는 레아의 장막과 두 여종의 장막까지 뒤졌으나, 아무것도 찾아내지 못하였다. 레아의 장막에서 나온 라반은 라헬의 장막으로 들어갔다. 34 라헬은 그 수호신상들을 낙타 안장 밑에 감추고서, 그 위에 올라타 앉아 있었다. 라반은 장막 안을 샅샅이 뒤졌으나, 아무것도 찾아내지 못하였다. 35 라헬이

자기 아버지에게 말하였다. "아버지, 너무 노여워하지 마십시오. 지금 저는 월경중이므로, 내려서 아버지를 맞이할 수 없습니다." 라반은 두루 찾아보았으나, 끝내 그 수호신상들을 찾지 못하였다. 36 야곱은 화를 내며, 라반에게 따졌다. 야곱이 라반에게 물었다. "나의 허물이 무엇입니까? 제가 무슨 죄를 지었다고, 불길처럼 달려들어서, 저를 따라오신 것입니까? 37 장인께서 저의 물건을 다 뒤져 보셨는데, 장인의 물건을 하나라도 찾으셨습니까? 장인의 친족과 저의 친족이 보는 앞에서, 그것을 내놓아 보십시오. 그리고 장인 어른과 저 사이에 누구에게 잘못이 있는지, 이 사람들이 판단할 수 있게 해주십시오. 38 제가 무려 스무 해를 장인 어른과 함께 지냈습니다. 그동안 장인 어른의 양 떼와 염소 떼가 한 번도 낙태한 일이 없고, 제가 장인 어른의 가축 떼에서 숫양 한 마리도 잡아다가 먹은 일이 없습니다. 39 들짐승에게 찢긴 놈은, 제가 장인께 가져가지 않고, 제것으로 그것을 보충하여 드렸습니다. 낮에 도적을 맞든지 밤에 도적을 맞든지 하면, 장인께서는 저더러 그것을 물어내라고 하셨습니다. 40 낮에는 더위에 시달리고, 밤에는 추위에 떨면서, 눈 붙일 겨를도 없이 지낸 것, 이것이 바로 저의 형편이었습니다. 41 저는 장인 어른의 집에서 스무 해를 한결 같이 이렇게 살았습니다. 두 따님을 저의 처로 삼느라고, 십 년 하고도 사 년을 장인 어른의 일을 해드렸고, 지난 여섯 해 동안은 장인 어른의 양 떼를 돌보았습니다. 그러나 장인께서는 저에게 주셔야 할 품삯을 열 번이나 바꿔치셨습니다. 42 나의 조상의 하나님, 곧 아브라함을 보살펴주신 하나님이시며, 이삭을 지켜주신 '두려운 분'께서 저와 함께 계시지 않으셨으면, 장인께서는 저를 틀림없이 빈 손으로 돌려보내셨을 것입니다. 그러나 하나님은, 제가 겪은 고난과 제가 한 수고를 몸소 살피시고, 어젯밤에 장인 어른을 꾸짖으셨습니다." 43 라반이 야곱에게 대답하였다. "이 여자들은 나의 딸이요, 이 아이들은 다 나의 손자 손녀요, 이 가축 떼도 다 내 것일세. 자네의 눈앞에 있는 것이 모두 내 것이 아닌가? 그러나 여기 있는 나의 딸들과 그들이 낳은 나의 손자 손녀를, 이제 내가 어떻게 하겠는가? 44 이리 와서, 자네와 나 사이에 언약을 세우고, 그 언약이 우리 사이에 증거가 되게 하세." 45 그래서 야곱이 돌을 가져 와서 그것으로 기둥을 세우고, 46 또 친족들에게도 돌을 모으게 하니, 그들이 돌을 가져 와서 돌무더기를 만들고, 그 돌무더기 옆에서 잔치를 벌이고, 함께 먹었다. 47 라반은 그 돌무더기를 여갈사하두다라고 하고, 야곱은 그것을 갈르엣이라 하였다. 48 라반이 말하였다. "이 돌무더기가 오늘 자네와 나 사이에 맺은 언약의 증거일세." 갈르엣이란 이름은 바로 여기에서 유래한 것이다. 49 이 돌무더기를 달리 미스바라고도 하는데, 그것은 라반이 "우리가 서로 떨어져 있는 동안에, 주께서 자네와 나를 감시하시기 바라네" 하고 말하였기 때문이다. 50 "자네가 나의 딸들을 박대하거나, 나의 딸들을 두고서, 달리 아내들을 얻으면, 자네와 나 사이에는 아무도 없다고 하더라도, 하나님이 자네와 나 사이에 증인으로 계시다는 것을 명심하게." 51 라반은 야곱에게 또 다짐하였다. "이 돌무더기를 보게. 그리고 내가 자네와 나 사이에다 세운 이 돌기둥을 보게. 52 이 돌무더기가 증거가 되고, 이 돌기둥이 증거가 될 것이네. 내가 이 돌무더기를 넘어 자네 쪽으로 가서 자네를 치지 않을 것이니, 자네도 또한 이 돌무더기와 이 돌기둥을 넘어 내가 있는 쪽으로 와서 나를 치지 말게. 53 아브라함의 하나님, 나홀의 하나님, 그들의 조상의 하나님이 우리 사이를 판가름하여주시기를 바라네." 그러자 야곱은 그의 아버지 이삭을 지켜 주신 '두려운 분'의 이름으로 맹세하였다. 54 야곱은 거기 산에서 제사를 드리고, 친족들을 식탁에 초대하였다. 그들은 산에서 제사 음식을 함께 먹고, 거기에서 그날 밤을 보냈다. 55 라반은 다음날 아침 일찍 일어나, 자기 손자 손녀들과 딸들에게 입을 맞추고, 그들에게 축복하고, 길을 떠나서 고향으로 돌아갔다.

32 얍복 강의 하나님

두려운 귀환

스무 해의 세월을 라반의 집에서 일하며 보냈던 야곱은 이제 집으로 귀환합니다. 그러나 그의 마음은 무겁게 짓눌려 있었습니다. 라반과의 화해도 이루어냈지만, 지난 20년 동안 내내 가슴을 옥죄고 있는 일이 하나 있었지요. 그것은 집을 떠나온 원인이 된 형 에서와의 적대적인 관계를 해소하는 일입니다. 형이 아직도 원한을 품고 있다면 그의 귀향은 새로운 갈등과 위기를 의미할 것입니다. 야곱의 귀환은 성공한 자의 금의환향이지만 오랜 세월 동안 풀지 못했던 숙제를 그대로 둔다면 이 모든 것이 의미를 잃게 됩니다.

피할 수 없는 형과의 대면에서 이제 야곱은 자신의 진정성을 걸고 형제 사이의 사랑을 회복해야 하는 시점에 와 있습니다. 성공과 번영이란 사랑과 평화를 기초로 해야 참된 생명의 능력을 가집니다. 그와는 거꾸로 그러한 생명의 힘을 갖지 못하는 성공과 번영은 죽음의 얼굴을 지니게 됩니다. 그건 누군가를 짓밟고 빼앗은 것이기 때문입니다. 야곱은 이 문제를 해결할 수 있느냐 마느냐의 기로에 서 있었고, 먼저 하나님과 대면하고 그로써 얻은 마음과 정신의 힘으로 형을 마주하는 '두 번의 만남'을 이루어내야 합니다.

야곱이 지난 이십 년 동안에 타향살이를 했던 결정적인 이유는 형 에서가 자기를 죽일지도 모른다고 여겼기 때문이 아니었습니까? 사실 야곱은 형 에서의 분노가 가라앉았다고 어머니가 기별을 하면 집으로 돌아갈 계획이었지만 인생이 그렇게 쉽게 생각대로 되는 것은 아니었습니다. 누군들 야곱이 스무 해의 세월을 라반의 집에서 그렇게 지내게 될 줄 알았습니까? 기약 없는 세월이었습니다. 그런데 그리도 기다리던 기별은 오지 않았고 그나마 모든 것이 잘 되어간다고 여기던 중에 라반, 곧 자신의 장인과 처남들과 갈등이 생기고 말았습니다. 야곱은 자기 가족들을 구하기 위해서 불가피하게 온 식구들과 함께 재산을 가지고 떠나야 했고, 이것이 자연스럽게 그의 귀환으로 이어졌습니다.

여기에서 우리가 하나 중요하게 생각해야 될 것은, 야곱이 어머니의 기별을 받고 돌아가는 것과 그렇지 않은 것에는 매우 큰 차이가 있다는 점입니다. 그저 수동적으로 기별을 기다리는 것은 세월이 약이라고 형 에서의 마음이 저절로 눈 녹듯이 녹아 야곱이 별로 한 일도 없이 집으로 가기만 하면 되는 것인 반면에, 기별에 상관없이 돌아가는 것은 적극적이고 주체적인 결단과 행동을 말해줍니다. 말하자면 '결자해지'의 자세이지요.

달라진 야곱의 위상

이십 년이라는 세월이 흘렀지만 현실이 어떨지는 전혀 알 수 없습니다. 그러나 자신이 이 문제를 책임지고 먼저 풀어야 한다는 것은 확실합니다. 그렇지 않으면 고향으로 돌아가는 길은 새로운 난관을 만나는 절망의 여정일 겁니다. 뜻하지 않은 쟁투가 또다시 반복될 위험이 있습니다.

다행스러운 사실은, 야곱의 위상이 예전에 비해 상당히 달라졌다는 점입니다. 만약에 형 에서가 지금껏 분을 참지 못하고, "이 녀석 오기만 해 봐라, 가만두지 않을 거야"라고 하는 상황이었다고 합시다. 또한 야곱이 빈털터리가 된 채로 돌아와 형에게 의지하여 살 수밖에 없다면, 진심으로 용서를 구하고 싶어도 야곱은 비참해집니다. 마음은 순수하게 용서를 구하지만 야곱은 가진 게 없고, 형에게 고개를 숙이지 않으면 죽게 생겼으니까 어쩔 수 없이 용서를 비는 것이라는 세상의 평을 받을 만합니다. 그의 순수한 마음은 묵살될 가능성이 있고 진심은 진흙구덩이에 던져질 수 있습니다.

그러나 이제 제법 건실한 일가를 이루었으니 굳이 형 에서와 대면해서 용서를 구하고 자시고 할 필요가 없다고 여길 수도 있습니다. 피해 가도 되고, 다른 데 가서 살아도 된다고 생각할 수 있지요. 세월도 꽤 지났으니까 옛일은 묻어두자 하면서 아예 이 문제를 무시해버릴 수도 있습니다. 만일 형이 꼭 이 문제를 거론해서 자신과 대치하겠다면 그때는 자신도 실력으로 맞설 수밖에 없다고 판단할 수도 있는 거니까요.

상황이 이러할진대, 야곱은 용서를 비는 일을 굴욕적이거나 비굴하거나 또는 처참한 지경에서 하는 게 아니고, 그에 더해 자신의 힘이 좀 생겼다고 오만해져서 이 만남을 능멸하듯이 넘겨버리거나 하지 않은 것입니다. 그가 확실히 성숙해진 것이지요. 형 에서와 만날 당시에 그는 객관적인 형편만 바뀐 것이 아니라 그의 내면도 중대한 변화가 일어났고 그로써 용서를 구하는 일이 그의 품격과 존엄성에 손상되지 않을 만한 상황을 만들어준 것입니다. 사실 라반의 집에서 지냈던 세월을 돌아보면서 야곱도 자기가 속아보니까 형 에서의 마음을 깊이 이해하게 되지 않았을까요? 아버지가 받았을 충격도 야곱은 너무나 잘 알게 된 셈이었을 겁니다. 그러니 더더욱 마음속으로는 두려울 수도 있고, 일단 형 에서의 상황을 파악해야 안심하든지 대책을 세우든지 할 수 있었겠지요. 그래서 그는 형 에서에게 사람을 보냅니다. 사람만 보내는 것이 아니라 할 말도 전합니다.

> 야곱이 에돔 벌 세일 땅에 사는 형 에서에게, 자기보다 먼저 심부름꾼들을 보내면서 지시하였다. "너희는 나의 형님 에서에게 가서, 이렇게 전하여라. '주인의 종 야곱이 이렇게 아룁니다. 저는 그동안 라반에게 몸붙여 살며, 최근까지도 거기에 머물러 있었습니다. 저에게는 소와 나귀, 양 떼와 염소 떼, 남종과 여종이 있습니다. 형님께 이렇게 소식을 전하여 드립니다. 형님께서 저를 너그럽게 보아주십시오.'" 창세기 32: 3-5

야곱은 자신을 형에게 "주인의 종 야곱"이라고 표현하고 있습니다. "형님, 형님의 아우가 왔습니다"라고 하지 않았습니다. 자기를 형의 종이라고 한없이 낮춥니다. 이것은 형님의 처분에 모든 것을 맡기겠다는 의미를 전제합니다. 종의 운명은 주인이 결정하는 것이니 말이지요. 그런데 여기에서는 아직 야곱이 "제가 정말 잘못했습니다. 노여움을 푸시기 바랍니다"라고 하지는 않고, 그저 자신이 지금까지 살아온 내력과 자신이 가지고 있는 바를 알리는 것에 중점을 둡니다.

물론 자신을 너그럽게 보아달라고 전하고 있지만, 머리 숙여 용서를 구하는 단계는 아닙니다. 지난 세월 동안에 자신도 일가를 이루고 돌아오는 것이니 넓은 마음으로 받아달라는 이야기인데, 형도 일가를 이루었다면 가족과 재산이 귀한 줄 알 터이니 자신의 처지를 이해하지 않겠는가 하는 마음을 드러내고 있는 셈입니다. 소와 나귀, 양 떼와 염소 떼, 남종과 여종이 있는데 이 모든 것은 주인이라고 부른 형 에서의 것이기도 하다고 명확히 밝히고 있는 것도 아니고, 그 다음 행동에서 보이는 것처럼 선물로 주겠다는 암시를 한 것도 아닙니다. 그런데 전령이 돌아와서 하는 이야기가 야곱에게 충격을 줍니다.

심부름꾼들이 에서에게 갔다가, 야곱에게 돌아와서 말하였다. "주인 어른의 형님인 에서 어른께 다녀왔습니다. 그분은 지금 부하 사백 명을 거느리고, 주인 어른을 치려고 이리로 오고 있습니다." 창세기 32: 6

선물을 앞세우다

전령을 통해 야곱이 전한 말에 대해 형 에서가 어떤 대답을 했는지 여기에서 알 길은 없습니다. 전령이 보고하는 내용에 따르면, 형 에서가 부하 사백 명을 이끌고 이리로 오고 있다는 것인데, 그 대열의 성격이 공격 부대라는 것입니다. 나중에 보면 전혀 그렇지 않은데, 이 전령은 사태를 그만 오해했나 봅니다. 다른 한편, 에서도 동생 야곱이 대식구를 데리고 오고 있다는데 만일의 경우 자신을 해할 수도 있다고 여겨 경호부대를 대동했을 수도 있습니다. 그렇지 않아도 에서가 사냥꾼 출신이니 들판에서 기마전술을 익혔으리라 상상할 수도 있습니다. 그런 기세를 보고 전령이 기가 질려 미리 겁을 집어먹고 환영의 대열을 공격하러 오는 것으로 판단했을 수도 있겠지요. 그 어느 쪽이든 상황 자체로 보면 사백 명의 부대이동을 격돌의 위기가 발생할 수 있는 것으로 해석할 여지는 충분히 있습니다. 이제 야곱은 대책을 세워야 합니다.

> 야곱은 너무나 두렵고 걱정이 되어서, 자기 일행과 양 떼와 소 떼와 낙타 떼를 두 패로 나누었다. 에서가 와서 한 패를 치면, 나머지 한 패라도 피하게 해야겠다는 속셈이었다. 창세기 32: 7-8

이렇게 대열을 둘로 나눈 뒤, 야곱은 자신이 요단 강을 건너 하란으로 갈 때에는 지팡이 하나뿐인 초라한 신세였으나 이제는 성공해서 돌아가는 길에 모든 것을 잃고 죽음을 맞이하지 않도록 해달라고 하나님께 기도합니다. 물론 그는 이 모든 축복을 받을 자격이 없다고 겸손해하면서도 생명의 기회를 달라고 간절히 기원합니다.

> 야곱은 기도를 드렸다. "할아버지 아브라함을 보살펴주신 하나님, 아버지 이삭을 보살펴주신 하나님, 고향 친척에게로 돌아가면, 은혜를 베푸시겠다고 저에게 약속하신 주님, 주께서 주의 종에게 베푸신 이 모든 은총과 온갖 진실을, 이 종은 감히 받을 자격이 없습니다. 제가 이 요단 강을 건널 때에, 가진 것이라고는 지팡이 하나뿐이었습니다만, 이제 저는 이처럼 두 무리나

이루었습니다. 부디, 저의 형의 손에서, 에서의 손에서, 저를 건져주십시오. 형이 와서 저를 치고, 아내들과 자식들까지 죽일까 두렵습니다. 주께서 말씀 하시기를 '내가 반드시 너에게 은혜를 베풀어서, 너의 씨가 바다의 모래처 럼 셀 수도 없이 많아지게 하겠다' 하시지 않으셨습니까?" 창세기 32: 9-12

하나님에게 기도를 드린 뒤 그는 선물의 대열을 만드는데, 사람보다 선물을 앞서 보냅니다. 선물을 실은 대열도 하나가 아니라, 여럿이었으 며 그런 과정에서 형의 분노가 서서히 가라앉도록 하는 효과를 노립니 다. 마음이 차차 누그러지는 과정을 전술적으로 짜놓고 화해의 무대를 연출하는 겁니다.

그날 밤에 야곱은 거기에서 묵었다. 야곱은 자기가 가진 것 가운데서, 자 기의 형, 에서에게 줄 선물을 따로 골라냈다. 암염소 이백 마리와 숫염소 스 무 마리, 암양 이백 마리와 숫양 스무 마리, 젖을 빨리는 낙타 서른 마리와 거기에 딸린 새끼들, 암소 마흔 마리와 황소 열 마리, 암나귀 스무 마리와 새 끼 나귀 열 마리였다. 야곱은 이것들을 몇 떼로 나누고, 자기의 종들에게 맡 겨서, 자기보다 앞서서 가게 하고, 떼와 떼 사이에 거리를 두게 하라고 일렀 다. 창세기 32: 13-16

살펴보면 선물의 내용이 만만치 않습니다. 그 종류를 구분하지 않고 숫자로만 해도 오백 마리가 넘는 동물들의 행렬입니다. 형이 혹시 품었 을지 모를 적의를 선물로 압도하려는 것인데, 야곱은 형 에서에게 전할 말을 종들에게 지시합니다.

야곱은 맨 앞에 선 종에게 지시하였다. "나의 형 에서가 너를 만나서, 네가 뉘 집 사람이며, 어디로 가는 길이며, 네가 끌고 가는 이 짐승들이 다 누구의 것이냐고 묻거든, 너는 그에게 '이것은 모두 주인의 종 야곱의 것인데, 야곱이 그 형님 에서께 드리는 선물입니다. 야곱은 우리 뒤에 옵니다' 하고 말하여라." 야곱은, 둘째 떼를 몰고 떠나는 종과, 셋째 떼를 몰고 떠나는 종과, 나머지 떼를 몰고 떠나는 종들에게도, 똑같은 말로 지시하였다. ……야곱이 이렇게 지시한 데는, 자기가 미리 여러 차례 보낸 선물들이 그 형 에서의 분노를 서서히 풀어주고, 마침내 서로 만날 때에는, 형이 자기를 반가이 맞아 주리라는 생각을 하였다. 그래서 야곱은 선물을 실은 떼를 앞세워서 보내고, 자기는 그날 밤에 장막에서 묵었다. 창세기 32: 17-21

사실 형과의 대면에서 야곱은 다른 선택을 할 수 있었습니다. 만일 이 방법이 안 될 때에는 따로 비밀리에 제2의 계획을 세워놓아야 합니다. 야곱은 이 선물의 효과가 나타나지 않으면 곧바로 공격당할 수도 있는 것이니 "화살 부대 앞쪽에, 창 부대 뒤쪽에, 기병대는 매복했다가 만일의 사태에 대비하라"고 은밀한 지침을 내릴 수도 있었습니다. 그런데 야곱은 그렇게 하지 않았습니다. 라반과의 분쟁도 평화롭게 풀었던 그였습니다. 그는 이런 식으로 선물 보따리를 전부 만들어놓고, 그 다음에는 식구들과 함께 얍복 강 나루를 건넌 뒤 자신은 홀로 남습니다.

얍복 강 나루에 홀로 남겨지다

야곱은 형과 마주하는 일이 무척 두려웠습니다. 자신이 저지른 일이 있고 자기도 경험해보니 형 에서가 쉽게 분을 풀지 않았으리라 여기는 것이지요. 그런데 그런 형 에서를 만나기 위해서 필요했던 것은 하나님을 먼저 만나는 일이었음을 우리는 여기에서 알게 됩니다.

그는 처음에는 일행을 두 패로 나누어 위험을 분산하면 되겠지 싶었으나 생각끝에 선물 보따리를 마련합니다. 그러고는 식구들 모두 얍복 강을 건너게 하는데, 그 순간, 식구들의 운명이 어떻게 될지는 아무도 모릅니다. 가족들의 운명이 그 이후엔 야곱에게 달려 있지 않습니다. 형 에서의 마음이 어떻게 되는가에 좌우됩니다. 그렇다면 그는 얼른 형에게 달려가 그 마음을 돌리도록 목숨을 걸고 매달리는 일이 순서가 아니었을까요? 이렇게 맨 뒤에 남아 있는 것은 자칫 비겁하게 비칠 수도 있습니다.

그 밤에 야곱은 일어나서, 두 아내와 두 여종과 열한 아들을 데리고, 얍복 나루를 건넜다. 야곱은 이렇게 식구들을 인도하여 개울을 건너 보내고, 자기에게 딸린 모든 소유도 건너 보내고 난 다음에, 뒤에 홀로 남았는데. 창세기 32: 22-24

강을 건넌다는 것은 무엇을 의미할까요? 우리 민족은 굽이치는 역사의 소용돌이 속에서 압록강을 건넜고, 임진강을 건넜으며, 한강과 낙동강을 건너기도 했습니다. 카이사르가 루비콘 강을 건너자 로마의 역사가 바뀌었습니다. 강은 아니지만, 히브리 민족은 홍해를 건넜을 때 그들의 운명이 달라졌습니다. 강을 건너기 이전과 건넌 이후의 무대는 달라지는 거예요. 건너기 이전과 건넌 이후의 삶이 변하는 것이지요.

과거에는 야곱이 얍복 강 동편을 향해 건너면서 살아났습니다. 형이 더 이상 추격해오지 않을 곳으로 떠난 것이었습니다. 그 강의 서쪽은 집이었고 동쪽은 하란이었으니 말이지요. 그런데 이십 년이 지난 오늘, 그는 과거와는 거꾸로 얍복 강 동쪽에서 서쪽으로 건너갔습니다. 하란에는 다시 돌아갈 수 없는 라반의 집이 있고 얍복 나루를 건너가는 쪽에는 자신에 대한 분노가 풀렸는지 어쨌는지 알지 못하는 형 에서가 있습니다. 그는 중간에서 이도저도 선택하기 어려운 지점에 서 있는 겁니다.

얍복 나루를 건너 이르게 되는 곳은 그가 잘 아는 고장으로 가는 길입니다. 하지만 지금은 미지의 공간이 되고 있습니다. 잘 알고 있지만 모르는 장소입니다. 집으로 돌아가는 길인데도 말입니다. 무슨 일이 벌어질지 알 수 없기 때문입니다. 얍복 강 나루터를 건너면 너무나 익숙한 고향땅이 나타나는데 이것이 미지의 땅이 되다니 역설입니다. 그는 정든 고향이 아니라 미래를 가늠할 수 없는 낯선 곳으로 들어서는 자가 된 셈입니다.

강을 건넌다는 것은 이렇게 한 개인이나 집단에게 새로운 삶의 변화와 결단을 요청합니다. 모든 가족들의 생명과 재산을 책임진 야곱은, 그래서 이 순간에 치열한 내면의 쟁투를 하게 됩니다. "과연 나는 이 선택을 바로 한 것일까?" "자칫 발을 잘못 내디디면 나의 사랑하는 식구들이 다 죽음의 지경에 몰리게 된다." 그의 고뇌의 깊이는 이루 말할 수 없었을 겁니다. 그 내면의 고독한 싸움을 필사적으로 벌일 수밖에 없는 지점에서 마땅히 만나게 되는 존재는 하나님이었습니다.

강을 건너면서 야곱은 인간적 선택으로는 최대한 다해봤지만 여전히 그의 장래에 대해 자신을 가질 수 없는 두려운 순간이 계속되고 있었던 것 아닙니까? 자기 일가를 두 패로 나눠보고 선물도 마련해보지만 일이 어찌 될지 모릅니다. 나중에 보면 라헬과 요셉은 맨 뒤에다 세워놓고 빌하와 실바의 아들들은 맨 앞에 가게 해놓고 만일의 사태에 대비합니다. 야곱이 머리를 짜내 비상조치를 취한 것이지만 그건 어디까지나 그의 인간적인 계획과 작전일 뿐이지 그 결과가 어떻게 될지는 내다볼 수 없습니다. 종국적으로 매달릴 것은 그래서 하나님밖에 없음을 경험하게 됩니다. "하나님이 이 일에 책임을 지지 않으시면 나는 절대로 하나님 놓지 못하겠습니다"라고 우직하게 버팁니다. 그 장면이 얍복 나루에 홀로 남겨진 야곱이 누군가와 씨름을 벌이는 대목입니다.

뒤에 홀로 남았는데, 어떤 분이 나타나 야곱을 붙잡고, 동이 틀 때까지 씨름을 하였다. 그분은 도저히 야곱을 이길 수 없다는 것을 알고서, 야곱의 엉덩이뼈를 쳤다. 야곱은 그와 씨름을 하다가 엉덩이뼈를 다쳤다. 그분이, 날이 새려고 하니 놓아달라고 하였지만, 야곱은 자기에게 축복해주지 않으면 보내지 않겠다고 떼를 썼다. 그분이 야곱에게 물었다. "너의 이름이 무엇이냐?" 야곱이 대답하였다. "야곱입니다." 그 사람이 말하였다. "네가 하나님과도 겨루어 이겼고, 사람과도 겨루어 이겼으니, 이제 너의 이름은, 야곱이 아니라, 이스라엘이다." 야곱이 말하였다. "당신의 이름이 무엇인지 가르쳐주십시오." 그러나 그는 "어찌하여 나의 이름을 묻느냐?" 하면서, 그 자리에서 야곱에게 축복하여주었다. 야곱은 "내가 하나님의 얼굴을 직접 뵈옵고도, 목숨이 이렇게 붙어 있구나" 하면서, 그곳 이름을 브니엘이라고 하였다.

창세기 32: 24-30

형 에서와 만나기 전 야곱의 처지는 어떻습니까? 그건 한마디로 야곱이 자신을 지켜낼 수 없는 상황에 놓여 있음을 말합니다. 더 나아가 자기 식구들도 지켜낼 수 없는 무능력자입니다. 참 묘합니다. 식구들 많지요, 재산도 대단하고 여종과 남종이 있으며 낙타와 나귀까지 있다고 표현이 돼 있는데도 야곱은 철저하게 무능력한 사람이라는 겁니다. 이 현실 속에서 그 자신의 힘으로 해결할 수 있는 것은 아무것도 없습니다.

그러면 어떻게 하면 될까요? 그가 이제 도움을 바라며 달려갈 곳은 딱 한군데밖에 없어요. 그래서 그는 얍복 나루에서 하나님과의 맹렬한 쟁투를 벌이고 어떻게든 하나님을 놓지 않는 끈질김을 보입니다. 그는 하나님에게 죽기살기로 매달렸습니다. "하나님, 어떻게 하실 겁니까? 이대로 저를 두고 떠나시렵니까?" 목숨을 건 고된 싸움으로 밤이 샙니다. 마침내 그 싸움에서 야곱은 이깁니다.

하나님과의 씨름에서 이기다

그런데 기이한 승리입니다. 판정승이거나 또는 상대방을 아예 일어날 수 없도록 해버렸다거나 하는 것이 아니라 도리어 자신이 엉덩이뼈를 다쳐서 다리를 절게 됩니다. 실제 이 싸움의 결과는 야곱이 진 겁니다. 그런데도 하나님은 "네가 이겼다"라고 선언하십니다. 승패의 판정기준이 우리가 생각하는 것과 다릅니다. 그건 하나님을 어떤 경우에도 놓지 않았음을 두고 하신 말씀이자 굳건한 믿음을 승인하신 것이지요.

따지고 보면 이 씨름에서 상대방이 야곱의 엉덩이뼈를 친 것은 사실 반칙이라고 할 수 있습니다. 씨름에서 허용하지 않는 격투로 번진 셈인데, 보통의 방식으로는 이길 수 없기 때문임을 말해주고 있습니다. 그래서 비상수단을 썼다고 할 수 있는데, 하나님조차 야곱의 투혼에 손을 들고 말았다는 거지요. 정성이 지극하면 하늘도 감동해서 움직인다는 의미와 거리가 멀지 않습니다. 내 엉덩이뼈가 부서졌으면 부서졌지 이렇게 하나님과 마주한 기회를 결코 놓칠 수 없다. 아니면 내가 죽게 생겼는데 무얼 망설이겠는가 하는 마음의 심지를 목격할 수 있는 장면입니다.

그런 야곱에게 하나님도 감복하시고, 축복하시며 그의 이름을 이제 '이스라엘'이라고 선언하셨습니다. 어머니의 태속에서부터 남의 발목을 잡았던 자가 아니라, 자신과의 싸움 그리고 하나님과의 만남에서 물러섬이 없는 존재가 된 것을 인정받은 겁니다. 믿음의 격투에서 승리자가 되었다는 이야기인데, 그때 야곱은 "브니엘", 하나님의 얼굴을 직접 뵈었다고 고백하고 있습니다. 이 고백은 이후 에서와 만났을 때 "형의 얼굴을 뵈오니 하나님의 얼굴을 뵌 것과 같습니다"라고 말하는 대목과 그대로 통하고 있습니다. 형은 마주하기 두렵고 무서운 존재였으나, 얍복 나루의 밤을 지새우고 나니 야곱은 형을 감사한 마음으로 대할 수 있게 됩니다. 막힌 것 같은 삶이 뚫리고 공포에 질렸던 마음에 감격이 출렁거리게 되었다는 이야기입니다.

야곱은 이 얍복 강 나루 앞에서 하나님의 얼굴을 마주 대한 이후에 하나님의 얼굴을 보고도 내가 죽지 않았다고 말합니다. 하나님의 강렬한 기운에 압도당해 목숨이 사라질 수도 있는데 도리어 새로운 기력을 얻게 된 것입니다. 하나님과의 씨름에서 이긴 자가 그 누구와의 만남을 두려워하겠습니까? 그의 마음에 평안이 충만하니 만사가 밝게 보입니다. 그렇지 않아도 야곱이 브니엘을 지나가고 있을 때에 동이 트면서 해가 솟아올라 그를 환하게 비처주었다고 합니다. 그는 비록 다리를 절뚝거렸지만 그의 걸음은 조금도 머뭇거림이 없었을 겁니다. 목숨을 건 밤의 시간은 지나가고 어느새 떠오르는 태양이 그를 맞이해주었습니다.

> 그가 브니엘을 지날 때에, 해가 솟아올라서 그를 비추었다. 그는, 엉덩이 뼈가 어긋났으므로, 절뚝거리며 걸었다. 창세기 32: 31

야곱은 발을 저는 사람이 아니었습니다. 우물 아귀를 막은 큰 돌도 거침없이 밀어내던 장사였습니다. 많은 재산을 가지고 우쭐해하면서 거만한 팔자걸음으로 집으로 돌아가는 자가 될 수도 있는 그였습니다. 그러나 그는 자신의 힘을 과시할 수 있는 모든 것을 내려놓고 겸허한 모습의 존재가 되어, 비록 육신의 다리는 절었을지 모르지만 그의 영혼을 부축해주시는 하나님을 믿고 가는 자가 된 겁니다.

인생을 살면서 때로 이렇게 온몸이 무너져 내리듯 격렬한 영혼의 고투를 해야 할 때가 있습니다. 뜬눈으로 밤을 샐 수밖에 없는 기도의 시간이 있기도 합니다. 그래서 하룻밤 사이에 머리가 하얗게 세어버릴 수도 있습니다. 얍복 나루를 건너면서 그렇게 일생일대의 씨름을 하는 겁니다. "이 일을 어떻게 감당해나갈 수가 있을까? 감당이 과연 되기는 하는 것일까? 사람으로 할 수 있는 모든 방법을 동원했지만 나를 과연 지킬 수 있을까? 내가 책임진 사람들을 지킬 수 있을까? 나의 미래는 어떻게 되는 것일까?" 이 모든 고뇌의 시간에 우리는 모두 얍복 강 나루터 앞에 서 있는 야곱입니다. 그런 때 가장 먼저 해야 할 일은 머리를 굴려 얕은 수의 방법을 찾는 게 아니라 하나님을 붙잡고 끝까지 놓지 않는 겁니다. 그 영혼의 싸움에서 믿음의 의지가 견고해지는 가운데 우리의 존재가 급격하게 진화하며 온전해지게 됩니다. 강이 나온다고 두려워할 필요는 없습니다. 건넌 이후의 나의 모습은 달라질 테니까 말이지요. 야곱은 이제 형을 피하지 않고 마주하면 됩니다.

형제의 뜨거운 눈물

야곱이 고개를 들어보니, 에서가 장정 사백 명을 거느리고 오고 있었다. 야곱은, 아이들을 레아와 라헬과 두 여종에게 나누어서 맡기고, 두 여종과 그들에게서 난 아이들은 앞에 세우고, 레아와 그에게서 난 아이들은 그 뒤에 세우고, 라헬과 요셉은 맨 뒤에 세워서 따라오게 하였다. 야곱은 맨 앞으로 나가서 형에게로 가까이 가면서, 일곱 번이나 땅에 엎드려 절을 하였다. 창세기 33:1-3

말하자면 사랑하는 순서대로 줄을 세운 셈입니다. 귀하게 여긴 차례대로 앞과 뒤를 정했습니다. 무슨 일이 생긴다 해도 꼭 지키고 싶었던 것이 있었겠지요. 그러나 이 모든 것을 야곱은 맨 뒤에 숨어 형이 어떻게 하나 보고 행동하지 않았습니다. 맨 앞으로 나가서 형에게 가까이 다가가며 일곱 번 땅에 엎드려 절을 했습니다. 몸과 마음 모두를 꺾고 야곱 자신의 진실된 모습으로 형에게 다가갑니다. 돌이켜 보면 그는 아버지 이삭 앞에서 형 에서로 위장했던 자였습니다. 그러나 이제 그는 형 앞에 몸을 숙인 자가 되었습니다. 이십 년 전, 형의 분노를 두려워하여 집을 떠나간 야곱이란 말인가 싶게 말입니다.

그러자 에서가 달려와서, 그를 끌어안았다. 에서는 두 팔을 벌려, 야곱의

목을 끌어안고서, 입을 맞추고, 둘은 함께 울었다. 창세기 33: 4

형은 달려와 두 팔을 벌려 아우의 목을 끌어안고 입을 맞춥니다. 둘은 함께 눈물을 쏟습니다. 스무 해를 떨어져 있던 형제가 눈물로 만난 것입니다. 오랜 원한과 두려움이 덮쳐올 줄 알았는데, 오히려 뜨거운 사랑과 화해가 극적으로 이루어집니다.

야곱은 전령을 보내서 주의 종 야곱이라며 형 에서의 마음을 누그러뜨리려 했고, 선물을 바리바리 싸 보내 에서의 마음을 돌리려 했습니다. 그러나 정작 만나니 말이 따로 필요치 않았고 무슨 선물 보따리가 있어야 되었던 것도 아닙니다. 서로 껴안고 통곡하며 하나가 되니 모든 감정이 녹아났습니다. 야곱은 형을 만나기 전 밤을 지새우면서 얼마나 좋은 말들을 많이 생각했겠습니까? 형도 아우를 만나면 그때 왜 그랬느냐고 따져 묻고 싶었던 것이 어찌 없었을까요? 그런데 야곱이나 에서나 모두 그런 이야기를 할 이유도, 겨를도 그리고 필요도 없게 된 겁니다.

에서가 고개를 들어, 여인들과 아이들을 보면서 물었다. "네가 데리고 온 이 사람들은 누구냐?" 야곱이 대답하였다. "이것들은 하나님이 형님의 못난 아우에게 은혜로 주신 자식들입니다." 그러자 두 여종과 그들에게서 난 아이들이 앞으로 나와서, 엎드려 절을 하였다. 다음에는 레아와 그에게서 난 아이들이 앞으로 나와서, 엎드려 절을 하였다. 마지막으로 요셉과 라헬이 나와서, 그들도 엎드려 절을 하였다. 창세기 33: 5-7

에서는 야곱의 가족들을 이렇게 기쁘게 만납니다. 야곱의 기쁨은 가족과 일행 모두의 기쁨으로 번져갑니다. 그러고 나서 에서는 그가 오는 길에 만난 가축 떼에 대해서 묻습니다. 이미 전령을 통해 전한 바가 있는데 에서는 그걸 몰랐던가 봅니다. 그게 자신의 관심이 아니었기 때문이었을 겁니다. 에서에게는 야곱을 만나는 일이 최우선 순위였음을 우리는 여기에서 확인합니다.

에서가 물었다. "내가 오는 길에 만난 가축 떼는 모두 웬 것이냐?" 야곱이 대답하였다. "형님께 은혜를 입고 싶어서, 가지고 온 것입니다." 에서가 말하였다. "아우야, 나는 넉넉하다. 너의 것은 네가 가져라." 야곱이 말하였다. "아닙니다, 형님, 형님께서 저를 좋게 보시면, 제가 드리는 이 선물을 받아주십시오. 형님께서 저를 이렇게 너그럽게 맞아주시니, 형님의 얼굴을 뵙는 것이 하나님의 얼굴을 뵙는 듯합니다. 하나님이 저에게 은혜를 베푸시므로, 제가 가진 것도 이렇게 넉넉하게 되었습니다. 그러니 제가 형님께 가지고 온 이 선물을 기꺼이 받아 주시기 바랍니다." 야곱이 간곡히 권하므로, 에서는 그 선물을 받았다. 창세기 33: 8-11

야곱은 "형님이 저를 좋게 봐주신다면" 하고 선물받기를 강권합니다. 사실 애초에 이 선물은 아무런 조건없이 정말 형을 위해서 주려고 했던 게 아니라 형의 공격을 피하기 위한 전술적 용도에 초점이 있었습니다. 따라서 선물을 주지 않고도 형의 마음이 풀어지면 처음 세웠던 계획을 변경시킬 수도 있었습니다. 그런데 야곱은 이때에 "형이 자꾸 사양하시니까 뭐 어쩔 수 없네요. 그렇다면 제가 그냥 가지고 가겠습니다"라고 하지 않았어요. 상황이 변했다고 선물 주려던 마음을 바꾼 것은 아닙니다.

야곱의 본래 계획은 선물을 먼저 보내고 그가 나서는 것이었지만, 현실은 야곱 자신이 먼저 진실되게 형을 만나고 나니 선물은 그 다음이 되었습니다. 선물로 형의 마음을 사려고 했지만, 정작 펼쳐진 상황은 마음이 앞서고 선물은 그 마음을 뒤따라온 셈이 되었지요. 언제나 존재가 물질보다 중심에 서 있어야 합니다. 다른 것은 그 다음에 따라오게 마련입니다. 하나님 나라와 그 의를 구하면 나머지는 그걸 위해서 필요한 대로 주어진다는 예수님의 말씀도 이런 맥락으로 받아들일 수 있습니다. 이걸 제대로 알지 못하면 전략과 전술로 꽉 찬 머리를 굴리며, 의심하고 경계하느라 서로의 진정한 소통과 화해는 기대할 수 없습니다.

이제 드디어 야곱과 에서는 평화를 이루었습니다. 형이 앞장서 호위하며 동생을 챙겨주려 하자 동생은 마다합니다. 야곱은 각기 행진 속도의 차이가 있으니 염려 말라며, 목적지에 당도하면 형을 만나러 가겠다고 말합니다. 강을 건너 만난 현실은 걱정했던 것과는 달리 모두에게 감사의 순간을 경험하게 했습니다. 죽음을 불러올 분쟁의 싹을 생명의 사건으로 바꾸어내는 데 성공합니다. 그리고 그는 이 모든 일을 자신의 진실한 자아로 감당해냈습니다. 누군가를 대리로 내세워 풀려고 하지 않았고 뒤로 빠져 책임을 모면하려 들지 않았습니다. 인간적인 해결책을 모색하느라 고뇌하며 요행을 바라고 수를 쓰는 야곱이 아니라 자기의 진심을 다해서 자기를 걸고 하나님 앞에 서 있는 야곱이 된 겁니다. 누구에게나 진정성을 가진 존재가 되었습니다. 야곱이 이스라엘로 변화된 의미가 이렇게 드러납니다.

그는 남의 발목을 잡는 자가 아니라, 길을 열어주는 자가 된 것입니다. 목적을 위해서라면 어머니가 저주를 받아 희생되어도 좋다는 식으로 그 뒤에 몸을 감추고 이익을 취하는 자가 아니라 맨 앞에 나서서 현실을 감당하는 자가 되었습니다. 하나님의 집이라는 좌표로 돌을 세우고, 목이 마른 자를 위해서는 우물 아귀를 막은 돌을 치워주며, 마음과 진정을 다해서 세상과 인간을 대하는 존재로 성장한 겁니다. 이 정신의 역사가 이후에 히브리인들의 야훼신앙 속에 스며있는 거대한 물줄기가 되었고, 이 물줄기를 통해 모아진 영혼의 저수지에 어느 날 예수께서 태어나십니다.

두렵고 어려운 일 앞에서 방법 찾기에 골몰하기보다는 먼저 자기 자신과 하나님을 정직하게 대면하는 시간을 갖는다면 생각지 못한 길이 열리게 됩니다. 강을 건너 마주하게 되는 현실을 걱정하는 일에 밤을 지새우지 말고, 얍복 나루에서 영혼의 쟁투를 벌이다가 엉덩이뼈가 부서져도 좋다며 믿음의 의지를 굳건하게 지켜내는 고독한 시간을 보낸다면, 하나님의 얼굴을 대하는 기쁨과 함께 어느새 동이 터 태양이 솟아오르는 밝은 길을 가는 자신을 발견하게 될 겁니다. 혹여 지난 세월에 저지른 씻을 수 없는 잘못이 있다 해도 담대하게 풀어나가는 축복이 있을 겁니다.

이 믿음의 견고한 의지와 용기를 가지고, 이 세상을 새롭게 이기는 우리들이 되었으면 좋겠습니다. 뜻하지 않던 힘겨운 밤이 왔다고 고뇌하지 말고 얍복 나루의 야곱처럼 하나님을 먼저 만나 그 하나님을 결단코 놓지 않겠다는 뜻을 세우면, 현실과 대치하는 대열의 맨 앞에 나서도 더 이상 두려움이 없을 것입니다. 무너졌던 영혼이 하나님의 힘으로 가득 차 상상을 넘는 능력을 발휘할 것이기 때문입니다.

32

¹ 야곱이 길을 떠나서 가는데, 하나님의 천사들이 야곱 앞에 나타났다. ² 야곱이 그들을 알아보고 "이곳은 하나님의 진이구나!" 하면서, 그곳 이름을 마하나임이라고 하였다. 3 야곱이 에돔 벌 세일 땅에 사는 형 에서에게, 자기보다 먼저 심부름꾼들을 보내면서 4 지시하였다. "너희는 나의 형님 에서에게 가서, 이렇게 전하여라. '주인의 종 야곱이 이렇게 아룁니다. 저는 그동안 라반에게 몸붙여 살며, 최근까지도 거기에 머물러 있었습니다. 5 저에게는 소와 나귀, 양 떼와 염소 떼, 남종과 여종이 있습니다. 형님께 이렇게 소식을 전하여 드립니다. 형님께서 저를 너그럽게 보아주십시오.'"

6 심부름꾼들이 에서에게 갔다가, 야곱에게 돌아와서 말하였다. "주인 어른의 형님인 에서 어른께 다녀왔습니다. 그분은 지금 부하 사백 명을 거느리고, 주인 어른을 치려고 이리로 오고 있습니다."

7 야곱은 너무나 두렵고 걱정이 되어서, 자기 일행과 양 떼와 소 떼와 낙타 떼를 두 패로 나누었다. 8 에서가 와서 한 패를 치면, 나머지 한 패라도 피하게 해야겠다는 속셈이었다. 9 야곱은 기도를 드렸다. "할아버지 아브라함을 보살펴 주신 하나님, 아버지 이삭을 보살펴주신 하나님, 고향 친척에게로 돌아가면, 은혜를 베푸시겠다고 저에게 약속하신 주님, ¹⁰ 주께서 주의 종에게 베푸신

이 모든 은총과 온갖 진실을, 이 종은 감히 받을 자격이 없습니다. 제가 이 요단 강을 건널 때에, 가진 것이라고는 지팡이 하나뿐이었습니다만, 이제 저는 이처럼 두 무리나 이루었습니다. ¹¹ 부디, 저의 형의 손에서, 에서의 손에서, 저를 건져주십시오. 형이 와서 저를 치고, 아내들과 자식들까지 죽일까 두렵습니다. ¹² 주께서 말씀하시기를 '내가 반드시 너에게 은혜를 베풀어서, 너의 씨가 바다의 모래처럼 셀 수도 없이 많아지게 하겠다' 하시지 않으셨습니까?"

¹³ 그날 밤에 야곱은 거기에서 묵었다. 야곱은 자기가 가진 것 가운데서, 자기의 형, 에서에게 줄 선물을 따로 골라냈다. ¹⁴ 암염소 이백 마리와 숫염소 스무 마리, 암양 이백 마리와 숫양 스무 마리, ¹⁵ 젖을 빨리는 낙타 서른 마리와 거기에 딸린 새끼들, 암소 마흔 마리와 황소 열 마리, 암나귀 스무 마리와 새끼 나귀 열 마리였다. ¹⁶ 야곱은 이것들을 몇 떼로 나누고, 자기의 종들에게 맡겨서, 자기보다 앞서서 가게 하고, 떼와 떼 사이에 거리를 두게 하라고 일렀다. ¹⁷ 야곱은 맨 앞에 선 종에게 지시하였다. "나의 형 에서가 너를 만나서, 네가 뉘 집 사람이며, 어디로 가는 길이며, 네가 끌고 가는 이 짐승들이 다 누구의 것이냐고 묻거든, ¹⁸ 너는 그에게 '이것은 모두 주인의 종 야곱의 것인데, 야곱이 그 형님 에서께 드리는 선물입니다. 야곱은 우리 뒤에 옵니다' 하고 말하여라." ¹⁹ 야곱은,

둘째 떼를 몰고 떠나는 종과, 셋째 떼를 몰고 떠나는 종과, 나머지 떼를 몰고 떠나는 종들에게도, 똑같은 말로 지시하였다. "너희는 에서 형님을 만나거든, 그에게 똑같이 말하여야 한다. ²⁰ 그리고 '주인의 종 야곱은 우리 뒤에 옵니다' 하고 말하는 것을 잊지 않도록 하여라." 야곱이 이렇게 지시한 데는, 자기가 미리 여러 차례 보낸 선물들이 그 형 에서의 분노를 서서히 풀어주고, 마침내 서로 만날 때에는, 형이 자기를 반가이 맞아주리라는 생각을 하였다. ²¹ 그래서 야곱은 선물을 실은 떼를 앞세워서 보내고, 자기는 그날 밤에 장막에서 묵었다. ²² 그 밤에 야곱은 일어나서, 두 아내와 두 여종과 열한 아들을 데리고, 얍복 나루를 건넜다. ²³ 야곱은 이렇게 식구들을 인도하여 개울을 건너 보내고, 자기에게 딸린 모든 소유도 건너 보내고 난 다음에, ²⁴ 뒤에 홀로 남았는데, 어떤 분이 나타나 야곱을 붙잡고, 동이 틀 때까지 씨름을 하였다. ²⁵ 그분은 도저히 야곱을 이길 수 없다는 것을 알고서, 야곱의 엉덩이뼈를 쳤다. 야곱은 그와 씨름을 하다가 엉덩이뼈를 다쳤다. ²⁶ 그분이, 날이 새려고 하니 놓아달라고 하였지만, 야곱은 자기에게 축복해주지 않으면 보내지 않겠다고 떼를 썼다. ²⁷ 그분이 야곱에게 물었다. "너의 이름이 무엇이냐?" 야곱이 대답하였다. "야곱입니다." ²⁸ 그 사람이 말하였다.

"네가 하나님과도 겨루어 이겼고, 사람과도 겨루어 이겼으니, 이제 너의 이름은, 야곱이 아니라, 이스라엘이다." ²⁹ 야곱이 말하였다. "당신의 이름이 무엇인지 가르쳐주십시오." 그러나 그는 "어찌하여 나의 이름을 묻느냐?" 하면서, 그 자리에서 야곱에게 축복하여주었다. ³⁰ 야곱은 "내가 하나님의 얼굴을 직접 뵈옵고도, 목숨이 이렇게 붙어 있구나" 하면서, 그곳 이름을 브니엘이라고 하였다. ³¹ 그가 브니엘을 지날 때에, 해가 솟아올라서 그를 비추었다. 그는, 엉덩이뼈가 어긋났으므로, 절뚝거리며 걸었다. ³² 밤에 나타난 그분이 야곱의 엉덩이뼈의 힘줄을 쳤으므로, 이스라엘 사람들은 오늘날까지 짐승의 엉덩이뼈의 큰 힘줄을 먹지 않는다.

33

¹ 야곱이 고개를 들어보니, 에서가 장정 사백 명을 거느리고 오고 있었다. 야곱은, 아이들을 레아와 라헬과 두 여종에게 나누어서 맡기고, ² 두 여종과 그들에게서 난 아이들은 앞에 세우고, 레아와 그에게서 난 아이들은 그 뒤에 세우고, 라헬과 요셉은 맨 뒤에 세워서 따라오게 하였다. ³ 야곱은 맨 앞으로 나가서 형에게로 가까이 가면서, 일곱 번이나 땅에 엎드려 절을 하였다. ⁴ 그러자 에서가 달려와서, 그를 끌어안았다. 에서는 두 팔을 벌려,

야곱의 목을 끌어안고서, 입을 맞추고, 둘은 함께 울었다.

5 에서가 고개를 들어, 여인들과 아이들을 보면서 물었다. "네가 데리고 온 이 사람들은 누구냐?" 야곱이 대답하였다. "이것들은 하나님이 형님의 못난 아우에게 은혜로 주신 자식들입니다."

6 그러자 두 여종과 그들에게서 난 아이들이 앞으로 나와서, 엎드려 절을 하였다. 7 다음에는 레아와 그에게서 난 아이들이 앞으로 나와서, 엎드려 절을 하였다. 마지막으로 요셉과 라헬이 나와서, 그들도 엎드려 절을 하였다.

8 에서가 물었다. "내가 오는 길에 만난 가축 떼는 모두 웬 것이냐?" 야곱이 대답하였다. "형님께 은혜를 입고 싶어서, 가지고 온 것입니다." 9 에서가 말하였다. "아우야, 나는 넉넉하다. 너의 것은 네가 가져라." 10 야곱이 말하였다. "아닙니다, 형님, 형님께서 저를 좋게 보시면, 제가 드리는 이 선물을 받아 주십시오. 형님께서 저를 이렇게 너그럽게 맞아주시니, 형님의 얼굴을 뵙는 것이 하나님의 얼굴을 뵙는 듯합니다.

11 하나님이 저에게 은혜를 베푸시므로, 제가 가진 것도 이렇게 넉넉하게 되었습니다. 그러니 제가 형님께 가지고 온 이 선물을 기꺼이 받아주시기 바랍니다." 야곱이 간곡히 권하므로, 에서는 그 선물을 받았다.

12 에서가 말하였다. "자, 이제 갈 길을 서두르자. 내가 앞장을 서마." 13 야곱이 그에게 말하였다. "형님께서도 아시다시피, 아이들이 아직 어립니다. 또, 저는 새끼 딸린 양 떼와 소 떼를 돌봐야 합니다. 하루만이라도 지나치게 빨리 몰고 가면, 다 죽습니다.

14 형님께서는 이 아우보다 앞서서 떠나십시오. 그렇게 하시면, 저는 앞에 가는 이 가축 떼와 아이들을 이끌고, 그들의 걸음에 맞추어 천천히 세일로 가서, 형님께 나가겠습니다." 15 에서가 말하였다. "그렇다면, 내가 나의 부하 몇을 너와 같이 가게 하겠다." 야곱이 말렸다.

"그러실 것까지는 없습니다. 형님께서 저를 너그럽게 맞아 주신 것만으로도 만족합니다."

16 그날로 에서는 길을 떠나 세일로 돌아갔고, 17 야곱은 숙곳으로 갔다. 거기에서 야곱은, 자기들이 살 집과 짐승이 바람을 피할 우리를 지었다. 그래서 그곳 이름이 숙곳이 되었다.

18 야곱이 밧단아람을 떠나, 가나안 땅의 세겜 성에 무사히 이르러서, 그 성 앞에다가 장막을 쳤다. 19 야곱은, 장막을 친 그 밭을, 세겜의 아버지인 하몰의 아들들에게서 은 백 냥을 주고 샀다. 20 야곱은 거기에서 제단을 쌓고, 그 이름을 엘엘로헤이스라엘이라고 하였다.

33 세 여인 이야기

창세기 34장, 35장, 38장

디나 이야기

세겜, 디나를 욕보이다

성性과 관련된 사건이 생기면 여성들이 문제를 일으킨 당사자로 몰리거나 희생자가 되는 경우가 적지 않습니다. 여성들의 목소리는 많은 경우 침묵당하고, 남성 위주의 문제해결 방식은 합법적이고 정당한 것처럼 통용되어왔지요. 그러나 성서는 억울한 여성들의 목소리를 그대로 밝히고 있습니다. 그것은 여성에 대한 남성들의 폭력과 권위주의 그리고 율법주의적 억압에 대한 하나님의 반격이라고 할 수 있습니다. 그렇게 하지 않으면 생명의 가치가 무너지기 때문입니다.

이제 우리는 성과 관련된 세 가지 사건을 보게 됩니다. 하나는 야곱의 딸 디나가 성폭행을 당하고 난 다음에 일어난 폭력이고 다른 하나는 야곱의 맏아들 르우벤이 아버지의 처인 빌하와 동침한 일, 그리고 마지막

세 번째는 유다의 며느리 다말이 시아버지와 관계를 맺고 자식을 낳은 사건입니다.

첫 번째 보게 될 디나의 성폭행 사건은 너무나 많은 사람들이 학살당함으로써 그 결말이 비극으로 이어집니다. 야곱은 형 에서와 화해를 하고, 세겜이라는 곳에 일단 정착하는데 거기에서 생각지도 못한 일이 벌어집니다. 아브라함이나 이삭은 모두 아내들의 빼어난 미모가 신변에 화를 부를까 싶어 누이로 위장한 선택을 했던 바 있습니다. 그런데 야곱의 딸은 성폭행의 대상이 되는 상황이 벌어진 것입니다. 그것도 형 에서와 평화를 이루고 나서 세겜이라는 땅에 도착해 안정적으로 잘살아보려고 한 순간에 말이지요.

> 야곱이 밧단아람을 떠나, 가나안 땅의 세겜 성에 무사히 이르러서, 그 성 앞에다가 장막을 쳤다. 야곱은, 장막을 친 그 밭을, 세겜의 아버지인 하몰의 아들들에게서 은 백 냥을 주고 샀다. 야곱은 거기에서 제단을 쌓고, 그 이름을 엘엘로헤이스라엘이라고 하였다. 창세기 33: 18-20

그냥 눌러 산 것이 아니라 은 백 냥이라는 돈을 지불하고 자신의 권리를 공적으로 확정한 뒤 단을 쌓아 '하나님, 이스라엘의 하나님'이라는 뜻의 '엘엘로헤이스라엘'이라고 이름을 붙인 곳이었으니 그가 어떤 자세로 세겜의 삶에 임하려 했는지 우리는 충분히 짐작할 수 있습니다. 야곱은 그곳을 축복의 땅으로 여기고, 하란 땅 라반의 집에서 이룩했던 인생의 성과를 새로운 정착지에서 잘 이어나가려 했을 겁니다. 한편, 하란에서 태어나고 자란 딸 디나는 아버지 야곱이 선택한 마을의 풍속이나 환경,

또는 그곳 사람들에 대해 호기심을 가졌던 모양입니다.

> 레아와 야곱 사이에서 태어난 딸 디나가 그 지방 여자들을 보러 나갔다.^창
> 세기 34: 1

그러나 이렇게 밖에 나간 디나가 그만 겁탈을 당합니다.

> 히위 사람 하몰에게는 세겜이라는 아들이 있는데, 세겜은 그 지역의 통치
> 자였다. 세겜이 디나를 보자, 데리고 가서 욕을 보였다.^{창세기 34: 2}

상대는 그곳의 최고 권력자였으니 여자로서는 더더군다나 저항도 쉽지 않았을 것입니다. 어쨌든 이 일로 인해 새로운 곳에 정착한 야곱 일가에게는 중대한 위기가 닥친 겁니다. 자기 딸을 겁간한 상대가 권력자라는 현실 속에서 이 문제를 어떻게 해결하고 앞으로 살아갈 것인가는 긴장과 대결의 연속일 수 있기 때문입니다.

그런데 디나는 "그 지방 여자들을 보러 나갔다"고 본문은 기록하고 있습니다. 이 대목은 디나의 곤란한 입장을 정리하는 데 있어서 주의 깊게 볼 표현입니다. 성폭력이나 성추행 문제에 대한 사회적 의식이 달라진 요즈음은 그렇지 않지만, 옛날에는 "네가 먼저 꼬리를 쳤으니까" 또는 "누가 그렇게 짧은 치마를 입고 밖에 혼자 나가라고 했어?" 하는 식으로 피해자인 여성이 도리어 비난의 대상이 되는 경우가 적지 않았습니다. 디나에게 "낯선 곳이니 조심했어야지"라는 말도 할 수 있는 상황입니다. 특히 "네가 이 동네 남자들이 어떻게 생겼는지 보러 나갔으니까 이런 일

을 당했지"라고 비난할 수도 있습니다. 하지만 성서는 진상이 그렇지 않음을 확실하게 밝히고 있습니다. 디나에게 책임을 물을 수 없다는 것이 바로 이 사건 처음에 나오는 표현입니다.

디나가 얼마나 예뻤는지 모르지만 최고 권력자의 눈에 들었다면 그 미모는 충분히 짐작할 수 있습니다. 어디서 못 보던 예쁜 여자가 나타났으니 남자든 여자든 동네 사람들이 모두 주목했을 것이며, 그 이야기가 통치자 세겜의 귀에까지 들어갈 수 있습니다. 아니, 어쩌면 세겜 자신이 직접 보았는지도 모르지요. 그러나 어느 쪽이든 이 사건의 출발이 디나의 호기심이라고 할 수 있다고 해도 그것은 문제가 될 수 없습니다. 책임은 낯선 처녀를 성폭행한 세겜에게 있습니다. 그런데 상황이 다소 애매해져 버렸습니다. 세겜이 디나를 사랑하게 되었던 것입니다.

디나를 사랑하게 된 세겜

그는 야곱의 딸 디나에게 마음을 빼앗겼다. 그는 디나를 사랑하기 때문에, 디나에게 사랑을 고백하였다. 세겜은 자기 아버지 하몰에게 말하였다. "이 처녀를 아내로 삼게 해주십시오." 창세기 34: 3-4

일의 순서가 명백히 바뀌었습니다. 먼저 사랑하고 구혼의 과정을 거쳐 승낙을 얻고 결혼한 다음 몸이 하나가 되어야 하는데 그 반대가 되었습니다. 시작은 육체적 욕망이었는데 사랑으로 이어진 것입니다. 세겜은 디나와 결혼하겠다고 아버지에게 자기 마음을 밝힙니다. 여기에서 세겜의 태도가 주목됩니다. 세겜은 그 마을에서 통치자이고 무서울 게 없는 사람이었기 때문에 원하는 여자는 언제든 손만 뻗으면 쉽게 취할 수 있다고 여기고 겁탈했을 수 있습니다. 그가 분명 잘못한 겁니다. 그런데 여자에게 마음을 빼앗긴 세겜은 디나를 아내로 받아들일 마음까지 가지게 되었습니다. 성적으로 유린하고 나서 모른 체 하고 저버리는 일이 비일비재한 상황에서 세겜은 자신의 진심을 말하고 있습니다. 그것은 세겜이 구혼하는 과정에서 어떤 태도를 보이는가를 주시하면 알게 됩니다. 그러나 야곱 집안의 분위기는 매우 험악했습니다. 너무도 당연한 일이었겠지요.

야곱이 자기의 딸 디나의 몸을 세겜이 더럽혔다는 말을 들을 때에, 그의 아들들은 가축 떼와 함께 들에 있었다. 야곱은 아들들이 돌아올 때까지, 이 일을 입 밖에 내지 않았다. 세겜의 아버지 하몰이 청혼을 하려고, 야곱을 만나러 왔다. 와서 보니, 야곱의 아들들이 이미 디나에게 일어난 일을 듣고, 들에서 돌아와 있었다. 세겜이 야곱의 딸을 욕보여서, 이스라엘 사람에게 부끄러운 일, 곧 해서는 안 될 일을 하였으므로, 야곱의 아들들은 슬픔과 분노를 억누르지 못하고 있었다. 창세기 34: 5-7

야곱은 자기 아들들이 돌아올 때까지 침묵합니다. 아들들이 그의 세력이었기 때문입니다. 이방인이 그곳 마을의 권력자와 이 중대사를 마주하는 것은 그의 뒤를 지켜줄 세력 없이는 할 수 없다는 것을 야곱이 모르지 않았겠지요. 야곱의 아들들이 이 일을 알고 난 후 모두 절통해하고 화가 머리끝까지 나서 일을 하다가 집에 돌아와 있었는데, 세겜의 아버지 하몰이 찾아옵니다. 하몰 역시 이런 상황을 충분히 짐작하고 야곱을 방문했을 텐데 그는 혼인을 성사시키자고 제안합니다. 하몰의 제안은 대단히 파격적이고 미처 짐작하지 못한 내용이었습니다. 이 사건이 비록 불미스러운 일에서 시작되었지만 하몰과 야곱의 집안 간에 서로 혼맥을 맺자는 것이었으니 말이지요. 세겜도 자신의 진심을 성실하게 표현하고 있습니다.

하몰이 그들에게 말하였다. "나의 아들 세겜이 댁의 따님에게 반했습니다. 댁의 따님과 나의 아들을 맺어주시기 바랍니다. 우리 사이에 서로 통혼할 것을 제의합니다. 따님들을 우리 쪽으로 시집보내어 주시고, 우리의 딸들도 며느리로 데려가시기 바랍니다. 그리고 우리와 함께 섞여서, 여기에서 같이 살기를 바랍니다. 땅이 여러분 앞에 있습니다. 이 땅에서 자리를 잡고, 여기에서 장사도 하고, 여기에서 재산을 늘리십시오." 세겜도 디나의 아버지와 오라버니들에게 간청하였다. "저를 너그러이 보아주시기 바랍니다. 원하시는 것은 무엇이든지 드리겠습니다. 신부를 데려오는 데 치러야 할 값을 정해주시고, 제가 가져 와야 할 예물의 값도 정해주시기 바랍니다. 아무리 많이 요구하셔도, 요구하시는 만큼 제가 치르겠습니다. 다만 제가 바라는 것은, 디나를 저의 아내로 주시기를 바라는 것뿐입니다." 창세기 34: 8-12

세겜은 용서를 빌면서 자신이 가능한 한 최선을 다하겠다고 합니다. 그는 어떤 대가를 치르더라도 디나와 꼭 결혼하겠다면서 자신이 원하는 것은 오직 사랑하는 디나 말고 없다고 말하고 있습니다. 세겜은 자신이 무슨 짓을 저질렀는지 분명히 알고 있었고, 이 상황을 호전시키기 위해서 필요한 일이라면 무엇이든 다하겠다는 자세를 보입니다. 이만 하면 세겜은 시작은 잘못했지만 매우 책임감 있는 인물이라는 점을 알 수 있습니다. 물론 그렇다고 그의 죄가 면제되는 것은 아니더라도, 용서를 구하고 그 이후의 문제까지 전적으로 책임지겠다고 나온 것은 그 의미를 가볍게 볼 일은 아닙니다.

이제 이러한 제안을 야곱 일가가 어떻게 처리할 것인가가 중요해집니다. 상대방은 진심을 다해서 이번 일을 계기로 오히려 서로의 관계를 더욱 돈독하게 만들자고 한 것이니까 말입니다. 야곱 일가로서도 적어도 한 번쯤 깊이 고려해볼 만한 여지가 있는 일이었습니다. 그런데 이런 경우에 가장 먼저 확인해봐야 할 바는 무엇이었을까요? 그것은 당연히 당사자인 디나의 의사입니다. 아브라함의 늙은 종이 리브가를 이삭에게 데려가는 과정에서 오빠 라반이 리브가의 의사를 묻는 대목이 나오는 것처럼 당사자의 뜻을 아는 일이 중요합니다. 그러나 디나의 목소리는 어디에서도 들을 수가 없습니다.

일은 여기에서부터 잘못됩니다. 세겜이 디나를 사랑하게 되었다는데 그에 대한 디나의 반응은 묵살되고 있습니다. 적어도 세겜은, 디나에게 자신의 진심을 고백하고 그녀의 아버지 집에 다녀오겠다고 말하지 않았을까요? 이미 한몸이 된 사이에 세겜이 디나에게 이런 이야기를 하는 것은 어렵지 않았을 테니, 사랑한다고 고백하며 결혼하자고 진심으로 구애했을 것입니다. 혹시 세겜이 디나의 마음을 확인하지 않았다면, 그건 그것대로 오빠인 야곱의 아들들이 나서서 확인해줘야 했습니다. 하지만 그들의 관심은 다른 데 있었습니다. 바로 명예가 더럽혀졌다는 분노로 보복하겠다는 것이었고, 그래서 속임수를 쓰게 됩니다. 악하게 시작된 일이라도 선하게 풀 길이 있다면 그 방법을 택해야 하는데 이들은 더욱 악한 방식으로 문제를 극단적으로 만들고 맙니다.

비극을 부른 야곱의 아들들

야곱의 아들들은, 세겜이 그들의 누이 디나를 욕보였으므로, 세겜과 그의 아버지 하몰에게 짐짓 속임수를 썼다. 그들은 세겜과 하몰에게 이렇게 말하였다. "우리는 그렇게 할 수 없습니다. 할례를 받지 않은 남자에게 우리의 누이를 줄 수 없습니다. 그렇게 하는 것은 우리에게 부끄러운 일입니다. 조건이 하나 있습니다. 당신들 쪽에서, 남자들이 우리처럼 모두 할례를 받겠다고 하면, 그 청혼을 받아들이겠습니다. 그렇게 하면, 우리가 딸들을 당신들에게로 시집도 보내고, 당신네 딸들을 우리가 며느리로 삼으며, 당신들과 함께 여기에서 살고, 더불어 한 겨레가 되겠습니다. 그러나 당신들 쪽에서 할례 받기를 거절하면, 우리는 우리의 누이를 데리고 여기에서 떠나겠습니다." 창세기 34: 13-17

하몰의 제안에 대한 '역제의' 逆提議였습니다. 조건은 한 가지밖에 없었습니다. '집단 할례'를 하라는 것이었지요. 세겜은 혼사를 치르는 데 필요한 대가는 얼마든지 내놓겠다고 했는데 이 정도라면 상대적으로 별로 부담스러운 일이 아니라고 여긴 모양입니다. 이렇게 찾아오면 야곱의 일가로부터 엄청난 비난과 욕설을 듣고, 감당하기 어려운 보상을 요구받을 거라고 예상했을지도 모르는데 그건 아니었습니다. 또한 할례라는 제안을 거절할 경우 디나를 데리고 이 땅에서 그냥 떠나겠다고 하니, 디나를 욕보인 일로 자신들에게 해를 끼칠 의사는 없어 보입니다. 야곱의 아들들이 이 제의를 받아들이지 않으면 복수하겠다고 경고하지도 않았습니다. 그만하면 마음을 놓을 수 있는 상황인 것 같습니다. 눈 한번 질끈 감

고 할례만 하면 결혼도 하고 두 가문 사이에 평화로운 관계도 성립하게
되니 말이지요.

하몰과 그의 아들 세겜은, 야곱의 아들들이 내놓은 제안을 좋게 여겼다.^창
세기 34: 18

세겜은 양쪽 집안이 정면충돌할 뻔했는데, 이를 피하게 되었고, 뿐만
아니라 양가는 공동번영의 인연을 맺게 되었으니 기쁘지 않을 수 없었겠
지요. 이렇게 해서 야곱의 아들들의 계획은 일단 그 첫 단계에서 성공하
게 되었습니다. 최고 권력자인 세겜은 한 치의 주저함도 없이 이를 실행
에 옮기는데, 성서는 디나에 대한 사랑이 그토록 깊었기 때문이라고 증언
하고 있습니다. 마을 사람들도 모두 그 제안을 반갑게 여깁니다. 그러나
이들은 그것이 얼마나 엄청난 비극의 시작인지 꿈도 꾸지 못했습니다.

그래서 그 젊은이는 시간을 지체하지 않고, 그들이 제안한 것을 실천으로
옮겼다. 그만큼 그는 야곱의 딸을 좋아하였다. 세겜은 자기 아버지의 집안에
서 가장 존귀한 인물이었다. 하몰과 그의 아들 세겜이 성문께로 가서, 그들
의 성읍 사람들에게 말하였다. "이 사람들이 우리에게 우호적입니다. 그러니
그들이 우리 땅에서 살면서, 우리와 함께 물건을 서로 사고팔게 합시다. 이
땅은 그들을 받아들일 수 있을 만큼 넓습니다. 우리가 그들의 딸들과 결혼할
수 있게 하고, 그들은 우리의 딸들과 결혼할 수 있게 합시다. 그러나 이 사람
들이 기꺼이 우리와 한 겨레가 되어서, 우리와 함께 사는 데는, 조건이 하나
있습니다. 그들이 할례를 받는 것처럼, 우리 쪽 남자들이 모두 할례를 받아

야 한다는 것입니다. 그렇게 하면, 그들의 양 떼와 재산과 집짐승이 모두 우리의 것이 되지 않겠습니까? 다만, 그들이 우리에게 요구하는 것은 그대로 합시다. 우리가 그렇게 할례를 받으면, 그들이 우리와 함께 살 것입니다." 그 성읍의 모든 장정이, 하몰과 그의 아들 세겜이 제안한 것을 좋게 여겼다. 그래서 그 장정들은 모두 할례를 받았다. 창세기 34: 19-24

남자들이 할례를 받게 되면 며칠 동안 힘을 쓰지 못합니다. 여기에 속임수가 있었습니다. 할례가 곧 함정이었습니다. 전혀 반격할 수 없는 상황으로 몰아넣고 공격해버린 것입니다. 디나의 친오빠 시므온과 레위가 앞장을 서지요. 행동 개시를 합니다. 잔혹한 학살과 야만적인 약탈이 이어지게 되었습니다.

사흘 뒤에, 장정 모두가 아직 상처가 아물지 않아서 아파하고 있을 때에, 야곱의 아들들 곧 디나의 친오라버니들인 시므온과 레위가, 칼을 들고 성읍으로 쳐들어가서, 순식간에 남자들을 모조리 죽였다. 그들은 하몰과 그의 아들 세겜도 칼로 쳐서 죽이고, 세겜의 집에 있는 디나를 데려왔다. 야곱의 다른 아들들은, 죽은 시체에 달려들어서 털고, 그들의 누이가 욕을 본 그 성읍을 약탈하였다. 그들은, 양과 소와 나귀와 성 안에 있는 것과 성 바깥들에 있는 것과 모든 재산을 빼앗고, 어린 것들과 아낙네들을 사로잡고, 집 안에 있는 물건을 다 약탈하였다. 창세기 34: 25-29

이들 자신은 단지 디나를 구출하는 작전을 편 것이고, 가문 중에 어떤 여인도 다시는 이런 일을 당하지 않도록 응징했다고 여겼을 겁니다. 자신들의 계략이 보기 좋게 들어맞았다고 신이 났을지도 모르겠습니다. 그러나 디나가 성폭행을 당했다고 해서 그 보복으로 그곳 남자들을 모두 죽이고, 디나를 사랑한다며 결혼하겠다고 찾아온 세겜과 그의 아버지 하몰까지 살해하고 모든 재산을 빼앗고 어린 아이들과 여자들을 사로잡은 것이 과연 옳은 일이었을까요? 이들은 디나의 일을 구실로 범죄 집단이 된 겁니다.

"죽은 시체에 달려들어서 털고"라고까지 했으니 이들의 약탈행위가 얼마나 극에 달했는지 짐작할 수 있습니다. 마치 악마의 광기라고 할 지경입니다. 온 마을 사람들에게 야곱 가문의 제안을 받아들이도록 했던 하몰과 세겜은 죽어가면서 얼마나 비통했을까요? 자기 한 사람의 잘못과 실수로 죄 없는 무수한 사람들이 학살당하는 상황을 어떻게 받아들이며 숨을 거두었을까요? 디나를 욕보인 대가라고 하기에는 가혹하기 짝이 없었고, 세겜 나름으로는 선의를 가지고 한 제안을 야곱의 아들들이 악으로 갚아버린 사건이었습니다. 이는 야곱 집안의 정신적 중심에 심각한 문제가 있음을 말해주고 있는 대목입니다.

그렇다면, 세겜의 집에 있던 디나는 자기를 구하러 온 오빠들을 보면서 드디어 살아났다고 생각했을까요. 당사자인 디나는 이토록 참혹한 유혈극 앞에서 자신의 수치가 씻겨졌다고 기뻐했을까요. 혹시 디나는 평생을 자책감에 시달리며 살지는 않았을까요. 시작이 어떻든 자신을 그토록 사랑한다고 했던 세겜의 죽음 앞에서 슬퍼하며 통곡하지 않았을까요. 혹 오빠들에 대한 새로운 증오가 생겨나지는 않았을까요. 자신의 의사나 생각은 전혀 아랑곳하지 않은 남자 형제들의 처사에 대한 디나의 마음은 어떤 것이었을지 궁금합니다. 디나는 이런 일련의 과정을 겪으면서 사실은 두 번 희생되고 만 것은 아니었나 싶습니다. 그녀가 세겜에게 겁탈을 당했으나 그의 정중한 청혼으로 명예를 회복할 수 있는 기회를 자신의 오빠들이 헛되이 만든 것은 아닌가 하는 겁니다. 디나는 이 일을 주체적으로 자신이 풀어낼 수 있는 가능성조차 잃은 거지요. 이렇게까지 사건이 확대돼서 비극으로 끝나지 않았어도 될 일을 너무나도 처참하게 끝내버린 책임은 어디까지나 야곱의 가문에 있습니다.

생명을 저버린 야곱 가문

그런데 이들의 죄악은 상대의 진심을 역이용했다는 것으로만 그치지 않습니다. 화해와 혼인의 조건으로 내세웠던 할례를 한번 생각해봅시다. 그것은 아브라함과 하나님 사이에서의 약속이었으며 아브라함의 정기 또는 생명력의 근원은 곧 하나님이심을 일깨우는 의식이 아니었던가요?

> "너희는 양피를 베어서, 할례를 받게 하여라. 이것이 나와 너희 사이에 세우는 언약의 표이다." 창세기 17: 11

야곱의 아들들은 바로 이 하나님과의 약속을 드러내는 징표를 전략적으로 사용했을 뿐만 아니라 생명의 근원에 대한 일깨움을 죽음의 무기로 쓰고 말았습니다. 이들은 비록 애초에는 잘못된 일이었지만, 그나마 애써 주어진 생명과 평화의 기회를 죽음과 전쟁의 사건으로 만들었습니다. 야곱 자신은 하나님의 뜻에 따라 살아왔다고 해도 그의 자식들은 어떤 정신으로 살아왔는지 알 수 있는 대목입니다. 야곱의 아들들은 외할아버지 라반의 집에서 살다가 길을 떠나 아버지 야곱의 고향에 돌아왔는데 이들의 내면은 과거의 삶에서 크게 벗어나지 못했던 것이지요.

바로 이 일 때문에 이후에 야곱 일가는 하나님으로부터 베델로 올라가라는 명령을 받게 되고, 그러기 전 지금까지 이들이 애지중지했던 신상과 장신구들을 모두 묻고 자신의 몸과 영혼을 깨끗이 하는 과정을 거치게 됩니다. 라헬이 아버지 라반 몰래 가져온 신상도 세겜 근처 상수리나무 아래 매장하게 됩니다. 이들은 아직 놓여나지 않았던 과거를 그렇게 묻고 새롭게 출발합니다. 죽어야 할 것이 죽고 살아야 할 것이 살아나야 한다는 이 깨달음이 없으면 많은 희생을 치르게 됩니다.

사태가 이렇게 되니까 아버지 야곱은 시므온과 레위를 나무랍니다. 그런데 야곱이 아들들을 꾸짖는 이유가 논란이 될 수밖에 없어 보입니다.

일이 이쯤 되니, 야곱이 시므온과 레위를 나무랐다. "너희는 나를 오히려 더 어렵게 만들었다. 이제 가나안 사람이나, 브리스 사람이나, 이 땅에 사는 모든 사람이, 나를 사귀지도 못할 추한 인간이라고 여길 게 아니냐? 우리는 수가 적은데, 그들이 합세해서, 나를 치고, 나를 죽이면, 나와 나의 집안이 다 몰살당할 수밖에 없지 않느냐?" 그들이 대답하였다. "그가 우리 누이를 창녀 다루듯이 하는 데도, 그대로 두라는 말입니까?" 창세기 34: 30-31

야곱은 디나의 의사도 확인하지 않았으며, 이 일로 무수한 사람들을 억울하게 학살하고 재산을 약탈한 것을 문제 삼은 것이 아닙니다. 그의 관심은 오로지 이 일의 결과가 자신에게 미칠 영향에 대한 것뿐이었습니다. 그는 "너희가 나를 더 어렵게 만들었다"면서 자신의 위신이 추락하고 입장이 곤란해진 것을 지탄하고 있습니다. 그래서 자신이 이제 '추악한 인간'으로 여김받게 되었다는 점, 그에 더하여 아직은 소수세력에 불과한 야곱의 일가가 주변세력의 협공으로 몰살당할 수 있다는 우려를 표명합니다. 야곱은 희생당한 사람들에 대한 애도나 아들들의 야만적 행위 자체를 가지고 말하고 있지 않습니다. "너희들이 어떻게 그 사람들을 함부로 죽일 수가 있는가? 디나의 일이 아무리 엄청났다고 하더라도 사람의 목숨을 빼앗고 약탈하는 일이 정당화될 수 있을까? 할례를 전략의 방도로 쓰다니 하나님이 기뻐하실 일이 아니지 않은가?"라고 말이지요.

"너희들은 동생 디나를 구하고 그 아이가 당한 일에 대해 원수를 갚으려고 했을지는 모르지만, 사실은 내 체면을 땅에 떨어뜨렸고 우리 일가를 더욱 위험한 지경에 빠뜨렸구나." 야곱이 염려하는 바였습니다. 그의 생각도 이렇게 한계를 드러내고 있습니다. 이렇게 말한 아버지 야곱에게 아들들은 뭐라고 합니까? "세겜이 우리 누이를 창녀 다루듯이 하는 데도, 그대로 두라는 말입니까?" 그런데 이 말이 맞습니까? 창녀처럼 대한 게 아니라 아내로 받아들이려 했습니다. 성적 욕망을 채운 뒤 그 다음에나 몰라라 한 것이 아니라, 진심으로 용서를 빌었고 어떤 대가라도 감수할 테니 결혼을 승낙해달라고 했습니다. 그런데 야곱의 아들들은 이 사실을 왜곡하고 말았습니다. 세겜은 디나와의 일을 통해 두 가문이 새로운 관계로 발전하기를 바랐던 것인데 야곱의 아들들은 이를 학살과 약탈로 마무리했습니다.

야곱은 하란에서 하나님의 은총 가운데 자신을 지키고 일가를 이루어 융성해지는 데까지는 성공했을지 모르나 자신을 포함해 예상치 못했던 어려운 일에 직면해서 자식들의 영혼을 올바로 세우는 일에는 실패했습니다. 짐짓 디나를 위하는 듯 했으나 실은 하나님과 이어진 생명의 기운을 상징하는 할례가 이들의 손에서 파멸의 무기가 된 이 사건은, 히브리 민족에게 두고두고 경고가 된 겁니다. 가장 중요한 것은 언제나 영혼의 생명력입니다. 이것을 저버리는 일체의 생각과 행동은 그 자신은 물론 모두에게 비극을 가져다 줄 뿐입니다.

빌하 이야기

두 번째 사건은 르우벤이 아버지 야곱의 또 다른 아내 빌하를 범한 일입니다. 이에 대해서는 야곱이 계속 침묵을 지키고 있다가 마지막 숨을 거두기 전 유언하는 과정에서 르우벤의 일을 발설합니다.

"르우벤아, 너는 나의 맏아들이요, 나의 힘, 나의 정력의 첫 열매다. 그 영예가 드높고, 그 힘이 드세다. 그러나 거친 파도와 같으므로, 또 네가 아버지의 침상에 올라와서 네 아버지의 침상을 더럽혔으므로, 네가 으뜸이 되지는 못할 것이다." 창세기 49: 3-4

사람이 자기 힘만을 믿고 으스대면 결국은 자기의 본래 자리를 잃게 된다는 경고입니다. 그런데 이 일이 벌어졌던 시점도 문제였습니다.

그들이 베델을 떠나 에브랏에 아직 채 이르기 전에, 라헬이 몸을 풀게 되었는데, 고통이 너무 심하였다. 아이를 낳느라고 산고에 시달리는데, ⋯⋯그러나 산모는 숨을 거두고 있었다. ⋯⋯. 라헬이 죽으니, 사람들은 그를 에브랏 곧 베들레헴으로 가는 길 가에다가 묻었다. 야곱이 라헬의 무덤 앞에 비석을 세웠는데. ……이스라엘이 다시 길을 떠나서, 에델 망대 건너편에 자리를 잡고 장막을 쳤다. 이스라엘이 바로 그 지역에서 머물 때에, 르우벤이 아버지의 첩 빌하를 범하였는데, 이스라엘에게 이 소식이 들어갔다. 창세기 35:16-22

야곱이 사랑하는 아내 라헬이 베냐민을 낳다가 숨을 거둔 뒤 깊은 슬픔에 빠져 있는 때였습니다. 그는 에델 망대 건너편에 장막을 치고 겨우 마음을 안정시키고 있었습니다. 그럴 즈음 르우벤은 아버지를 더욱 슬프게 하고 모독하는 짓을 저지르고 말았습니다. 르우벤은 영예가 드높았어도 스스로 그 자신의 위상을 실추시키는 치명적인 오류를 범했습니다.

야곱은 세겜의 학살 이후 베델로 올라가 하나님 앞에 제사를 지냈고 이제는 시련이 끝나나 했지만, 사랑하는 라헬을 잃고 이런 일까지 겪어야 했으니 얼마나 괴로웠을까 충분히 상상이 갑니다. 한편, 라헬의 요구로 야곱의 씨받이 아내가 된 빌하는 라헬과는 경쟁관계에 있던 레아의 아들 르우벤에게 성적 유린을 당하지만 별로 주목을 받지 못합니다. 종의 신분이었던 그녀가 옛 주인이었던 라헬의 자매인 레아의 아들에게 욕을 입은 사건은 그냥 묻히고 말았습니다. 디나의 목소리나 빌하의 목소리는 모두 그렇게 실종되었던 겁니다. 하지만 성서는 이 사건을 기록함으로써 들리지 않는다고 생각한 희생자의 목소리를 드러내고 있습니다. 이 사건에서 가장 큰 치욕을 당한 사람은 야곱이 아니라 빌하였기 때문입니다.

다말 이야기

드센 운명의 여인 다말

디나나 빌하처럼 희생을 당했으나 이들과는 달리 침묵하지 않은 여인이 등장합니다. 이 여인은 자신이 겪게 된 치욕을 말없이 수용하고 흔적없이 사라지는 인생을 살지 않았습니다. 바로 세 번째 이야기, 자신의 시아버지 유다와 동침하고 자식을 낳은 다말의 도전입니다.

유다 역시 르우벤처럼 레아의 아들입니다. 그리고 보면 문제가 되었던 자식들은 모두 야곱과 레아 사이에서 태어난 자식들인데, 세겜의 학살에 앞장섰던 시므온과 레위, 빌하를 범했던 르우벤, 그리고 다말과 관련이 된 유다로 이어지는 일련의 사건은 야곱 가문의 위기와 도전의 역사입니다. 이스라엘이라는 새로운 위상을 갖게 된 야곱의 집안은 과거의 사슬에서 완전히 풀려나지 못했습니다. 후에 등장하는 라헬의 아들 요셉은 바로 이러한 흐름에 몸을 맡긴 채 떠내려가고 있던 이스라엘 야곱의 현실을 바로 세우는 역할을 하게 됩니다.

유다는 결혼을 해서 아들 셋을 낳는데, 그 가운데 맏아들 엘의 아내가 다말입니다. 그런데 하나님께서 엘의 목숨을 일찍이 거두어 가시고 말았습니다. 다말은 미망인이 되었습니다. 둘째가 오난이고 셋째가 셀라인데 큰 형이 죽자 시아버지 유다는 며느리 다말을 오난에게 보냅니다. 형수가 시동생과 동침하는 것은 말이 안 된다고 생각할지 모르나, 동생을 통해서라도 장자의 자식을 계승하려는 고대사회에서 흔히 있었던 풍습입니다. 우리나라에도 고구려나 부여 등 고대사회에서는 형이 죽으면 그 형수를 동생이 아내로 삼았던 풍습이 있었고, 이것을 '형사취수혼'兄死娶

嫂婚이라고 불렀습니다.

남자들이 거의 모든 일을 주도하는 사회에서 과부로 산다는 것은 어려웠습니다. 일단 시집온 여인은 그 가문의 한 사람으로 지킨다는 의미도 있었으며, 대를 잇는 것도 중요한 일이었기에 동생이 그 역할을 맡았습니다. 이러한 제도는 선택의 문제가 아니라 의무였던 셈이었습니다.

유다가 자기 맏아들 엘을 결혼시켰는데, 그 아내의 이름은 다말이다. 유다의 맏아들 엘이 주께서 보시기에 악하므로, 주께서 그를 죽게 하셨다. 유다가 오난에게 말하였다. "너는 형수와 결혼해서, 시동생으로서의 책임을 다해라. 너는 네 형의 이름을 이을 아들을 낳아야 한다." 그러나 오난은 아들을 낳아도 그가 자기 아들이 안 되는 것을 알고 있었으므로, 형수와 동침할 때마다, 형의 이름을 이을 아들을 낳지 않으려고, 정액을 땅바닥에 쏟아버리곤 하였다. 그가 이렇게 한 것이 주께서 보시기에 악하였다. 그래서 주께서는 오난도 죽게 하셨다. 창세기 38: 6-10

둘째 아들 오난은 다말과 동침은 했지만 이른바 체외사정을 해버립니다. 체외사정을 오늘날 '오나니'라고 하는데 바로 이 오난에서 비롯된 말입니다. 오난은 아들이 태어나도 형의 자식이 된다는 현실을 견디기 어려웠던 모양입니다. 아무리 그래도 다말의 입장에서는 시동생에게 몸만 내주고 아들을 낳지 못했다는 치욕은 치욕대로 받는 상황에 처한 겁니다. 그러던 중 오난도 세상을 뜨고 말았습니다. 두 아들이 이렇게 죽자 아버지 유다는 유대사회의 습속이라지만 막내 아들 셀라까지 다말에게 줄 수는 없다고 판단했습니다. 이러다가 또 막내 아들마저 죽고 말 것 같았기 때문이겠지요. 그래서 다말을 집에서 내보냅니다. 물론 "셀라가 다 큰 다음에"라고 단서를 달았으니 겉으로는 추방이 아닙니다.

> 유다는 자기의 며느리 다말에게 말하였다. "나의 아들 셀라가 다 클 때까지, 너는 네 친정 아버지 집으로 돌아가서, 과부로 살고 있거라." 유다는 셀라를 다말에게 주었다가는, 셀라도 저의 형들처럼 죽을지 모른다고 생각하였다. 창세기 38: 11

여기서 한 가지 유의할 점은, 유다의 두 아들이 죽은 것은 이들의 악함으로 말미암아 하나님께서 하신 일이라고 되어 있는데 유다는 그것이 마치 다말의 책임인 것처럼 여기고 있다는 것입니다. 이에 더하여 유다는 며느리 다말의 재가再嫁도 허용하고 있지 않습니다. 친정에 가서 과부로 살라고 한 것입니다. 다말은 선택의 여지도 없이 오로지 시아버지 유다의 전갈만 기다려야 하는 막연한 상태에 놓이게 되었습니다. 도대체 다말은 얼마나 기다려야 하는 것일까요?

> 그 뒤에 오랜 세월이 지나서, 수아의 딸 유다의 아내가 죽었다. 곡을 하는 기간이 끝났을 때에, 유다는 친구 아둘람 사람 히라와 함께 자기 양들의 털을 깎으러 딤나로 올라갔다. 창세기 38: 12

오랜 세월이 흘렀지만 시아버지 유다로부터는 감감무소식입니다. 그럼 다말은 어떻게 되는 겁니까? 사람들은 다말을 두고 수군거리게 되어 있습니다. 말하자면 남편을 둘이나 잡아먹은 기가 센 여자, 자식을 낳지 못해 시집에서 쫓겨난 여자가 되는 겁니다. 이렇게 뭇사람들에게 조롱과 비난의 대상이 되는 상황에 처한 것이 과부 다말의 신세입니다. 나중에 보면 알지만 '과부의 옷'이 따로 있었던 모양인데, 그 옷 자체로 이미 다말은 누구의 눈에도 자신의 처지가 분명히 드러나게 되어 있었습니다. 그런 현실 속에서 살아가기란 너무나 어려웠을 겁니다. 자신의 책임이 아닌 일로 다말은 존재 자체가 사회적으로 실종된 상태가 된 것이지요.

시아버지 유다와 동침하다

다말이 시아버지로부터 돌아오라는 소식을 오랫동안 기다리던 중에 유다의 부인이 죽었습니다. 장례 절차상 곡이 끝나고 난 다음에 유다는 자기 친구와 양털을 깎으러 딤나로 가게 되었는데, 이 정보를 전해들은 다말은 행동을 개시합니다.

> 다말은 "너의 시아버지가 양털을 깎으러 딤나로 올라간다" 하는 말을 전해듣고서, 과부의 옷을 벗고, 너울을 써서 얼굴을 가리고, 딤나로 가는 길에 있는 에나임 어귀에 앉았다. 그것은 막내 아들 셀라가 이미 다 컸는데도, 유다가 자기와 셀라를 짝지어주지 않았기 때문이다. 창세기 38: 13-14

여기까지 보면, 다말은 단지 과부의 옷을 벗고 너울로 얼굴을 가리고 길목 어귀에 앉아 있었을 뿐입니다. 모종의 다른 계략이 숨어 있다고는 생각되지 않습니다. 다만 그녀가 과부라는 사실이 드러나지 않도록 복색이 바뀐 것만 주목될 뿐입니다. 다말이 먼저 유다에게 다가가서 말을 걸거나 유혹한 것이 아닌데, 유다는 이런 그녀를 창녀라고 단정합니다. 얼굴에 너울을 쓰고 있었다고 모두 창녀는 아닐 텐데, 그렇게 생각한 유다와 다말 사이에 화대花代 흥정이 벌어지게 되었습니다. 이 과정에서 우리는 다말이 무엇을 겨냥하고 있는지 차츰 알게 됩니다.

길을 가던 유다가 그를 보았지만, 얼굴을 가리고 있었으므로, 유다는 그가 창녀인 줄 알았다. 그래서 유다는 그가 자기 며느리인 줄도 모르고, 길가에 서 있는 그에게로 가서 말하였다. "너에게 잠시 들렀다 가마. 자, 들어가자." 그때에 그가 물었다. "저에게 들어오시는 값으로, 저에게 무엇을 주시겠습니까?" 유다가 말하였다. "나의 가축 떼에서 새끼 염소 한 마리를 보내마." 그가 물었다. "그것을 보내실 때까지, 어떤 물건이든지 담보물을 주시겠습니까?" 유다가 물었다. "내가 너에게 어떤 담보물을 주랴?" 그가 대답하였다. "가지고 계신 도장과 허리끈과 가지고 다니시는 지팡이면 됩니다." 그래서 유다는 그것들을 그에게 맡기고서 그에게 들어갔는데, 다말이 유다의 아이를 임신하게 되었다. 다말은 집으로 돌아와서, 너울을 벗고, 도로 과부의 옷을 입었다. 창세기 38: 15-19

유다는 며느리라고는 전혀 상상도 하지 못한 채, 창녀와 잠자리를 하는 대가로 새끼 염소 한 마리를 약속했습니다. 그런데 그건 이른바 '외상'에 속하는 미래의 지불이었기 때문에 다말은 담보물이 필요하다며 도장과 허리끈과 지팡이를 징표로 달라고 합니다. 이 세 가지는 특별한 경우가 아니라면 누구에게도 함부로 내어줄 수 있는 물건이 아닙니다. 도장은 그 사람에 대한 법률적 증명이고, 허리끈은 그걸 여인에게 풀어주고 왔다면 특별한 상황을 떠올리게 하며, 지팡이는 양을 치는 유다의 물건임을 알고 있는 이라면 누가 봐도 첫눈에 간파할 수 있는 증거입니다. 한마디로 다말과 잠자리를 한 남자는 유다임을 절대 부인할 수 없게 만든 겁니다. 새끼 염소 한 마리로 약속된 화대 자체는 관심사도 목적도 아니었습니다.

여기에서 우리는 유다가 그녀를 창녀로 여기고 자신의 육체적인 욕망을 풀려 했기 때문에 일이 시작되었다는 사실에 주목해야 합니다. 만약 유다와 다말 사이에 다른 내용의 대화가 이루어졌다면 그녀는 자기 정체를 밝히고 왜 이토록 자신을 오래 방치했는지를 따졌을지도 모릅니다. 그런데 상황이 이렇게 되자 다말은 그 상황을 지체 없이 받아들여 자신이 주도해나갔습니다. 그 뒤, 유다는 약속대로 담보물을 되돌려받기 위해 새끼 염소 한 마리를 보내 자신이 하룻밤을 보낸 여자를 찾으려 하지만 실패합니다. 그렇게 되니까 괜히 힘들여 찾으려다 창녀와 잤다는 소문이 퍼지기라도 하면 모욕과 수치를 겪을 수 있다고 여겨 담보물 찾기를 포기합니다. 유다는 자신이 자칫 받게 될 부끄러움에 대해서만 두려워하고 있었습니다. 유다의 이런 모습은 다말이 오랫동안 겪었을 수치에 대해서는 아무런 관심도 없었던 것과 대조되고 있습니다.

한편 유다는 자기 친구 아둘람 사람 편에 새끼 염소 한 마리를 보내고, 그 여인에게서 담보물을 찾아오게 하였으나, 그 친구가 그 여인을 찾지 못하였다. 그 친구는 거기에 사는 사람들에게, 에나임으로 가는 길 가에 서 있던 창녀가 어디에 있느냐고 물었다. 그러나 그들의 말이, 거기에는 창녀는 없다고 하였다. 그는 유다에게 돌아가서 말하였다. "그 여인을 찾지 못하였네. 그보다도, 거기에 사는 사람들이 그러는데, 거기에는 창녀가 없다고 하네." 유다가 말하였다. "가질 테면 가지라지. 잘못하다가는 창피만 당하겠네. 어찌하였든지, 나는 새끼 염소 한 마리를 보냈는데, 다만 자네가 그 여인을 찾지 못한 것뿐일세." 창세기 38: 20-23

다말의 폭로

또 하나 눈에 띄는 것은, 유다가 자신은 책임을 다했지만 약속을 못 지킨 것이 결국 여자를 찾지 못한 친구의 탓이라고 말하는 대목입니다. 책임전가를 하는 거지요. 그런 일이 있고 나서 석 달쯤 지나 며느리가 임신을 했다는 소리를 듣게 되자 다말이 과부로 지내고 있는 줄 알았던 시아버지 유다는 그녀를 당장 데리고 나와 죽이라고 합니다.

석 달쯤 지난 다음에, 유다는 자기의 며느리 다말이 창녀짓을 하여 임신까지 했다는 소문을 들었다. 유다가 명하였다. "그를 끌어내서 화형에 처하여라!" 창세기 38: 24

죽이려는 방법도 잔혹합니다. 그러나 다말은 끌려나오면서 유다에게 그가 예상치 못했던 일격을 가합니다.

그는 끌려 나오면서, 시아버지에게 전갈을 보냈다. "저는 이 물건 임자의 아이를 배었습니다" 하고 말하였다. 다말은 또 말을 계속하였다. "잘 살펴보십시오. 이 도장과 이 허리끈과 이 지팡이가 누구의 것입니까!" 창세기 38: 25

유다는 더는 할 말이 없어졌습니다. 내놓는 증거가 명백하기 때문이었습니다. 태중에 있는 아이의 아버지가 바로 자기였으니 더욱 다말을 죽일 수 없는 형편이 되었습니다.

> 유다는 그 물건들을 알아보았다. "그 아이가 나보다 옳다! 나의 아들 셀라를 그 아이와 결혼시켰어야 했는데" 하고 말하였다. 유다는 그 뒤로 다시는 그를 가까이하지 않았다. 창세기 38: 26

유다는 다말의 도전에 굴복합니다. 자신이 저지른 행동을 인정하는 모습도 인상적입니다. 이 지점에 와서는, 자신의 수치만을 모면하거나 감추기 위해 다말을 희생시키지는 않았습니다. 다말의 주장을 옳다고 여기고, 자신이 다말을 희생시켜온 세월에 대해 반성했습니다.

이 사건의 의미는 무엇일까요? 유다와 다말의 이야기는 우연히 툭 튀어나온 이야기 같지만 사실은 디나 이야기, 르우벤과 빌하의 이야기와 하나로 연결됩니다. 특히 다말의 이야기는 그렇게 낳은 쌍둥이 아들 가운데 하나인 베레스와 이를 통해 훗날 태어나는 자손인 이새, 이새의 아들 다윗을 잇는 가계의 출발점이 됩니다. 마태복음은 이 가계의 흐름을 이렇게 기록하고 있습니다.

> 유다는 다말에게서 베레스와 세라를 낳고, 베레스는 헤스론을 낳고, ...
> 오벳은 이새를 낳고, 이새는 다윗 왕을 낳았다. 마태복음 1: 3-6

다말이라는 여인이 고리가 되어 다윗에 이르는 계보가 적혀 있습니다. 그러나 그것은 그 뒤의 이야기이고 당장에 다말은 유다의 처사로 짓밟혔던 자신의 사회적 존재감을 치열한 쟁투를 통해 회복했습니다.

약자의 목소리가 되시는 이

디나, 빌하, 그리고 다말이 등장하는 세 가지 사건을 하나로 묶어보면 다음과 같은 사실을 알게 됩니다. 우선 디나는 자기의 희망과 요구를 한마디도 말하지 못한 채 침묵당한 존재입니다. 그녀는 비록 처음에는 세겜에게 성폭행을 당했지만 나중에는 세겜의 사랑을 얻었음에도 불구하고 모든 일은 비극으로 끝나고 말았습니다. 빌하는 자기가 원하고 사랑해서 이뤄진 결혼이 아니라 씨받이 아내로 야곱과 인연을 맺게 되었고 난데없이 레아의 아들 르우벤의 성적 욕망의 대상이 되었습니다. 그런데 우리는 빌하의 목소리를 여기서도 끝내 듣지 못하고 있습니다.

이 두 여인과는 달리, 자신의 목소리를 분명하게 낸 여인이 바로 다말입니다. 이 세 가지 사건에서 등장하는 남자들은 모두 자신들의 위신, 체면, 권위 등을 내세우면서 여성들을 철저히 희생시키는데, 다말은 희생당할 뻔했던 자신을 온통 던져, 남자들이 전혀 짐작도 못했던 방식으로 존재감을 되찾습니다. 다말을 홀로 버려두고 희생시키려고 했던 유다는 결국 그녀 앞에서 아무런 소리도 내지 못하고 말았습니다.

디나와 빌하의 이야기는 최종적으로 다말로 종합되고 있습니다. 남자들의 욕망과 위선, 권위, 힘에 의해 짓밟힌 여인들의 이야기가 여기에 담겨 있습니다. 다말은 이런 현실과 대면해서 자기의 모든 것을 걸고, 사회적 지위와 인간적 존재의 이름을 회복했습니다. 그 대상이 시아버지라는 점이 걸리지만, 그것은 롯의 딸들이 자신들의 친아버지와 근친상간을 하는 것과는 다른 이야기입니다. 다말에게 유다는 피 한 방울 섞이지 않은 한 남자일 뿐입니다.

오늘날의 가족 윤리라는 기준을 적용하면 말도 안 되는 사건입니다. 하지만 이것이 성서에 기록된 까닭을 생각해볼 필요가 있습니다. 이것은 힘없는 여인들을 희생시키고 유린하던 모든 남성 중심의 체제에 대해서 무섭게 경고하고 있는 이야기라고 할 수 있습니다. 동시에 여성들에게는 자신의 희생에 대해 침묵하지 말라고 말하고 있습니다. 성서는 남성들이 누리는 기득권에 의해서 여성들이 지닌 생명의 능력이 능멸당하는 현실에 도전하는 사건을 기록하고 있습니다. 자칫 그냥 넘어가면 이름도 흔적도 없이 지워질 뻔했던 존재들 속에서 강인하게 이어지는 생명의 힘에 주목하고 있습니다.

하나님은 아브라함의 씨받이 아내가 되었던 사라의 종이자 이스마엘의 어머니 하갈, 세겜에게 처음에는 성적 유린의 대상이었으나 나중에는 사랑을 받게 된 디나, 라헬의 여종이자 야곱의 씨받이 아내 빌하, 그리고 다말에 이르기까지 그 사랑의 역사를 이어가고 계십니다. 하나님은 목소리 없는 이들의 목소리가 되시고, 그 존재가치가 묵살되어버린 이들의 보호자이심을 성서는 증언하고 있지요. 그건 훗날 사무엘의 어머니 한나와 예수의 어머니 마리아에 이르기까지 맥을 함께 하고 있습니다. 아들이 없어 서러움을 겪었던 한나의 기도와 비천한 지경에 놓여 있던 마리아의 기도는 각기 그 현실의 비참한 상황을 반전시켜주시는 하나님에 대한 찬양으로 가득 차 있습니다.

한나가 기도로 아뢰었다. "주께서 나의 마음에 기쁨을 가득 채워주셨습니

88

다. 이제 나는 주님 앞에서 얼굴을 들 수 있습니다. 원수들 앞에서도 자랑스럽습니다. 주께서 나를 구하셨으므로, 내 기쁨이 큽니다……용사들의 활은 꺾이나, 약한 사람들은 강해진다……가난한 사람을 티끌에서 일으키시며 궁핍한 사람을 거름더미에서 들어올리셔서, 귀한 이들과 한자리에 앉게 하시며 영광스러운 자리를 차지하게 하신다……주께 맞서는 자들은 산산이 깨어질 것이다. 하늘에서 벼락으로 그들을 치실 것이다. 주께서 땅 끝까지 심판하시고, 세우신 왕에게 힘을 주시며, 기름부어 세우신 왕에게 승리를 안겨주실 것이다." 사무엘상 2: 1-10

그리하여 마리아가 노래하였다. "내 마음이 주님을 찬양하며 내 영혼이 내 구주 하나님을 높임은 주께서 이 여종의 비천함을 돌보셨기 때문입니다 ……주께서는 그 팔로 권능을 행하시고, 마음이 교만한 사람들을 흩으셨으니, 제왕들을 왕좌에서 끌어 내리시고 비천한 사람들을 높이셨습니다. 주린 사람들을 좋은 것으로 배부르게 하시고, 부한 사람들을 빈손으로 떠나보내셨습니다." 누가복음 1: 46-53

현실은 이들의 삶에 대해 침묵하거나 소외시키려 하지만, 성서는 이들의 고통과 비극, 그리고 눈물겨운 쟁투를 기록해 세상에 증언하고 있습니다. 하나님은 언제나 그렇게 약자의 아픔과 슬픔을 함께 하시고, 생명의 역사를 이어가게 하십니다. 하나님은 그가 누구인가를 불문하고 고귀한 생명이 당하는 아픔을 결코 외면하지 않으십니다. 생명은 모두 소중합니다. 서로가 서로의 생명을 존엄하게 여길 때, 그래서 나와 너 사이에 놓인 차별이 사라지면 이 세상에는 정의가 강물처럼 흐르게 될 것입니다.

34

¹ 레아와 야곱 사이에서 태어난 딸 디나가 그 지방 여자들을 보러 나갔다.

² 히위 사람 하몰에게는 세겜이라는 아들이 있는데, 세겜은 그 지역의 통치자였다. 세겜이 디나를 보자, 데리고 가서 욕을 보였다. ³ 그는 야곱의 딸 디나에게 마음을 빼앗겼다. 그는 디나를 사랑하기 때문에, 디나에게 사랑을 고백하였다. ⁴ 세겜은 자기 아버지 하몰에게 말하였다.

"이 처녀를 아내로 삼게 해주십시오."

⁵ 야곱이 자기의 딸 디나의 몸을 세겜이 더럽혔다는 말을 들을 때에, 그의 아들들은 가축 떼와 함께 들에 있었다. 야곱은 아들들이 돌아올 때까지, 이 일을 입 밖에 내지 않았다.

⁶ 세겜의 아버지 하몰이 청혼을 하려고, 야곱을 만나러 왔다. ⁷ 와서 보니, 야곱의 아들들이 이미 디나에게 일어난 일을 듣고, 들에서 돌아와 있었다. 세겜이 야곱의 딸을 욕보여서, 이스라엘 사람에게 부끄러운 일, 곧 해서는 안 될 일을 하였으므로, 야곱의 아들들은 슬픔과 분노를 억누르지 못하고 있었다.

⁸ 하몰이 그들에게 말하였다. "나의 아들 세겜이 댁의 따님에게 반했습니다. 댁의 따님과 나의 아들을 맺어주시기 바랍니다.

⁹ 우리 사이에 서로 통혼할 것을 제의합니다. 따님들을 우리 쪽으로 시집보내어 주시고, 우리의 딸들도 며느리로 데려가시기 바랍니다.

¹⁰ 그리고 우리와 함께 섞여서, 여기에서 같이 살기를 바랍니다. 땅이 여러분 앞에 있습니다. 이 땅에서 자리를 잡고, 여기에서 장사도 하고, 여기에서 재산을 늘리십시오." ¹¹ 세겜도 디나의 아버지와 오라버니들에게 간청하였다. "저를 너그러이 보아주시기 바랍니다. 원하시는 것은 무엇이든지 드리겠습니다. ¹² 신부를 데려오는 데 치러야 할 값을 정해주시고, 제가 가져 와야 할 예물의 값도 정해주시기 바랍니다. 아무리 많이 요구하셔도, 요구하시는 만큼 제가 치르겠습니다. 다만 제가 바라는 것은, 디나를 저의 아내로 주시기를 바라는 것뿐입니다."

¹³ 야곱의 아들들은, 세겜이 그들의 누이 디나를 욕보였으므로, 세겜과 그의 아버지 하몰에게 짐짓 속임수를 썼다. ¹⁴ 그들은 세겜과 하몰에게 이렇게 말하였다. "우리는 그렇게 할 수 없습니다. 할례를 받지 않은 남자에게 우리의 누이를 줄 수 없습니다. 그렇게 하는 것은 우리에게 부끄러운 일입니다. ¹⁵ 조건이 하나 있습니다. 당신들 쪽에서, 남자들이 우리처럼 모두 할례를 받겠다고 하면, 그 청혼을 받아들이겠습니다. ¹⁶ 그렇게 하면, 우리가 딸들을 당신들에게로 시집도 보내고, 당신네 딸들을 우리가 며느리로 삼으며, 당신들과 함께 여기에서 살고, 더불어 한 겨레가 되겠습니다. ¹⁷ 그러나 당신들

쪽에서 할례 받기를 거절하면, 우리는
우리의 누이를 데리고 여기에서
떠나겠습니다."
18 하몰과 그의 아들 세겜은, 야곱의
아들들이 내놓은 제안을 좋게 여겼다.
19 그래서 그 젊은이는 시간을 지체하지
않고, 그들이 제안한 것을 실천으로
옮겼다. 그만큼 그는 야곱의 딸을
좋아하였다. 세겜은 자기 아버지의
집안에서 가장 존귀한 인물이었다.
20 하몰과 그의 아들 세겜이 성문께로
가서, 그들의 성읍 사람들에게 말하였다.
21 "이 사람들이 우리에게 우호적입니다.
그러니 그들이 우리 땅에서 살면서,
우리와 함께 물건을 서로 사고팔게
합시다. 이 땅은 그들을 받아들일 수 있을
만큼 넓습니다. 우리가 그들의 딸들과
결혼할 수 있게 하고, 그들은 우리의
딸들과 결혼할 수 있게 합시다.
22 그러나 이 사람들이 기꺼이 우리와
한 겨레가 되어서, 우리와 함께 사는 데는,
조건이 하나 있습니다. 그들이 할례를
받는 것처럼, 우리 쪽 남자들이 모두
할례를 받아야 한다는 것입니다.
23 그렇게 하면, 그들의 양 떼와 재산과
집짐승이 모두 우리의 것이 되지
않겠습니까? 다만, 그들이 우리에게
요구하는 것은 그대로 합시다. 우리가
그렇게 할례를 받으면, 그들이 우리와
함께 살 것입니다." 24 그 성읍의 모든
장정이, 하몰과 그의 아들 세겜이 제안한
것을 좋게 여겼다. 그래서 그 장정들은
모두 할례를 받았다.
25 사흘 뒤에, 장정 모두가 아직 상처가
아물지 않아서 아파하고 있을 때에,
야곱의 아들들 곧 디나의 친 오라버니들인
시므온과 레위가, 칼을 들고 성읍으로
쳐들어가서, 순식간에 남자들을 모조리
죽였다. 26 그들은 하몰과 그의 아들
세겜도 칼로 쳐서 죽이고,
세겜의 집에 있는 디나를 데려왔다.
27 야곱의 다른 아들들은, 죽은 시체에
달려들어서 털고, 그들의 누이가 욕을 본
그 성읍을 약탈하였다. 28 그들은, 양과
소와 나귀와 성 안에 있는 것과
성 바깥들에 있는 것과 29 모든 재산을
빼앗고, 어린 것들과 아낙네들을
사로잡고, 집 안에 있는 물건을
다 약탈하였다.
30 일이 이쯤 되니, 야곱이 시므온과
레위를 나무랐다. "너희는 나를 오히려
더 어렵게 만들었다. 이제 가나안
사람이나, 브리스 사람이나, 이 땅에 사는
모든 사람이, 나를 사귀지도 못할 추한
인간이라고 여길 게 아니냐? 우리는 수가
적은데, 그들이 합세해서, 나를 치고, 나를
죽이면, 나와 나의 집안이
다 몰살당할 수밖에 없지 않느냐?"
31 그들이 대답하였다. "그가 우리 누이를
창녀 다루듯이 하는 데도, 그대로 두라는
말입니까?"

35

1 하나님이 야곱에게 말씀하셨다. "어서 베델로 올라가, 거기에서 살아라. 네가 너의 형 에서 앞에서 피해 도망칠 때에, 너에게 나타난 그 하나님께 제단을 쌓아서 바쳐라." 2 야곱은, 자기의 가족과 자기가 거느리고 있는 모든 사람에게 명령하였다. "너희가 가지고 있는 이방 신상들을 다 버려라. 몸을 깨끗이 씻고, 옷을 갈아입어라. 3 이제 우리는 이곳을 떠나서, 베델로 올라간다. 거기에다 나는, 내가 고생할 때에 나의 간구를 들어 주시고, 내가 가는 길 어디에서나 나와 함께 다니면서 보살펴 주신 그 하나님께, 제단을 쌓아서 바치고자 한다." 4 그들은, 자기들이 가지고 있는 모든 이방 신상과 귀에 걸고 있는 귀고리를 야곱에게 가져 왔다. 야곱은 그것들을 세겜 근처 상수리나무 밑에 묻었다.

5 그런 다음에 그들은 길을 떠났다. 하나님이 사방에 있는 모든 성읍 사람을 두려워 떨게 하셨으므로, 아무도 야곱의 아들들을 추격하지 못하였다.

6 야곱과, 그가 거느린 모든 사람이, 가나안 땅 루스 곧 베델에 이르렀다. 7 야곱이 거기에서 제단을 쌓은 뒤에, 그가 형을 피해서 떠날 때에, 베델에서 하나님이 나타나신 것을 생각하고, 그곳 이름을 엘베델이라고 하였다.'

8 리브가의 유모 드보라가 죽어서, 베델 아래쪽 상수리나무 밑에 묻니, 사람들이 그 나무 이름을 알론바굿이라고

하였다. 9 야곱이 밧단아람에서 돌아온 뒤에, 하나님이 그에게 다시 나타나셔서 복을 주셨다. 10 하나님이 그에게 말씀하셨다. "너의 이름이 야곱이었지만, 이제부터 너의 이름은, 야곱이 아니라, 이스라엘이다." 하나님이 그의 이름을 이스라엘이라고 하셨다. 11 하나님이 그에게 말씀하셨다. "나는 전능한 하나님이다. 너는 생육하고 번성할 것이다. 한 민족과, 많은 갈래의 민족이 너에게서 나오고, 너의 자손에게서 왕들이 나올 것이다. 12 내가 아브라함과 이삭에게 준 땅을 너에게 주고, 그 땅을 내가 너의 자손에게도 주겠다." 13 그런 다음에 하나님은, 야곱과 말씀하시던 곳을 떠나서 올라가셨다.

14 야곱은, 하나님이 자기와 말씀을 나누시던 곳에 기둥 곧 돌기둥을 세우고, 그 위에 부어 드리는 제물을 붓고, 그 위에 기름을 부었다. 15 야곱은, 하나님이 자기와 말씀을 나누시던 곳의 이름을 베델이라고 하였다.

16 그들이 베델을 떠나 에브랏에 아직 채 이르기 전에, 라헬이 몸을 풀게 되었는데, 고통이 너무 심하였다. 17 아이를 낳느라고 산고에 시달리는데, 산파가 라헬에게 말하였다. "두려워하지 마셔요. 또 아들을 낳으셨어요."

18 그러나 산모는 숨을 거두고 있었다. 산모는 마지막 숨을 거두면서, 자기가 낳은 아들의 이름을 베노니라고 하였다. 그러나 그 아이의 아버지는 아들의

이름을 베냐민이라고 하였다. ¹⁹ 라헬이
죽으니, 사람들은 그를 에브랏 곧
베들레헴으로 가는 길 가에다가 묻었다.
²⁰ 야곱이 라헬의 무덤 앞에 비석을
세웠는데, 오늘날까지도 이 묘비가
라헬의 무덤을 가리키고 있다.
²¹ 이스라엘이 다시 길을 떠나서,
에델 망대 건너편에 자리를 잡고 장막을
쳤다. ²² 이스라엘이 바로 그 지역에서
머물 때에, 르우벤이 아버지의 첩 빌하를
범하였는데, 이스라엘에게
이 소식이 들어갔다.
²³ 레아에게서 얻은 아들은, 야곱의
맏아들 르우벤과 시므온과 레위와 유다와
잇사갈과 스불론이다. ²⁴ 라헬에게서
얻은 아들은, 요셉과 베냐민이다.
²⁵ 라헬의 몸종 빌하에게서 얻은 아들은,
단과 납달리이다. ²⁶ 레아의 몸종
실바에게서 얻은 아들은, 갓과 아셀이다.
이들은 모두, 야곱이 밧단아람에서
얻은 아들들이다.
²⁷ 야곱이 기럇아르바 근처 마므레로
가서, 자기 아버지 이삭에게 이르렀다.
기럇아르바는 아브라함과 이삭이 살던
헤브론이다. ²⁸ 이삭의 나이는 백여든
살이었다. ²⁹ 이삭은 늙고, 나이가 들어서,
목숨이 다하자, 죽어서 조상들 곁으로
갔다. 아들 에서와 야곱이 그를
안장하였다.

38

¹ 그 무렵에 유다는
형제들에게서 떨어져나가,
히라라고 하는 아둘람 사람이 사는
곳으로 가서, 그와 함께 살았다. ² 유다는
거기에서 가나안 사람 수아라고 하는
사람의 딸을 만나서 결혼하고,
아내와 동침하였다.
³ 그가 임신하여 아들을 낳으니, 유다가
그 아들 이름을 엘이라고 하였다. ⁴ 그가
또 임신하여 아들을 낳았다. 이번에는
아이의 어머니가 그 아들 이름을
오난이라고 하였다. ⁵ 그가 또다시 아들을
낳고, 이름을 셀라라고 하였다. 그가
셀라를 낳은 곳은 거십이다.
⁶ 유다가 자기 맏아들 엘을 결혼시켰는데,
그 아내의 이름은 다말이다.
⁷ 유다의 맏아들 엘이 주께서 보시기에
악하므로, 주께서 그를 죽게 하셨다.
⁸ 유다가 오난에게 말하였다. "너는
형수와 결혼해서, 시동생으로서의 책임을
다해라. 너는 네 형의 이름을 이을 아들을
낳아야 한다." ⁹ 그러나 오난은 아들을
낳아도 그가 자기 아들이 안 되는 것을
알고 있었으므로, 형수와 동침할 때마다,
형의 이름을 이을 아들을 낳지 않으려고,
정액을 땅바닥에 쏟아버리곤 하였다.
¹⁰ 그가 이렇게 한 것이 주께서 보시기에
악하였다. 그래서 주께서는 오난도
죽게 하셨다.
¹¹ 유다는 자기의 며느리 다말에게
말하였다. "나의 아들 셀라가 다 클
때까지, 너는 네 친정 아버지 집으로

돌아가서, 과부로 살고 있거라." 유다는 셀라를 다말에게 주었다가는, 셀라도 저의 형들처럼 죽을지 모른다고 생각하였다.

¹² 그 뒤에 오랜 세월이 지나서, 수아의 딸 유다의 아내가 죽었다. 곡을 하는 기간이 끝났을 때에, 유다는 친구 아둘람 사람 히라와 함께 자기 양들의 털을 깎으러 딤나로 올라갔다.

¹³ 다말은 "너의 시아버지가 양털을 깎으러 딤나로 올라간다" 하는 말을 전해듣고서, ¹⁴ 과부의 옷을 벗고, 너울을 써서 얼굴을 가리고, 딤나로 가는 길에 있는 에나임 어귀에 앉았다. 그것은 막내 아들 셀라가 이미 다 컸는데도, 유다가 자기와 셀라를 짝지어주지 않았기 때문이다.

¹⁵ 길을 가던 유다가 그를 보았지만, 얼굴을 가리고 있었으므로, 유다는 그가 창녀인 줄 알았다.

¹⁶ 그래서 유다는 그가 자기 며느리인 줄도 모르고, 길가에 서 있는 그에게로 가서 말하였다. "너에게 잠시 들렀다 가마. 자, 들어가자." 그때에 그가 물었다. "저에게 들어오시는 값으로, 저에게 무엇을 주시겠습니까?"

¹⁷ 유다가 말하였다. "나의 가축 떼에서 새끼 염소 한 마리를 보내마." 그가 물었다. "그것을 보내실 때까지, 어떤 물건이든지 담보물을 주시겠습니까?"

¹⁸ 유다가 물었다. "내가 너에게 어떤 담보물을 주랴?" 그가 대답하였다. "가지고 계신 도장과 허리끈과 가지고 다니시는 지팡이면 됩니다." 그래서 유다는 그것들을 그에게 맡기고서 그에게 들어갔는데, 다말이 유다의 아이를 임신하게 되었다. ¹⁹ 다말은 집으로 돌아와서, 너울을 벗고, 도로 과부의 옷을 입었다.

²⁰ 한편 유다는 자기 친구 아둘람 사람 편에 새끼 염소 한 마리를 보내고, 그 여인에게서 담보물을 찾아오게 하였으나, 그 친구가 그 여인을 찾지 못하였다. ²¹ 그 친구는 거기에 사는 사람들에게, 에나임으로 가는 길 가에 서 있던 창녀가 어디에 있느냐고 물었다. 그러나 그들의 말이, 거기에는 창녀는 없다고 하였다. ²² 그는 유다에게 돌아가서 말하였다. "그 여인을 찾지 못하였네. 그보다도, 거기에 사는 사람들이 그러는데, 거기에는 창녀가 없다고 하네." ²³ 유다가 말하였다. "가질 테면 가지라지. 잘못하다가는 창피만 당하겠네. 어찌하였든지, 나는 새끼 염소 한 마리를 보냈는데, 다만 자네가 그 여인을 찾지 못한 것뿐일세."

²⁴ 석 달쯤 지난 다음에, 유다는 자기의 며느리 다말이 창녀짓을 하여 임신까지 했다는 소문을 들었다. 유다가 명하였다. "그를 끌어내서 화형에 처하여라!"

²⁵ 그는 끌려 나오면서, 시아버지에게 전갈을 보냈다. "저는 이 물건 임자의 아이를 배었습니다" 하고 말하였다.

다말은 또 말을 계속하였다.

"잘 살펴보십시오. 이 도장과 이 허리끈과
이 지팡이가 누구의 것입니까!"

²⁶ 유다는 그 물건들을 알아보았다.

"그 아이가 나보다 옳다! 나의 아들
셀라를 그 아이와 결혼시켰어야 했는데"

하고 말하였다. 유다는 그 뒤로 다시는
그를 가까이하지 않았다.

²⁷ 다말이 몸을 풀 때가 되었는데,
태 안에는 쌍둥이가 들어 있었다.

²⁸ 아기를 막 낳으려고 하는데, 한 아기가
손을 내밀었다. 산파가 진홍색 실을
가져다가, 그 아이의 손목에
감고서 말하였다.

"이 아이가 먼저 나온 녀석이다."

²⁹ 그러나 그 아이는 손을 안으로 다시
끌어들였다. 그런 다음에 그의 아우가
먼저 나왔다. 산파가 "어찌하여, 네가
터뜨리고 나오느냐!" 하고 말하였다.
그래서 이 아이 이름을 베레스라고 하고,

³⁰ 그의 형, 곧 진홍색 실로 손목이 묶인
아이가 뒤에 나오니, 아이 이름을
세라라고 하였다.

34 버려진 소년 요셉

창세기 37장 1절-24절

기고만장한 열일곱 살 소년

창세기 37장부터 마지막 50장까지는 요셉에 대한 이야기입니다. 그런 점에서 보면 요셉은 창세기에서 가장 비중 있는 인물이라고 할 수 있습니다. 창세기 첫 장이 '빛과 생명'의 이야기로 시작되었다면, 그 마지막은 역사의 현실에서 바로 그 빛과 생명이 된 요셉이란 존재에 모든 관심을 쏟고 있습니다.

그러나 요셉이 그렇게 되기까지의 과정은 그리 간단하지 않았습니다. 치기 어린 유년시절과 고난에 찬 청년시절을 보낸 뒤 요셉은 비로소 하나님의 사람으로 우뚝 서게 되었습니다. 우리는 요셉의 이야기를 통해서 이스라엘 백성이 왜 이집트 제국의 노예가 되었는가에 대한 근원을 알게 되기도 하지만, 보다 중요한 주제는 온갖 역경을 이겨내면서 요셉이 어떠한 존재로 성숙해갔는가에 있습니다. 보고 생각하는 것이 유치하고 자기중심적이었던 한 소년이, 하나님의 능력으로 세상을 보고 타인의 생명을 위해 헌신하는 이야기는 참으로 흥미진진합니다.

요셉은 라헬의 두 자식 가운데 맏아들이었습니다. 동생은 베냐민이었는데, 라헬은 그를 낳다가 산고를 이기지 못해 죽음을 맞습니다. 아버지 야곱은 본래 라헬을 사랑한데다가 늦둥이로 난 요셉을 그 어떤 아들보다도 사랑했습니다.

이스라엘은 늘그막에 요셉을 얻었으므로, 다른 아들들보다 요셉을 더 사랑하여서, 그에게 화려한 옷을 지어서 입혔다. 창세기 37: 3

여기에서 화려한 옷은 채색 옷이라고 하기도 하는데, 그것은 요셉이 누가 봐도 귀공자 대접을 받는 존재임을 상징적으로 보여줍니다. 그런데 아버지가 눈에 띄게 편애한 아들 요셉은 다른 형제들과 사이가 별로 좋지 않았습니다. 아버지도 문제였지만, 요셉 자신이 더 큰 문제였습니다.

야곱의 역사는 이러하다. 열일곱 살 된 소년 요셉이, 아버지의 첩들인 빌하와 실바가 낳은 형들과 함께 양을 치는데, 요셉은 형들의 허물을 아버지에게 일러바치곤 하였다. 창세기 37: 2

이 문장이 "야곱의 역사는 이러하다"라고 시작되면서 대뜸 요셉 이야기부터 나오는 것을 봐도 야곱 가문의 중심인물이 요셉임을 알 수 있습니다. 그런데 요셉의 나이가 열일곱 살이라는 것을 감안하면, 이 대목에서 그의 매우 치졸한 면을 보게 됩니다. 유대전통에서 열세 살이 되면 성

인식을 치르게 되니, 열일곱 살이면 충분히 성인이라고 할 만한 연령이지요. 그런데 요셉은 이복형들의 허물을 아버지에게 미주알고주알 일러바치는 사람이었습니다. 더군다나 빌하와 실바는 큰 어머니 레아나 자신의 친어머니 라헬과는 달리 여종 출신이었으니, 이런 요셉의 행동은 출신 성분이 낮은 이복형들을 얕잡아보는 모습으로 보일 수밖에 없습니다.

나이가 그만하면 형들의 잘못이나 허물을 못 본 척해주거나 가급적 덮어줄 수도 있는데 고자질하기에 바쁩니다. 이런 행위는 다른 형제들에 대한 그의 권력이 됩니다. 아버지의 총애를 등에 업고 있기 때문이었는데, 정작 따지고 보면 어떻게든 남의 약점을 캐는 요셉의 허물이 더 많다고 할 수 있습니다. 형들이 그를 좋게 볼 리 없습니다.

> 형들은 아버지가 그를 자기들보다 더 사랑하는 것을 보고서 요셉을 미워하며, 그에게 말 한 마디도 다정스럽게 하는 법이 없었다. 창세기 37: 4

이복형들은 어머니들의 출신만을 생각해봐도 요셉에게 밀리는 처지였습니다. 그런데다가 아버지의 편애까지 독차지하고 있으니 요셉의 눈치를 봐야 했고, 그만 나타나면 하던 이야기도 그치지 않았을까 싶습니다. "아, 저 녀석 정말 얄밉다, 미운 털이 몇 개인지 한번 세어보자" 이렇게 되지요. 이건 요셉이 스스로 제 무덤을 파는 격입니다. 언제든 요셉은 이복형제들에게 보복당할 수 있는 상황입니다.

한편, 아버지 야곱은 자식들의 동정을 파악하려면 요셉만 부르면 되었습니다. 르우벤이 빌하를 범한 이후, 자식들에 대한 불신과 회의가 깊을 수 있는 상황에서, 요셉은 입 안의 혀처럼 야곱의 마음을 채웠을 테니 요셉에 대한 신임은 누구도 흔들 수 없었을 겁니다. 다른 자식들이 무엇을 하는지 동태를 살펴서 보고하는 책임은 이 요셉의 일이었지요. 요셉은 이런 아버지의 총애와, 다른 형제들과의 관계를 통해 날로 자기중심적인 사고를 가지고 성장하는 아이라고 할 수 있습니다.

그러기에 어느 날 그는 자신이 꾸었던 꿈을 모두에게 자랑합니다. 그 내용마저도 건방지게 여겨질 만한 것이었습니다. 밭에서 자기가 묶은 볏짚 단이 갑자기 일어나자 다른 형들이 묶은 단들이 그것을 향해 둘러싸고는 고개를 숙이고, 해와 달과 열한 개의 별이 자신을 향해서 절하는 두 가지 꿈을 꾸었다고 떠벌인 겁니다. 여기에서 해와 달은 그의 부모님이고 열한 개의 별은 열두 형제들 가운데 요셉을 뺀 나머지를 상징한다고 여길 수 있으니 이 꿈이 다른 형제들에게 어떻게 들렸을지는 너무도 분명합니다. 그렇지 않아도 미운털이 박혀 있는데 그가 꾼 꿈이라는 것이 모두를 발 아래 두고 정상에 올라서는 내용입니다. 오만한 자라고 생각하지 않을 수 없습니다. 다른 사람들이 볼 때 그야말로 기고만장합니다. 그런 요셉에게 아버지 야곱은 말합니다.

그가 아버지와 형들에게 이렇게 말할 때에, 그의 아버지가 그를 꾸짖었다. "네가 꾼 그 꿈이 무엇이냐? 그래, 나하고 너의 어머니하고 너의 형들이 함께 너에게로 가서, 땅에 엎드려서, 너에게 절을 할 것이란 말이냐?" 그의 형들은 그를 시기하였지만, 아버지는 그 말을 마음에 두었다. 창세기 37: 10-11

아버지는 야단을 쳤고 형들은 질투를 했지만 아버지는 이 꿈을 일단 마음에 새겨둡니다. 범상치 않은 꿈이라고 여겼겠지요. 이 꿈은 궁극적으로 요셉의 위상을 암시해주는 것이기는 하지만, 지금의 요셉으로서는 이 꿈을 감당할 만한 그릇이 되어 있지는 못했습니다. 길고 긴 세월 동안 깎이고 다듬어져 성숙해지는 과정이 기다리고 있었던 겁니다. 요셉은 꿈이 많은 소년이라기보다는 남들을 우습게 생각하며 제 잘난 맛에 살던 아이였습니다. 그의 품성이 꿈의 내용과는 너무나도 거리가 멀었습니다.

들판에서 헤매다

그러던 어느 날 아버지 야곱이 요셉한테 형들의 소재를 파악해오라고 합니다.

> 이스라엘이 요셉에게 말하였다. "네가 알고 있듯이, 너의 형들이 세겜 근처에서 양을 치지 않느냐? 내가 너를 너의 형들에게 좀 보내야겠다." 요셉이 대답하였다. "다녀오겠습니다." 이스라엘이 요셉에게 말하였다. "너의 형들이 잘 있는지, 양들도 잘 있는지를 가서 살펴보고, 나에게 와서 소식을 전해다오." 그의 아버지는 헤브론 골짜기에서 그를 떠나보냈다. 요셉이 세겜에 도착하였다. 창세기 37: 13-14

세겜은 과거에 야곱의 아들들이 여동생 디나의 일로 할례를 조건 삼아 악행을 저지른 곳이었으니, 혹시나 보복이라도 당하지 않을까 야곱은 충분히 걱정할 수 있었다고 보여집니다. 형들과 양들이 잘 있는지 살펴보고 오라는 말 속에 야곱의 긴장감을 엿볼 수 있습니다. 그런데 형들의 허물까지 다 알고 있는 요셉은 그 정도야 아무것도 아니라고 여기지 않았을까 싶습니다. 형들이 어디든 가봐야 자기 손바닥 위라고 자신했을 텐데 그로서는 전혀 예상치 못한 일이 생겼습니다.

어떤 사람이 보니, 요셉이 들에서 헤매고 있었다. 그가 요셉에게 물었다. "누구를 찾느냐?" 요셉이 대답하였다. "형들을 찾습니다. 우리 형들이 어디에서 양을 치고 있는지, 나에게 일러 주시겠습니까?" 창세기 37: 15-16

형들이 어디 있는지 몰라 들판을 헤매는 요셉은 지금까지 우리가 익히 알아왔던 그의 모습과는 전혀 다릅니다. 형들에 대해서는 작은 결점까지도 모두 알고 있었을 요셉이 다른 사람한테 형들의 소재를 물어볼 까닭이 없지요. 그런데 요셉은 그가 이때까지 알아왔던 바가 무력해지는 지점에 서게 된 겁니다.

'들판에서 헤매고 있는 요셉'은 달리 말하자면, 자기가 알고 있던 지식과 경험이 전혀 힘을 쓸 수 없는 상황에 처하게 되었다는 의미입니다. 자신 있게 알고 있다고 믿었던 세계가 그 순간에 깨지는 것이었습니다. 요셉이 들판을 헤매고 있는 것은 결국 지금까지의 유년 시절과 결별할 수밖에 없는 사건입니다. 이것은 대단히 중대한 사건입니다. 그 스스로가 자신이 있었다고 여긴 것들에 대해 더 이상 확신할 수 없게 되었던 것입니다. 아무런 장애 없이 상대를 모두 쥐락펴락할 수 있다고 생각했을지 모르나 막상 맞닥뜨린 현실은 예상과는 너무도 달랐습니다.

세겜 들판에서 방황하고 있던 요셉이 만난 어떤 사람이 그에게 형들이 간 곳을 가르쳐 주었습니다.

그 사람이 대답하였다. "너의 형들은 여기에서 떠났다. '도단으로 가자'고 하는 말을 내가 들었다." 그래서 요셉은 형들을 뒤따라가서, 도단 근처에서 형들이 있는 곳을 알아냈다. 창세기 37: 17

요셉은 어느 낯선 사람을 통해서 비로소 형들의 소재를 알게 됩니다. 형들이 양을 치는 현장이 세겜이라고 생각했는데 도단이라는 곳으로 이미 떠났다는 겁니다. 이게 무슨 뜻일까요? 형들에게는 형들의 세계가 따로 있었던 것입니다. 요셉은 미처 알 수 없는 형들만의 경험, 판단, 가치관이 있게 마련이지요. 말하자면, 모든 인간은 각자 독자적인 정신적 우주를 가지고 있습니다. 요셉은 지금까지, '그래 봐야 내 손바닥 안이지'라고 여겼지만, 형들은 더 이상 그의 손바닥 위에 있지 않았습니다. 전혀 생각지도 못했던 일이 일어난 거지요. "요셉 네가 형들에 대해 알긴 뭘 알아?"라고 말하게 된 상황입니다.

유년기의 아이들은 주변의 사람들 또는 이 모든 세계가 자기를 위해서 존재한다고 생각하게 마련입니다. 그래서 모든 사람들이 자기를 위해서 있어야 하는 것으로 압니다. 그렇지 않으면 떼를 쓰거나 울어버리지요. 엄마는 언제나 자기의 필요를 충족시키는 사람입니다. 하지만 이 아이가 유년기를 지나 철이 드는 순간 엄마에게도 한 여자로서 또는 한 인간으로서의 삶이 있고 존재가치가 있다는 것을 알아가게 됩니다. 그렇지 않으면 그는 아무리 나이를 먹어도 여전히 자기중심적인 어린 아이에 머물러 있는 존재에 불과합니다.

자기의 요구가 중심이 된 관계는 상대의 필요와 가치에 눈뜨지 못합니다. 그것은 유년기적 정신 수준에서 벗어나지 못했음을 보여줍니다. 상대의 세계는 언제나 자신이 알고 있고, 자기 손바닥 위에 있다고 믿는다면 엄청난 착각입니다. 각자에게는 나름대로 독자적인 우주가 있는데 요셉은 이것을 몰랐거나, 혹은 알고 있다고 잘못 생각한 겁니다.

그래서 들판에서의 헤맴은 역설적으로 소중한 경험이 될 수 있습니다. 그 과정을 통과하면서 자신이 지금까지 알고 있었던 세계가 새로운 세계와 만나기 때문입니다. 인간의 성장 과정에서 유년기가 끝나고 성숙한 존재로 가는 중요한 길목 또는 전환기라고 할 수가 있습니다. 그 전환의 격랑을 겪으면서 인간은 미로에서 바른 길로 들어설 수 있습니다. 어디로 갈 것인가를 스스로 결정하고 선택해야 하는데 지금까지 자신이 알고 있던 것은 더 이상 자신의 미래를 이끌어갈 수 있는 것이 아니기에, 그걸 찾기 위해 헤매는 과정은 반드시 있게 되지요. 그래서 이는 결코 무의미한 방황이 아닙니다. 헤맴이 진정 아름다운 방황이 되기 위해서는 의미 있는 깨우침이 있어야 합니다. 방황하는 존재가 하나님과 만나는 놀라운 경험을 해야 되는 것입니다. 그렇지 않으면 처참한 방랑이 될 수 있습니다.

형들의 음모

한편, 요셉이 도단이라는 곳으로 가서 형들이 있는 곳을 알아낸 다음, 상황은 더욱 어렵게 되고 말았습니다. 아버지 야곱이 그에게 과제를 맡긴 대로 형들의 소재를 파악하고 이들이 어떻게 지내고 있는지만 알면 그의 책임은 완수되는데, 마지막 단계에서 생각지도 못한 위기에 처하게 됩니다.

그런데 그의 형들은 멀리서 그를 알아보고서, 그를 죽여버리려고, 그가 그들에게 가까이 오기 전에 음모를 꾸몄다. 그들은 서로 마주 보면서 말하였다. "야, 저기 꿈꾸는 녀석이 온다. 자, 저 녀석을 죽여서, 아무 구덩이에나 던져 넣고, 사나운 들짐승이 잡아먹었다고 하자. 그리고 그 녀석의 꿈이 어떻게 되나 보자." 창세기 37: 18-20

이 대목에서 "그런데"라고 이어지고 있는 말은, 요셉의 기대와는 전혀 다른 상황이 펼쳐지리란 것을 예고합니다. 요셉은 그간의 행실로 형들에게 살해의지를 불러일으킬 만큼 미움을 샀습니다. 형들이 그를 보고는 "어떻게 이렇게 멀리까지 우리들을 찾아나섰니?" 하고 놀라며 반가움을 표하는 상황이 아닙니다. 그를 총애하는 아버지 야곱도 여기에는 없고, 아는 이라고는 전혀 없는 낯선 곳이었으니 형제들은 그를 흔적도 없이 죽여서 불의의 사고로 위장하려 합니다. 즉 들판의 야수에게 공격당한 사건으로 만들자는 계획으로 요셉의 운명은 위태로운 지경에 처했습니다. 요셉과 형들의 관계란 단지 적대감만으로 끝나는 것이 아니라 이렇게 기회만 주어지면 언제든지 죽일 음모를 꾸밀 수 있는 정도였지요. 요셉은 형제들에게 제거대상이었습니다. 이들은 '꿈꾸는 녀석'이라고 요셉을 조롱하고 있습니다. "요셉 이 녀석, 일어나 잘났는가 어디 보자" 하는 심사가 도사리고 있었습니다. 요셉의 꿈과 형제들의 계략이 서로 대치하는 것이며, 어느 쪽이 이길지 결판내자는 것입니다.

요셉은 형들의 허물 하나하나를 다 간파하고 있었습니다. 형들이 남들 앞에서는 감추고 싶어하는 것들도 요셉의 눈은 놓치지 않았으니, 요셉이 했던 고자질이란 어떤 경우에는 나름의 의미가 있을 수 있었습니다. 다 알고 드러난 허물을 아버지한테 얘기해봐야 별 가치가 없고, 이들 형들이 아버지 앞에서는 아주 착한 척 하지만 사실은 뒤에 숨겨진 모습을 짚어냈다고 여겨지는 순간 그의 고자질은 긍정적인 역할을 할 수도 있습니다. 그러나 고자질하는 요셉의 행동은 아무래도 야비하게 느껴집니다.

그렇게 형들에 대해 전부 알고 있다고 확신했을 요셉이 이 상황에서 결정적으로 알아야 할 것을 모르고 있습니다. 다른 건 다 몰라도 자신을 죽이려고 하는 사실만큼은 알아야 될 것 아닙니까? 그걸 모르다니, 이때까지 형들에 대해서 알고 있었던 것이 아무것도 아니게 됩니다. 헛똑똑이였던 셈이지요. 요셉은 형들에 대해서 다 알고 있었던 것 같지만 사실은 그들의 소재도 몰랐고, 겨우 알아낸 다음 찾아간 그곳의 형들이 마음속으로는 자기를 죽이려 하는 걸 짐작조차 못했던 것 아닙니까? "아, 형들이 여기 있네" 하고 덜컥 그 길로 들어서려는 찰나, 그것이 자기를 죽음으로 이끄는 통로라는 것을 전혀 몰랐던 겁니다. 요셉은 자기의 운명에 대해 전혀 감지하지 못하는 처지가 되었습니다.

인간이 어떤 경우에 어떤 고통을 느끼는지, 어떤 쓰라림을 겪게 되는지, 어떤 분노를 가지게 되는지도 깊이 생각하지 않고 자기중심적으로만 살아왔던 결과입니다. 남의 아픔에 귀를 막고 그의 눈물을 외면하는 사람은 결코 알 수 없는 것이 있습니다. 그게 바로 이런 인간의 속 깊은 내면입니다. 요셉은 그런 데에 관심이 없었고 자기 잘난 것만 생각했지요. 형들이 겪는 아픔들, 어머니가 출신이 종이라고 해서 겪는 남모르는 고뇌나 어머니들 간의 싸움으로 성장기에 겪고 받았을 상처들에 대해서 요셉은 관심을 갖지 않았던 겁니다. 아버지의 일방적인 총애만 받았으니 그 아픔을 알 리가 없었지요.

이런 사람에게 인간에 대한 영적 통찰이 생길 리 만무합니다. 영적인 통찰력은 어느 날 갑자기 하늘의 번개처럼 내려와 꽂히듯이 저절로 깨닫는 것이 아닙니다. 평소에 인간의 아픔을 느끼고 나눌 줄 아는 맑은 마음이 있어야 이루어지는 영적 능력입니다. 그래서 예수께서는 산상수훈에서 우리의 예상과는 달리 "하나님을 믿으면 하나님의 나라가 너희 것이 될 것이다"라고 하지 않으셨습니다.

> "마음이 가난한 사람은 복이 있다. 하늘나라가 그들의 것이다. 슬퍼하는 사람은 복이 있다. 그들이 위로를 받을 것이다. 온유한 사람은 복이 있다. 그들이 땅을 차지할 것이다. 의에 주리고 목마른 사람은 복이 있다. 그들이 배부를 것이다. 자비한 사람은 복이 있다. 그들이 자비함을 입을 것이다. 마음이 깨끗한 사람은 복이 있다. 그들이 하나님을 볼 것이다. 평화를 이루는 사람은 복이 있다. 그들이 하나님의 자녀라고 불릴 것이다. 의를 위하여 박해를 받은 사람은 복이 있다. 하늘 나라가 그들의 것이다." 마태복음 5: 3-10

예수께서 하신 말씀은 어떤 뜻을 가진 것입니까? 그건 "마음에 욕심을 비운 사람들에게 복이 있다. 슬퍼해야 할 일에 슬퍼할 줄 알면 하나님 나라가 저의 것이다. 마음이 오만하지 않고 맑고 깨끗하며 그래서 마음에 의로움이 있다면 그런 사람이 하나님 나라의 주인이다. 그 마음에 사랑과 자비가 그득한 이들이 곧 하나님 나라의 주인공들이다"라는 말씀입니다. 요셉은 그런 게 없었습니다. 최고의 지위를 향해 가는 야망과 열정은 내심 있었을지 모르나 정작 낮은 자리에 어떤 눈물이 흐르는지를 알지 못했고 힘있는 자들로부터 상처받은 사람들의 비통함도 몰랐던 겁니다.

말로 그 마음과 영혼을 다치게 하면 어떤 원한이 생기는지도 제대로 깨닫지 못했지요. 어려운 처지에 있는 이들의 삶을 사랑으로 대하면서 모든 이들의 아낌을 받는 그런 인물이 아니었습니다.

구덩이에 던져진 요셉

다른 형제들이 요셉을 죽이려 했을 때 그의 목숨만은 살리자고 한 사람은 르우벤입니다.

르우벤이 이 말을 듣고서, 그들의 손에서 요셉을 건져내려고, 그들에게 이렇게 말하였다. "목숨만은 해치지 말자. 피는 흘리지 말자. 여기 들판에 있는 구덩이에 그 아이를 던져 넣기만 하고, 그 아이에게 손을 대지는 말자." 르우벤은 요셉을 그들에게서 건져내서, 아버지에게 되돌려보낼 생각으로 이렇게 말한 것이다. 창세기 37: 21-22

참 묘합니다. 르우벤은 빌하를 범했던 뼈아픈 과거가 있었지만 이 대목에서는 요셉에게 생명의 은인입니다. 야곱이 만일 빌하의 사건을 그 즉시 문제 삼아 르우벤을 추방했거나 또는 그 죄를 심하게 물어 부자의 연을 끊었거나 급기야 죽음에 이르게 했다면, 이 순간 요셉의 운명은 또 어찌 되었을까 싶습니다. 빌하의 일로 아버지 야곱을 괴롭게 했던 르우벤이 요셉의 죽음으로 아버지를 고통에 몰아넣는 일은 어떻게든 막아내고자 했던 모양입니다.

그러나 이런 모든 인간사의 배후에는 하나님의 깊은 계획이 작용하고 있습니다. 인간이 미처 인식하지 못한 뜻이 있지요. 르우벤은 자기 생각으로 그렇게 하려 한 것이지만, 그건 자기도 모르는 사이에 그의 마음이 하나님의 섭리와 만났기 때문이었습니다. 하나님은 요셉을 통해 이루려는 목표가 따로 있으셨습니다. "죽이자"는 다른 형제들의 살기에 맞서 "살리자"고 한 르우벤의 생명의 기운으로 요셉은 결국 살아났습니다. 하지만 요셉은 이런 대화들이 오가는 줄 꿈에도 모릅니다. 자신이 먼 장래에 어떤 위치에 오르게 되는지 꿈으로 계시받았다고 할 그가 당장에 닥친 일에 대해서는 무지한 상태입니다. 이제 어떤 일이 벌어집니까?

요셉이 형들에게로 오자, 그들은 그의 옷, 곧 그가 입은 화려한 옷을 벗기고, 그를 들어서 구덩이에 던졌다. 그 구덩이는 비어 있고, 그 안에는 물이 없었다. 창세기 37: 23-24

요셉은 다행히 목숨만은 건진 채 구덩이 속에 내동댕이쳐졌습니다. 이는 요셉의 입장에서 보면 하나님의 인도하심 아래 영적인 훈련이 시작되었다고 할 수 있는 현장입니다. 요셉이 구덩이에 던져질 때 어떤 모습이 되는가도 중요합니다. 그는 있는 그대로 구덩이에 처넣어진 것이 아니었습니다. 형제들은 요셉이 짐승의 공격을 받아 죽은 것으로 거짓 보고를 하기 위해 옷을 벗겼고 찢었습니다. 요셉의 옷은 채색이 된 화려한 복장이었습니다. 옷을 벗긴다는 것은 형들의 입장에서는 요셉이 그동안 누리고 있던 일체의 특권을 박탈하는 것을 의미합니다. 특별한 대접을 받아왔던 삶의 조건이 이로써 사라지게 됩니다.

요셉이 다른 형제들과 달리 이렇게 특권을 누렸던 것은 사실 그 자신의 능력이 아니었습니다. 아버지가 특별히 예뻐해서 채색 옷을 입혀 지위와 위상을 드러내주었기 때문이었지요. 그러나 이제 자신을 사랑해주신 아버지도 화려한 옷도 없는 '알몸 요셉'이 됩니다.

요셉의 처지변화를 차례차례 생각해보면 첫째, 들판을 헤매면서 자신의 경험과 지식이 무력해지는 단계를 거치게 됩니다. 그 다음 자신에게 닥친 결정적인 죽음의 그림자도 몰랐습니다. 마지막으로 자기를 오늘날에 이르기까지 지탱해준 아버지의 총애와 특권적 지위도 무너졌습니다. 자신을 지켜줄 어떤 것도 남지 않았습니다. 그것이 구덩이에 내던져진 요셉의 모습이요 현실입니다. 철저하게 요셉의 진실한 존재 하나만이 남게 된 겁니다.

요셉은 자기가 형들보다 잘났다고 생각했는지 모르나, 그것은 아버지가 총애했기 때문에 주어진 지위였고 그 보호막을 벗겨내면 무력한 알몸의 존재였을 뿐입니다. 자기 운명은 자기 손에 달려 있다고 여겼겠지만 결코 그렇지 않았습니다. 요셉은 스스로 일어선 존재가 아니라 옆에서 챙겨주고 지켜주고 했기에 살아올 수 있었던 것입니다. 이 위기의 상황에서도 큰형 르우벤의 자비심을 은혜로 입어 살아나게 된 것 아닙니까? 결코 자기가 잘나서가 아니었음을 절감하는 시간이 이제 시작됩니다.

우리가 살아가고 있는 현실에서도 이런 일들은 수없이 벌어집니다. 자신이 현재 누리고 있는 지위 또는 부와 명성이 있다고 합시다. 그런데 어느 날 한순간 모든 것이 사라질 수 있습니다. 일례로 오래 몸담았던 회사를 떠나면 한때 조직의 수장이었던 사람도 힘을 잃는 경우가 다반사입니다. 알고 보니 세상이 자기를 대우해주었던 것은 조직의 배경 때문이었고, 그것을 벗어나면 이른바 별 볼일 없는 존재가 됩니다. 그 사람의 존재 자체로서 맺은 관계가 아니고 조직의 뒷받침이 있었고 그가 입은 채색 옷이 있었기에 가능했지 그것이 벗겨지는 순간 누구나 구덩이에 빠진 요셉의 신세가 될 수 있습니다. 나이가 들어 사회생활을 접는 순간에도 이런 일은 일어날 수 있습니다. 요셉이 겪는 일은 인간 보편의 가능성을 가진 사건입니다.

벌거벗은 영혼의 눈물과 기도

우리는 인생사에서 성공한 순간이 바로 실패의 시작일 수가 있다는 사실을 보게 되곤 합니다. 정상에 올랐는데 그것이 추락의 시발점인 사람을 보게 됩니다. 지금까지 잘나갔다고 생각했는데 알고 보니 자기 무덤을 파고 있었던 형국이기도 합니다. 지금 단계에서 요셉이 꾸었던 꿈이란 하나님의 계시가 아니라 요셉의 오만과 탐욕만 얘기해줄 뿐일 수 있습니다. 꿈은 내용도 내용이지만, 그 꿈을 꾼 존재가 더 중요합니다. 그 꿈을 감당하고 실현할 만한 그릇이 아니면 제아무리 멋진 꿈이라 한들 허깨비 꿈으로 끝나는 것이고, 자기과시에 그칠 뿐입니다. 정말 진지하게 낮아져서 도리어 높임을 받는 과정이 요셉에게 아직은 없었습니다. 그러니 이제부터 그런 훈련이 필요합니다. 하나님은 그에게 그것을 가르쳐주시는 과정으로 이끌고 가신 것이지요.

따라서 요셉은 실패하고 있는 것 같지만 사실은 진정한 성공의 길로 들어서는 자가 되는 첫 발걸음을 떼고 있었습니다. 고난이 축복의 열쇠가 되는 은총이 요셉을 기다리고 있었습니다. 꿈속에서 그는 높이 들림받는 위치에 있었지만, 현실은 물도 없는 죽음의 자리에 처하게 되었습니다. 하지만 그곳은 생명의 근원적 존재와 능력에 눈뜨고 그것을 뜨겁게 갈망할 줄 아는 사람이 되어가는 섭리의 자리였습니다. 요셉은 이것을 경험해나가게 되었던 것입니다.

스스로 높아지려고 했던 자는 낮아지고, 낮은 곳에서 겸손하게 자신을 성찰하고 하나님을 만나는 이는 축복의 존재로 변화됩니다. 그건 남들이 볼 때 죽음이지만, 그에게는 새로운 탄생의 모태입니다. 형들이 던져넣기는 했지만 그 무덤은 자기가 판 것 아닙니까? 그러나 하나님은 그곳을 그가 새롭게 살아 일어서는 무대로 바꾸어주셨습니다. 이 과정에서 요셉은 비로소 지금까지 자기가 지탱해왔던 세계의 한계와 무력감을 절감했을 것입니다. 자기의 진정한 존재는, 이제까지 자기 손에 쥐고 있고 입고 있고 누리고 있었던 것으로 버틸 수 없음을 알게 됩니다.

"도움이 어디에서 올꼬?" 하며 좌절하여 눈물을 쏟고 죽음의 위기를 감지하고 있을 때 그는 자기의 적나라한 현실을 보게 되었을 것입니다. 그는 들판에서 헤매는 정도가 아니라, 구덩이에서 어떻게도 빠져나갈 도리가 없는 무능력하고 고독하며 비참한 자기를 피할 수 없이 마주하게 됩니다.

모든 신앙의 혁명적 변화, 그 과정에서 최초로 일어나는 사건은 자신과 정직하게 만나는 일입니다. 열등감이나 우월감으로 가득 찬 자아, 남들이 생각한 자신, 조건과 상황으로 꾸며진 자신이 아니라 그 어떤 거짓 · 착각 · 포장이 통하지 않는 진실한 자신과 대면하는 겁니다. 그 정직함으로 하나님과 만나는 겁니다. 구덩이에 떨어진 요셉은 자기가 과연 누구인가를 그때부터 처절하게 성찰하지 않으면 안 되었습니다. 이전까지는 요셉과 하나님과의 관계가 하나도 표현되어 있지 않은데, 이 사건 이후에 요섭은 하나님의 사람으로 성장해가는 모습이 기록되어 있습니다. 따라서 요셉은 그곳에서 하나님을 만나게 되었다는 것을 알 수 있습니다.

구덩이 속에 던져진 요셉은 비극적인 고난을 겪고 있는 자입니다. 남들에 비해 잘나가고 있는 줄 알았는데, 나락으로 떨어졌습니다. 그의 인생이 새롭게 펼쳐질 가능성은 별로 보이지 않습니다. 이제 더 이상 아버지 야곱의 사랑과 보호 속에 살아갈 수 있는 인생이 아닙니다. 아무것도 없는 빈 구덩이, 이글거리는 열사熱砂의 들판 한가운데 그의 목마름을 채울 만한 물 한 방울조차 없는 현실에서 그는 자신을 새롭게 채우기 시작합니다. 그건 그가 좌절하고 무너져 죽는 일이 아니었고, 자신을 진정으로 채우고 일으켜 세울 궁극적 존재와 만나는 길에 눈뜬 출발점입니다.

요셉의 정신적 유년기는 이렇게 해서 막을 내리고, 그 영혼에 하나님의 생명과 은총이 가득차는 축복의 체험을 하게 됩니다. 그러니 아무리 주변을 둘러보아도 텅텅 비어 있고 물 한 방울조차 찾을 수 없는 처참한 지경에 놓인다 해도 이제 그 무엇도 요셉을 무너뜨릴 수 없습니다. 한때 철없고 오만했던 소년 요셉은 이로써 그 어떤 유혹·위협·좌절에도 흔들리지 않는 인간으로 부쩍 자라고, 어떤 어려운 일에 처하게 되어도 쓰러지지 않게 됩니다. 그는 이 구덩이 속에서 흘린 눈물과 기도를 결코 잊을 수 없었을 것이며, 그곳에서 그의 영혼을 살려내신 하나님을 망각하지 않는 자로 새롭게 일어날 수 있었습니다.

그곳에서 요셉은 희망의 근거를 보았고, 인간의 한계를 돌파하는 하나님의 능력을 만났습니다. 그래서 요셉은 망한 것이 아니라 새롭게 이겨내는 길을 가게 된 것입니다. 우리도 하나님이 우리 편에 서 계심을 굳게 믿고 생명의 힘을 빛나게 뿜어낼 수 있었으면 합니다.

37

¹ 야곱은 자기 아버지가 몸붙여 살던 땅 곧 가나안 땅에서 살았다. ² 야곱의 역사는 이러하다. 열일곱 살 된 소년 요셉이, 아버지의 첩들인 빌하와 실바가 낳은 형들과 함께 양을 치는데, 요셉은 형들의 허물을 아버지에게 일러바치곤 하였다. ³ 이스라엘은 늘그막에 요셉을 얻었으므로, 다른 아들들보다 요셉을 더 사랑하여서, 그에게 화려한 옷을 지어서 입혔다.

⁴ 형들은, 아버지가 그를 자기들보다 더 사랑하는 것을 보고서 요셉을 미워하며, 그에게 말 한 마디도 다정스럽게 하는 법이 없었다. ⁵ 한 번은, 요셉이 꿈을 꾸고서, 그것을 형들에게 말한 일이 있는데, 그 일이 있은 뒤로부터, 형들은 그를 더욱더 미워하였다. ⁶ 요셉이 형들에게 말하였다. "내가 꾼 꿈 이야기를 한 번 들어보셔요. ⁷ 우리가 밭에서, 곡식단을 묶고 있었어요. 그런데 갑자기 내가 묶은 단이 우뚝 일어서고, 형들의 단이 나의 단을 둘러서서 절을 하였어요." ⁸ 형들이 그에게 말하였다. "네가 우리의 왕이라도 될 성싶으냐? 정말로, 네가 우리를 다스릴 참이냐?" 형들은, 그의 꿈과 그가 한 말 때문에, 그를 더욱더 미워하였다. ⁹ 얼마 뒤에 그는 또 다른 꿈을 꾸고, 그것을 형들에게 말하였다. "들어보셔요. 또 꿈을 꾸었어요. 이번에는 해와 달과 별 열한 개가 나에게 절을 했어요." ¹⁰ 그가 아버지와 형들에게 이렇게 말할 때에, 그의 아버지가 그를 꾸짖었다. "네가 꾼 그 꿈이 무엇이냐? 그래, 나하고 너의 어머니하고 너의 형들이 함께 너에게로 가서, 땅에 엎드려서, 너에게 절을 할 것이란 말이냐?" ¹¹ 그의 형들은 그를 시기하였지만, 아버지는 그 말을 마음에 두었다.

¹² 그의 형들은 아버지의 양 떼를 치려고, 세겜 근처로 갔다. ¹³ 이스라엘이 요셉에게 말하였다. "네가 알고 있듯이, 너의 형들이 세겜 근처에서 양을 치지 않느냐? 내가 너를 너의 형들에게 좀 보내야겠다." 요셉이 대답하였다. "다녀오겠습니다." ¹⁴ 이스라엘이 요셉에게 말하였다. "너의 형들이 잘 있는지, 양들도 잘 있는지를 가서 살펴보고, 나에게 와서 소식을 전해 다오." 그의 아버지는 헤브론 골짜기에서 그를 떠나보냈다. 요셉이 세겜에 도착하였다. ¹⁵ 어떤 사람이 보니, 요셉이 들에서 헤매고 있었다. 그가 요셉에게 물었다. "누구를 찾느냐?" ¹⁶ 요셉이 대답하였다. "형들을 찾습니다. 우리 형들이 어디에서 양을 치고 있는지, 나에게 일러 주시겠습니까?" ¹⁷ 그 사람이 대답하였다. "너의 형들은 여기에서 떠났다. '도단으로 가자'고 하는 말을 내가 들었다." 그래서 요셉은 형들을 뒤따라가서, 도단 근처에서 형들이 있는 곳을 알아냈다.

¹⁸ 그런데 그의 형들은 멀리서 그를
알아보고서, 그를 죽여버리려고,
그가 그들에게 가까이 오기 전에 음모를
꾸몄다. ¹⁹ 그들은 서로 마주 보면서
말하였다. "야, 저기 꿈꾸는 녀석이 온다.
²⁰ 자, 저 녀석을 죽여서, 아무 구덩이에나
던져 넣고, 사나운 들짐승이
잡아먹었다고 하자. 그리고 그 녀석의
꿈이 어떻게 되나 보자."
²¹ 르우벤이 이 말을 듣고서, 그들의
손에서 요셉을 건져내려고, 그들에게
이렇게 말하였다. "목숨만은 해치지 말자.
²² 피는 흘리지 말자. 여기 들판에 있는
구덩이에 그 아이를 던져 넣기만 하고,
그 아이에게 손을 대지는 말자." 르우벤은
요셉을 그들에게서 건져내서, 아버지에게
되돌려 보낼 생각으로 이렇게
말한 것이다.
²³ 요셉이 형들에게로 오자, 그들은 그의
옷, 곧 그가 입은 화려한 옷을 벗기고,
²⁴ 그를 들어서 구덩이에 던졌다.
그 구덩이는 비어 있고, 그 안에는
물이 없었다.

감옥 속의 자유인

창세기 37장 25절-36절, 39장

형 유다의 도움

힘든 고비를 넘기나 싶은데 또다시 인생의 밑바닥으로 굴러 떨어진다면 사람들은 대체로 절망합니다. 그러나 성서는 이런 거듭된 고난을 극복한 존재로 요셉을 기록하고 있습니다. 즉 요셉의 이야기는 희망의 근거가 무엇이며 그것이 어떻게 탄생하고 생명의 능력으로까지 이어지는지를 극적으로 보여주는 성서의 대표적인 모델입니다. 요셉은 창세기 전편이 우리에게 전달하려는 의미를 매우 흥미롭게 압축해주고 있습니다.

맏형 르우벤의 개입으로 목숨만은 건진 요셉은 구덩이 속에서 그의 운명을 기다리는 신세가 되었습니다. 운명의 주인은 이제 그가 아닙니다. 형들이 자기 손 안에 있다고 생각했지만, 이제 반대로 요셉이 형들의 손 안에 있습니다. 그런데 여기에서 한 가지 주목할 일이 있습니다. 디나의 사건을 떠올려보면, 시므온과 레위가 앞장서서 세겜 지역의 남자를 모두 학살해버리지 않았습니까? 그런 흉포함이 또 언제 어떻게 발동할지 알 수 없는 노릇입니다. 따라서 요셉은 일단 살아나긴 했지만 다른 형제들의 분노가 다시 일어나면 목숨을 보장할 수 없습니다. 더욱이 요셉이 살아서 돌아가게 된다면 이 모든 일에 대해 아버지에게 고자질하지 않을 리 없다고 여길 수도 있겠지요. 그 후환을 없애기 위해서라도 이번 기회에 죽이자고 목소리를 높일 수 있습니다. 요셉의 생명을 구한 르우벤이 자리를 비운 사이에, 유다가 나서서 이를 막습니다.

그들이 앉아서 밥을 먹고 있는데, 고개를 들고 보니, 마침 이스마엘 상인 한 떼가 길르앗으로부터 오는 것이 눈에 띄었다. 낙타에다 향품과 유향과 몰약을 싣고, 이집트로 내려가는 길이었다. 유다가 형제들에게 말하였다. "우리가 동생을 죽이고 그 아이의 피를 덮는다고 해서, 우리가 얻는 것이 무엇이냐? 자, 우리는 그 아이에게 손을 대지는 말고, 차라리 그 아이를 이스마엘 사람들에게 팔아 넘기자. 아무래도 그 아이는 우리의 형제요, 우리의 피붙이이다." 형제들은 유다의 말을 따르기로 하였다. 창세기 37: 25-27

요셉은 빈 구덩이에 갇힌 채 물 한 모금 마시지도 못하는데, 형들은 천연덕스럽게 밥을 먹고 있습니다. 이런 상황에 밥이 넘어가다니 그들이 요셉에게 얼마나 깊은 원한을 가졌는지 짐작이 갑니다. 이들은 속이 시원합니다. 그런 중에 유다가 형제들을 설득합니다. 밥을 먹고 배를 채우니 다소 긴장이 풀리고 여유가 생겼을지도 모르지요. 요셉은 그래도 자신들의 핏줄임을 상기시키고 죽여봐야 결코 득될 것이 없다면서, 마침 지나가는 상인들에게 팔아넘기자고 합니다.

한편 요셉 이야기가 나오기 전 르우벤의 빌하 사건이나 유다의 다말 사건이 기록된 까닭의 하나가, 두 사람의 그와 같은 허물에도 불구하고 적어도 생명에 대한 자세는 일관되어 있음을 환기시키는 의미도 있다고 하겠습니다. 요셉이 르우벤과 유다, 두 형들의 노력으로 생명이 보존됨을 보면, 인간이라는 존재를 하나의 면만으로 평가하고 단정할 수 없음을 새삼 알게 됩니다. 결과적으로, 하나님은 이들에게 생명 살리는 역할의 기회를 주신 셈이고 그로써 거대한 생명의 역사에 관련을 맺도록 해주신 것이라고 할 수 있습니다. 그런 기회가 와도 막상 기여를 하지 못하는 사람이 있다는 점에서, 무엇보다도 생명에 대한 주체적인 선택과 의지가 중요합니다. 르우벤이나 유다 모두, 하나님이 마련해주신 기회를 헛되이 저버리지 않았습니다.

노예로 팔려가다

이스마엘 상인은 낙타를 타고 장거리 무역을 하는 아랍 상인들입니다. 향품과 유향과 몰약은 이스라엘의 동방 메소포타미아 지역의 생산품이고 그들은 이것을 이집트까지 싣고 가서 팔았습니다. 오늘날 우리가 '실크 로드'라고 부르는 그 긴 무역로의 초기 여행자들이라고 할 만하지요. 각종 진귀한 물건들을 가져다가 큰 이익을 남기는 이들은 거래품의 가치를 알아보는 안목이 높아 아무나 노예로 사서 데리고 가지는 않습니다. 팔아서 남길 이익이 커야 합니다. 요셉은 그가 후에 이집트 제국의 제왕 바로의 경호대장에게 팔렸다는 사실, 그리고 그의 아내가 요셉을 유혹하기 위해 속을 태우며 조급해했다는 점 등으로, 누가 봐도 탐낼 만한 소년이었음을 충분히 상상할 수 있습니다. 그러니까 상인들로서는 횡재를 한 셈입니다.

그래서 미디안 상인들이 지나갈 때에, 형제들이 요셉을 구덩이에서 꺼내어, 이스마엘 사람들에게 은 스무 냥에 팔았다. 그들은 그를 이집트로 데리고 갔다. 창세기 37: 28

요셉을 팔아서 얻은 은 스무 냥은 나중에 가룟 유다가 예수를 팔고 받은 은 서른 냥을 떠올리게 합니다. 생명을 돈으로 환산해서 팔고 사서는 결코 안 되지요. 생명을 판 자들은 지금 당장에는 행복할지 모르지만 결국 불행해집니다. 형들은 요셉에게 손을 대지 않고도 그를 눈에 보이지 않는 먼 곳으로 보내게 돼서 좋고 게다가 돈까지 벌었으니 일거양득입니다. 하지만 이 일이 그들에게 두고두고 멍에가 될 줄 이때에는 몰랐습니다.

어디론가 갔다 돌아온 르우벤은 요셉이 사라진 사실을 알고 자기 옷을 찢으며 슬퍼합니다. 그의 통곡은 아버지 야곱의 절규로 이어집니다.

르우벤이 구덩이로 돌아와 보니, 요셉이 거기에 없었다. 그는 슬픈 나머지, 옷을 찢고서, 형제들에게 돌아와서 말하였다. "그 아이가 없어졌다! 나는 이제 어디로 가야 한단 말이냐?" 그들은 숫염소 한 마리를 죽이고, 요셉의 옷을 가지고 가서, 거기에 피를 묻혔다. 그들은 피묻은 그 화려한 옷을 아버지에게로 가지고 가서 말하였다. "우리가 이 옷을 주웠습니다. 이것이 아버지의 아들의 옷인지, 잘 살펴보시기 바랍니다." 그가 그 옷을 알아보고서 부르짖었다. "내 아들의 옷이다! 사나운 들짐승이 그 아이를 잡아 먹었구나. 요셉은 찢겨서 죽은 것이 틀림없다." 야곱은 슬픈 나머지, 옷을 찢고, 베옷을 걸치고, 아들을 생각하면서, 여러 날을 울었다. 그의 아들딸들이 모두 나서서 그를 위로하였지만, 그는 위로받기를 마다하면서 탄식하였다. "아니다. 내가 울면서, 나의 아들이 있는 스올로 내려가겠다." 아버지는 잃은 자식을 생각하면서 울었다. ^{창세기 37: 29-35}

요셉을 죽은 것으로 만들어 아버지에게 보고한 이 사건은 이후 이집트 총리가 된 요셉이 자기의 아우 베냐민을 데려오라고 했을 때 아버지의 마음을 움직이기 힘들게 하는 결정적인 요인이 됩니다. 야곱이 요셉도 잃고 이제는 베냐민까지 잃게 되는 것은 도저히 받아들일 수 없다고 뜻을 굽히지 않았기 때문입니다. 형제들은 자승자박의 씨를 뿌렸던 겁니다. 당시에는 탁월한 계획이라고 여겨서 실행했겠지만, 그것이 오랜 세월이 지난 다음 자신들의 발길을 가로막을 줄은 꿈에도 알지 못했겠지요.

한때 그토록 치밀했던 야곱도 이제 늙었는지, 아들 요셉의 옷에 피가 묻었다는 이유 하나만으로 조금의 의심도 없이 들짐승에 의해 죽은 것으로 단정하고 깊은 슬픔에 빠집니다. 물론 충격이 너무 커서 그랬겠지만, 자기 아들들의 흉계를 꿰뚫어보지 못했지요.

이렇게 해서 요셉 사건은 최소한 야곱의 집안과 형제들에게는, 다른 의혹이나 단서를 찾을 수 없는 완전범죄로 마무리됩니다. 요셉은 야곱의 집에서 연기처럼 사라진 존재이고 옛일이 되고 말았습니다. 그렇다면 과연 이 일은 영원히 뚜껑이 닫힌 사건으로 결말지어졌을까요?

경호대장 보디발의 신임을 얻다

요셉이 이집트로 끌려갔다. 요셉을 이집트로 끌고 내려간 이스마엘 사람들은, 바로의 신하인 경호대장 이집트 사람 보디발에게 요셉을 팔았다.…… 주인은, 요셉이 눈에 들어서, 그를 심복으로 삼고, 집안 일과 재산을 모두 요셉에게 맡겨 관리하게 하였다. 창세기 39: 1-4

요셉을 산 상인들은 이집트로 가서 그를 제왕 바로(파라오)를 경호하는 보디발 대장에게 팔아버렸습니다. 이런 지위의 경호대장과 거래할 정도라면 이 상인들의 영향력도 대단했고, 그와 함께 위엄 있는 경호대장이 받아들였을 정도라면 요셉은 이른바 몸값이 나가는 특급 노예로 평가받았을 것입니다. 바로의 경호대장이란 어떤 사람입니까? 그는 자기가 모시는 왕 외에는 어느 누구도 마음을 내주고 신뢰하면 안 되는 사람입니다. 단 하나의 빈틈도 보일 수 없는 위치에 있기 때문에 그의 눈에 든다는 것은 보통 일이 아닙니다. 요셉은 그런 경호대장의 절대적인 신임을 받았어도 하나의 예외는 있었습니다.

그래서 그 주인은, 자기가 가진 모든 것을 요셉에게 맡겨서 관리하게 하고, 자기의 먹을거리를 빼고는, 아무것도 간섭하지 않았다. 창세기 39: 6

보디발 대장은 자기 먹는 것만 빼놓고 집안의 모든 일을 요셉에게 맡겼습니다. 독살이라도 당하면 자기 목숨의 문제만이 아니라 경호하는 제왕의 목숨도 함께 위태로워지기 때문에 먹을 것만큼은 외국인 출신 노예인 그에게 맡길 수 없었겠지요. 이토록 경계심 많은 경호대장 보디발이 요셉에게 집안 일을 모두 책임지게 할 정도라면 그가 얼마나 성실하고 총명했는지 알 수 있습니다. 뿐만 아니라 요셉의 존재로 인해 보디발의 집도 하나님의 축복을 받았다고 할 정도로 그의 덕을 톡톡히 보게 됩니다.

그가 요셉에게 자기의 집안 일과 그 모든 재산을 맡겨서 관리하게 한 그때부터, 주께서 요셉을 보시고, 그 이집트 사람의 집에 복을 내리셨다. 주께서 내리시는 복이, 주인의 집 안에 있는 것이든지, 밭에 있는 것이든지, 그 주인이 가진 모든 것에 미쳤다. 창세기 39: 5

보디발은 굴러들어온 복덩어리를 받은 겁니다. 요셉은 그와 함께 하는 모든 이들에게 복을 주는 사람이었으니, 이는 하나님이 아브라함에게 하셨던 축복대로 된 것이라고 할 수 있습니다. 그런데 경호대장 보디발이 자기가 먹을 것은 자기가 맡아 하는 대목은 나중에 요셉이 감옥에 갇혔을 때 제왕 바로의 시종장을 만나는 대목과 복선伏線처럼 이어지는 이야기이기도 합니다. 복선이란 관계가 없는 듯 보이는 두 이야기가 사실은 은밀히 연결되어 있음이 나중에 드러나도록 미리 깔아놓은 이야기 구조입니다. 왕에게 술잔을 올리는 사람과 빵을 구어 올리는 사람이 국사범으로 보디발의 집에 있는 감옥에 갇혔는데, 요셉이 이들과 친분을 맺게되지요. 이건 요셉이 경호대장 보디발의 수준이 아니라 제왕 바로와 직접 인연이 닿는 것을 암시하고 전혀 달라지는 그의 운명을 예고하고 있습니다. 그에 더하여 경호대장의 양식 정도가 아니라 장차 나라 전체의 식량을 관리하는 그의 위상변화를 결과적으로 비교케 하는 의미도 있습니다. 경호대장의 입장에서 보면 앞으로 자신이 먹을 것도 요셉에게 의탁하지 않으면 안 되는 역전의 상황이 벌어지는 거지요.

하나님이 펼치시는 놀라운 드라마는 그 결말을 앞서 내다보기가 참으로 쉽지 않습니다. 하지만 바로 이러한 종국적인 흐름을 믿음으로 먼저 깨우치면 결말의 구체적인 내용은 모른다 하더라도 당장에 처한 고달프고 힘겨운 현실에 무너지지 않게 됩니다.

이제 요셉은 보디발에게 그야말로 충분히 믿을 만한 집사執事가 되었습니다. 이 경험은 훗날 이집트 제국의 행정을 도맡아 나라의 살림살이를 경영해나가는 실력의 바탕이 되기도 합니다. 하나님의 섭리 안에서 감당하는 일은 모두가 얼핏 보기에는 고생인 것 같고 미천한 듯 보여도, 결국 소중한 힘이 되며, 더 큰 규모의 미래를 감당하는 능력을 훈련시키는 사건입니다. 예수께서 하신 말씀대로 작은 일에 충성된 이가 큰일을 맡게 마련입니다.

유혹의 덫

그러던 어느 날 그에게 예기치 않았던 고난이 닥쳐왔습니다. 그의 장점이 도리어 덫이 될 수 있는 상황입니다. 그의 준수한 용모가 문제가 되었습니다.

> 요셉은 용모가 준수하고 잘생긴 미남이었다. 일이 이렇게 된 지 얼마 지나지 않아서, 주인의 아내가 요셉에게 눈짓을 하며 "나하고 침실로 가요!" 하고 꾀었다. 창세기 39: 6-7

경호대장 보디발의 아내가 이 꽃미남 요셉에게 마음이 완전히 기웁니다. 요셉이 보디발의 집안 일을 전부 책임지게 된 지 얼마 지나지 않아서였습니다. 대제국 경호대장의 아내였으니 좀 미인이었겠나 싶은 상상도 하게 되는데, 그녀가 신분의 차이가 한참 나는 히브리 청년 노예를 사모하는 겁니다. 더군다나 문제는 그녀가 요셉을 사랑한다거나 연정을 느끼는 정도가 아니라 아예 "동침하자"고 유혹하고 있습니다. 육체적 욕망을 앞세우는 관계를 요구하고 있지요. 어찌 보면 경호대장이란 밤낮이 따로 없는 바쁜 직책이었을 테니, 그 아내가 그간 너무 외로웠다가 멋진 청년을 보자 반했나 싶지만, 그녀가 원하는 것은 요셉과의 잠자리였으니 그녀의 유혹은 성적 욕망에서 비롯되었습니다.

요셉은 매우 위태로운 관계가 되어가고 있었지요. 날아가는 새도 떨어뜨릴 권세를 가진 경호대장의 아내와 문제가 생기면 그의 목숨은 없는 것과 같습니다. 그러나 요셉은 주인의 신뢰와 하나님의 뜻을 앞세워 단호히 거절하는 태도를 보였습니다.

그러나 요셉은 거절하면서, 주인의 아내에게 말하였다. "주인께서는, 모든 것을 나에게 맡겨 관리하게 하시고는, 집안 일에는 아무 간섭도 하지 않으십니다. 주인께서는, 가지신 모든 것을 나에게 맡기셨으므로, 이 집안에서는, 나의 위에는 아무도 없습니다. 나의 주인께서 나의 마음대로 하지 못하게 한 것은, 한 가지뿐입니다. 그것은 마님입니다. 마님은 주인 어른의 부인이시기 때문입니다. 그런데 내가 어찌 이런 나쁜 일을 저질러서, 하나님을 거역하는 죄를 지을 수 있겠습니까?" 요셉이 이렇게 말하였는데도, 주인의 아내는 날마다 끈질기게 요셉에게 요구해왔다. 요셉은, 그 여인과 함께 침실

로 가지도 않았을 뿐만 아니라, 아예 그 여인과 함께 있지도 않았다. 창세기 39:
8-10

요셉의 거절에도 불구하고 여자는 매일 끈질기게 요구했습니다. 못 이기는 척하고 이 요구를 받아들여 보디발의 집에서 전권專權도 누리고 성적 욕망도 채우고 주인의 아내까지 자기에게 매달리는 처지가 된다면 노예로서의 울분을 달랠 수도 있었을지 모르겠습니다. 그러나 요셉은 보디발의 아내가 그런 요구를 할 기회조차 주질 않았습니다. 전혀 빈틈을 보이지 않고 조건 자체가 생길 상황을 봉쇄했습니다.

요셉은 자신을 잘 지켰다고 여겼으나, 참으로 묘하게도 유혹을 거부한 일이 요셉을 어려운 지경에 빠뜨립니다. 요셉의 태도는 보디발의 아내에게 결국 거절당한 여인으로서의 복수심을 갖게 했습니다. 이것까지 요셉이 계산하고 짐작했는지 알 수는 없지만, 요셉의 거절은 시간이 갈수록 여인의 마음에 칼을 품게 했고, 이를테면 '못 먹는 감 찔러나 보자'는 심사를 넘어 아예 죄를 뒤집어씌워 제거할 작정까지 하지요.

하루는, 요셉이 할 일이 있어서 집 안으로 들어갔는데, 그 집 종들이 집 안에 하나도 없었다. 창세기 39: 11

일 때문에 집 안으로 들어갔는데 상황이 요셉에게 불리하게 돌아갔습니다. 집 안 사정을 미처 알지 못했던 겁니다. 알았다면 요셉은 조심했을 텐데 그럴 기회가 없었습니다. 아무도 집에 없다는 것은 보디발의 아내에게는 절호의 기회였던 반면, 이 여인이 요셉에게 어떻게 했는지를 목격한 사람이 없다는 점에서 보면 요셉에게 최악의 상황입니다. 보디발의 아내가 요셉을 붙잡고 욕망을 채우고자 다시 꼬드기지요.

여인이 요셉의 옷을 붙잡고 "나하고 침실로 가요!" 하고 졸랐다. 그러나 요셉은, 붙잡힌 자기의 옷을 그의 손에 버려둔 채, 뿌리치고 집 바깥으로 뛰어나갔다. 여인은, 요셉이 그 옷을 자기의 손에 버려둔 채 집 바깥으로 뛰어나가는 것을 보고, 집에서 일하는 종들을 불러다가 말하였다. "이것 좀 보아라, 주인이, 우리를 웃음거리로 만들려고 이 히브리 녀석을 데려다 놓았구나. 그가 나를 욕보이려고 달려들기에, 내가 고함을 질렀더니, 그는, 내가 고함지르는 소리를 듣고, 제 옷을 여기에 내버리고, 바깥으로 뛰어나갔다." 이렇게 말하고, 그 여인은 그 옷을 곁에 놓고, 주인이 집으로 돌아오기를 기다렸다. 창세기 39: 12-16

요셉은 유혹을 뿌리치고 현장을 빠져나왔지만 그의 옷이 보디발의 아내를 겁탈했다는 거짓 혐의의 증거가 되었습니다. 과거 아버지가 입혀주신 화려한 채색 옷이 그의 특권을 상징했다면, 지금 그가 입고 있는 옷은 노예 신분을 말해주며 범행의 증거물로 바뀌었습니다. 채색 옷이 찢겨나가고 염소의 피가 묻혀졌을 때 그건 아버지 야곱에게 자신의 죽음을 확신시키는 도구가 되었다면, 이번의 경우는 그가 죽을죄를 저지른 범인이라는 결정적인 단서가 되었지요. 이 모두는 그가 입고 있던 옷으로 그의 존재가 판단된 것을 말해줍니다. 옷은 그저 그의 외면적 신분이나 처지를 말해주는 것에 불과했는데 마치 그것 자체가 진실을 아는 결정적 물증인 듯 여겨졌지요. 요셉의 진실은 그의 옷에 있지 않았는데 말입니다.

억울한 누명을 쓰고

이 사건으로 요셉은 졸지에 주인의 부인을 욕보이려 했던 파렴치범으로 몰립니다. 보디발의 아내는 자신의 욕망을 채우지 못하자 성추행 사건을 조작해서 요셉을 위기에 빠뜨리고, 목격자도 없었으니 이 여인의 말이 절대적 권위를 갖는 상황이 되었습니다. 가해자가 피해자가 되고, 피해자가 가해자가 되는 상황이 만들어진 겁니다.

주인이 돌아오자, 그에게 이렇게 일러바쳤다. "당신이 데려다 놓은 저 히브리 사람이, 나를 농락하려고 나에게 달려들었어요. 내가 사람 살리라고 고함을 질렀더니, 옷을 내 앞에 버려두고, 바깥으로 뛰어나갔어요." 주인은 자기 아내에게서 "당신의 종이 나에게 이 같은 행패를 부렸어요" 하는 말을 듣고서, 화가 치밀어올랐다. 창세기 39: 17-19

사실 이 여인의 손에 요셉의 옷이 있었다고 해도 그것이 곧 여자를 겁탈하려 했다가 미수로 그친 범행의 증거가 되는 것은 아닙니다. 그런데 아내의 말에 보디발은 앞뒤 분별하지 않고 화를 냅니다. 여자는 "당신이 데려온 히브리인이 나를 이런 식으로 욕보이려고 했다"고 말했으니 이는 사건의 근원적 책임이 보디발에게 있다는 이야기가 됩니다. 화를 더욱 돋우고 있습니다. 일이 이렇게 되면 요셉의 목숨은 보장할 수 없습니다. 그런데 경호대장은 그를 처형하는 대신 중죄를 저지른 국사범 감옥에 가두었습니다.

요셉의 주인은 요셉을 잡아서, 감옥에 가두었다. 그곳은 왕의 죄수들을 가두는 곳이었다. 창세기 39: 20

보디발은 실로 무서운 권력자입니다. 그런 그가 요셉을 그 즉시 죽이지 않았습니다. 그러기에는 요셉이 너무 아깝다고 여겼을지도 모르겠습니다. 또 하나 쉽게 이해가 가지 않는 것은 성추행을 저지른 혐의가 있는 그를 국사범과 함께 지내도록 했다는 점입니다. 왕의 죄수가 투옥되는 곳에 그가 있게 되었다는 것은 신분질서상 어울리지 않습니다. 그 감옥이 경호대장 보디발의 집 안에 있었기에 편의상 그렇게 했는지 모르나, 통상적인 일이라고 하긴 어렵습니다. 우연적 요소가 쌓여 이런 상황이 이루어지게 된 듯하지만, 그 끝을 보면 요셉이 이런 지경에 처하게 된 것은 다 이유가 있었고 그 목적이 존재했음을 깨우치게 됩니다. 하나님의 섭리는 이렇게 완성되는 겁니다.

요셉 개인에게는 너무나도 억울한 고난이지만, 그 시기를 감옥에서 지내는 동안 요셉은 또 다른 성장을 하게 되지요. 이런 일을 겪지 않고 영광의 자리에 있을 수 있게 된다면 그야말로 더할 나위 없이 좋았을지도 모르나 만약에 그랬다면 요셉은 '위기의 시대'를 감당할 지도자가 될 수는 없었을 겁니다.

잘나가던 요셉이 파렴치범이라는 오명을 뒤집어쓴 죄수가 된 것은 그 개인으로서 수치이고 지위의 박탈이지만 요셉은 전혀 동요하지 않았습니다. 그는 자신의 억울함과 보디발의 아내가 저지른 사건 조작에 대해 한 마디도 언급하지 않았습니다. 그래봐야 자신을 믿지 않을 것이라고 여겼기에 그럴 수도 있었겠지만 나중에 그가 한 말이나 태도를 보면 요셉이 어떤 자세를 취했는지 짐작할 수 있습니다. 그는 훗날 자신이 해몽을 해준 시종장 중의 한 사람에게 "당신이 만약에 석방될 경우에는 나를 기억해주십시오"라고 한 뒤 딱 한 마디로 얘기합니다. "나는 여기에 갇힐 만한 일을 하지 않았습니다." 그게 전부였습니다. "사실은 이렇고 저렇고 ……"라고 자초지종을 늘어놓지 않았습니다.

그 이후에도 이 사건과 관련해서 성경은 요셉이 마침내 그 사건이 무엇인지를 증언했더라는 식의 대목이 나오지 않아요. 만일 요셉이 이 일에 대해 발설했다고 해도, 그 말을 보디발이 믿지 않았을 가능성이 매우 높습니다. 그러면 요셉은 쓸데없는 변명만 늘어놓는 치졸한 인간이 되어버리는 겁니다. 또한 보디발이 요셉의 말을 믿지 않는다 하더라도 그는 자기 아내에 대해 깊은 의구심을 갖게 될 것이고 그로 말미암아 그 여자는 어려움에 빠지거나 그 사건이 일파만파로 세상에 알려져서 보디발의 명예는 땅에 떨어질 수도 있습니다. 요셉의 침묵은 자신에게 해악을 끼친 여자도 지켜준 셈입니다. 요셉은 항변하지 않았고, 자기의 억울함을 호소하거나 누명을 벗기 위해 이 사건의 당사자인 보디발의 아내 문제를 들먹이지 않았습니다.

모든 해명이 다 좋은 것은 아닙니다. 그 해명의 과정을 통해 자신의 진실은 밝힐 수 있을지 모르지만 다른 누군가를 희생시킬 수도 있습니다. 자기의 정당성을 입증하기 위해서 다른 사람을 비난하거나 무거운 책임을 지울 수밖에 없을 수도 있습니다. 그러다가 그 해명이 문제를 완전하게 해결해주는 게 아니고 더 많은 갈등과 원한을 가져오는 경우도 있어요. 요셉은 침묵을 통해서 보디발과 그의 아내의 명예까지도 지켜주느라 자기는 불명예를 뒤집어쓴 자가 되었습니다. 물론 억울하기 짝이 없지만 요셉은 이를 감당합니다. 그는 이 일은 하나님만이 제대로 풀어주실 수 있다고 확신하고 있었을 겁니다.

보디발이 '요셉이 그럴 리가 없을 텐데'라는 생각을 한 번이라도 했으면 상황은 달라질 수도 있었겠지요. 그런데 보디발은 자기 아내의 말만 듣고 판단을 내린 겁니다. 권력을 가진 사람의 이런 경솔함이 얼마나 많은 사람들에게 불행을 가져오겠습니까? 요셉은 이 문제를 하나님의 능력 가운데서 헤쳐 나갔기 때문에 다행이지만, 힘이 있을 때 힘이 있는 자리에서 상대방에 대해 속단하는 것은 대단히 위험한 일임을 명심할 필요가 있습니다.

여기까지 보면 요셉은 잘나가다가 나락으로 떨어진 자이지요. 요셉은 또다시 구덩이에 빠진 것입니다. 그렇지 않아도 훗날 요셉이 바로 앞에 나가 꿈을 해몽할 때 그를 "구덩이에서 끌어냈다"는 표현이 나오는데, 그는 형들에 의해 구덩이에 던져지더니 이번에도 다시 그런 신세가 되고 만 겁니다. 과거에는 자초한 일이었지만 이번에는 그렇지 않았습니다.

감옥에서 만난 사람들

이런 경우 대부분의 사람은 자신의 억울한 감정에 사로잡혀 폐인이 될 수 있습니다. 화가 치밀어 올라 식음을 전폐하고 정신을 놓아버릴 수 있지요. 그러나 요셉은 전혀 다른 모습으로 이 상황에 대처해나갑니다.

요셉이 감옥에 갇혔으나, 주께서 그와 함께 계시면서 돌보아주시고, 그를 한결같이 사랑하셔서, 간수장의 눈에 들게 하셨다. 간수장은 감옥 안에 있는 죄수를 모두 요셉에게 맡기고, 감옥 안에서 일어나는 온갖 일을 요셉이 혼자 처리하게 하였다. 간수장은 요셉에게 모든 일을 맡기고, 아무것도 간섭하지 않았다. 그렇게 된 것은, 주께서 요셉과 함께 계시기 때문이며, 주께서 요셉을 돌보셔서, 그가 하는 일은 무엇이나 다 잘되게 해주셨기 때문이다.^{창세기} _{39: 20-23}

어떤 경우에도 하나님이 그를 돌보아주시고 사랑하셔서 그는 이곳에서도 충실한 삶을 살아갑니다. 간수장에게 신임을 얻었던 것입니다. 여기서 거듭 확인하는 것은 인간은 그가 어디에 있느냐가 아니고 어떤 사람인가가 더 중요하다는 점입니다. 그의 존재가 있는 곳이 그 현장의 성격을 바꿔가는 겁니다. 요셉은 옥에서도 사람들을 돌보는 그런 존재로 신임을 얻지요. 그래서 간수장이 그에게 모든 일을 맡기게 됩니다. 그는 옥 밖에 있거나 옥 안에 있거나 일관된 삶의 태도를 지녔습니다.

그의 책임 영역도 확대되었습니다. 보디발의 집에서는 재산을 관리했지만, 감옥에서는 사람을 책임 맡았습니다. 전에는 최고 권력자에 버금가는 인물의 집에서 재물을 관리했지만, 이번에는 인생의 밑바닥에 굴러떨어져 언제 처형당할지 모를 두려움 속에 살아가는 사람들을 대합니다. 그 영혼이 매일 나락으로 떨어지는 사람들을 돌보는 자로 커나가고 있었던 것입니다. 그는 어디에서나 상황의 포로가 되지 않고 그것을 주도하는 자였습니다.

요셉은 옥에 있지만 갇힌 자가 아닙니다. 그의 영혼은 짓눌려 있지 않았습니다. 밤낮으로 불평하고 세상을 저주하다가 점점 폐인이 되어가는 사람에게 간수장이 옥의 일을 맡기겠습니까? 이 과정에서 훗날 국사범의 혐의로 갇히게 된 왕의 시종장 두 사람과 인연이 닿습니다. 감옥이 아니었으면 요셉이 이런 사람들을 만날 기회는 없었을 겁니다. 이들은 경호대장 이상으로 왕의 측근들입니다. 왕에게 올리는 음식을 관리하는 사람들이니 말이지요. 그들과의 만남은 요셉의 인생에서 엄청난 의미를 가지게 됩니다.

감옥에서 이루어진 이런 관계조차도 결코 그냥 주어지는 기회가 아닙니다. 감옥에 들어오기 전 보디발의 집에서 그가 어떻게 살아왔고 어떤 자세로 자신의 일에 충실했느냐에 따라 당연히 주어진 열매였습니다. 평소의 삶이 특별한 상황에서도 위력을 발휘한 결과이지요. 그건 하루아침에 운이 좋아서 생긴 일이 아닙니다. 하나님이 언제나 그를 지키시고 모든 일에 축복을 더해주심을 흔들림 없이 믿고 살아온 그의 삶이 만들어낸 성취입니다. 아주 작은 일 하나에도 요셉은 성실했고 감옥에 갇혔어도 그의 영혼만은 죄수가 아니었습니다.

하나님의 능력과 뜻을 믿는 사람은 이렇듯 인생이라는 무대에서 절대로 이름 없는 단역이 아닙니다. 언제 어디서나 주인공입니다. 어느 곳이든 자신이 주체적으로 책임을 맡을 수 있는 현장으로 바뀌지요. 이 현장이 이후에 무엇과 만나서 인생의 어떤 축복으로 돌아올지는 아무도 모릅니다. 그러나 긴 시간의 과정에서 보면 하나님의 뜻과 능력 안에서 요셉을 훈련시키고 성숙시키는 놀라운 축복의 시간을 주셨음을 마침내 알게 됩니다. 이런 하나님의 사람은 좌절 앞에 비탄하거나 쓰러지지 않습니다. 어떤 경우에도 최선을 다합니다. 자신의 몸 하나조차 가누기 어려운 상황일지라도 다른 사람의 운명까지 책임지는 자가 됩니다. 역사의 의와 생명의 힘을 공급해주시는 하나님을 믿고 언제 어디서나 당당하게 살아가는 사람은 그 삶의 순간순간이 그에게 훈련이 되고 성공의 기초가 됩니다. 어느 한순간도 허무하게 사라지는 법이 없습니다. 때가 이르면 하늘을 나는 축복이 그에게 주어져서 마침내 자기 인생의 빛나는 주인공이 될 것입니다.

37

²⁵ 그들이 앉아서 밥을 먹고 있는데, 고개를 들고 보니, 마침 이스마엘 상인 한 떼가 길르앗으로부터 오는 것이 눈에 띄었다. 낙타에다 향품과 유향과 몰약을 싣고, 이집트로 내려가는 길이었다. ²⁶ 유다가 형제들에게 말하였다. "우리가 동생을 죽이고 그 아이의 피를 덮는다고 해서, 우리가 얻는 것이 무엇이냐? ²⁷ 자, 우리는 그 아이에게 손을 대지는 말고, 차라리 그 아이를 이스마엘 사람들에게 팔아 넘기자. 아무래도 그 아이는 우리의 형제요, 우리의 피붙이이다." 형제들은 유다의 말을 따르기로 하였다. ²⁸ 그래서 미디안 상인들이 지나갈 때에, 형제들이 요셉을 구덩이에서 꺼내어, 이스마엘 사람들에게 은 스무 냥에 팔았다. 그들은 그를 이집트로 데리고 갔다. ²⁹ 르우벤이 구덩이로 돌아와 보니, 요셉이 거기에 없었다. 그는 슬픈 나머지, 옷을 찢고서, ³⁰ 형제들에게 돌아와서 말하였다. "그 아이가 없어졌다! 나는 이제 어디로 가야 한단 말이냐?" ³¹ 그들은 숫염소 한 마리를 죽이고, 요셉의 옷을 가지고 가서, 거기에 피를 묻혔다. ³² 그들은 피묻은 그 화려한 옷을 아버지에게로 가지고 가서 말하였다. "우리가 이 옷을 주웠습니다. 이것이 아버지의 아들의 옷인지, 잘 살펴보시기 바랍니다." ³³ 그가 그 옷을 알아보고서 부르짖었다. "내 아들의 옷이다! 사나운 들짐승이 그 아이를 잡아 먹었구나. 요셉은 찢겨서 죽은 것이 틀림없다." ³⁴ 야곱은 슬픈 나머지, 옷을 찢고, 베옷을 걸치고, 아들을 생각하면서, 여러 날을 울었다. ³⁵ 그의 아들딸들이 모두 나서서 그를 위로하였지만, 그는 위로받기를 마다하면서 탄식하였다. "아니다. 내가 울면서, 나의 아들이 있는 스올로 내려가겠다." 아버지는 잃은 자식을 생각하면서 울었다. ³⁶ 그리고 미디안 사람들은 이집트에서 요셉을 보디발이라는 사람에게 팔았다. 그는 바로의 신하로서, 경호대장으로 있는 사람이었다.

39

¹ 요셉이 이집트로 끌려갔다. 요셉을 이집트로 끌고 내려간 이스마엘 사람들은, 바로의 신하인 경호대장 이집트 사람 보디발에게 요셉을 팔았다. ² 주께서 요셉과 함께 계셔서, 앞길이 잘 열리도록 그를 돌보셨다. 요셉은 그 주인 이집트 사람의 집에서 살게 되었다. ³ 그 주인은, 주께서 요셉과 함께 계시며, 요셉이 하는 일마다 잘 되도록, 주께서 돌보신다는 것을 알았다. ⁴ 주인은, 요셉이 눈에 들어서, 그를 심복으로 삼고, 집안 일과 재산을 모두 요셉에게 맡겨 관리하게 하였다. ⁵ 그가 요셉에게 자기의 집안 일과 그 모든 재산을 맡겨서 관리하게 한 그때부터, 주께서 요셉을 보시고, 그 이집트 사람의

집에 복을 내리셨다. 주께서 내리시는 복이, 주인의 집 안에 있는 것이든지, 밭에 있는 것이든지, 그 주인이 가진 모든 것에 미쳤다. 6 그래서 그 주인은, 자기가 가진 모든 것을 요셉에게 맡겨서 관리하게 하고, 자기의 먹을거리를 빼고는, 아무것도 간섭하지 않았다. 요셉은 용모가 준수하고 잘생긴 미남이었다. 7 일이 이렇게 된 지 얼마 지나지 않아서, 주인의 아내가 요셉에게 눈짓을 하며 "나하고 침실로 가요!" 하고 꾀었다. 8 그러나 요셉은 거절하면서, 주인의 아내에게 말하였다. "주인께서는, 모든 것을 나에게 맡겨 관리하게 하시고는, 집안 일에는 아무 간섭도 하지 않으십니다. 주인께서는, 가지신 모든 것을 나에게 맡기셨으므로, 9 이 집안에서는, 나의 위에는 아무도 없습니다. 나의 주인께서 나의 마음대로 하지 못하게 한 것은, 한 가지뿐입니다. 그것은 마님입니다. 마님은 주인 어른의 부인이시기 때문입니다. 그런데 내가 어찌 이런 나쁜 일을 저질러서, 하나님을 거역하는 죄를 지을 수 있겠습니까?" 10 요셉이 이렇게 말하였는데도, 주인의 아내는 날마다 끈질기게 요셉에게 요구해왔다. 요셉은, 그 여인과 함께 침실로 가지도 않았을 뿐만 아니라, 아예 그 여인과 함께 있지도 않았다. 11 하루는, 요셉이 할 일이 있어서 집 안으로 들어갔는데, 그 집 종들이 집 안에 하나도 없었다. 12 여인이 요셉의 옷을 붙잡고 "나하고 침실로 가요!" 하고 졸랐다. 그러나 요셉은, 붙잡힌 자기의 옷을 그의 손에 버려둔 채, 뿌리치고 집 바깥으로 뛰어나갔다. 13 여인은, 요셉이 그 옷을 자기의 손에 버려둔 채 집 바깥으로 뛰어나가는 것을 보고, 14 집에서 일하는 종들을 불러다가 말하였다. "이것 좀 보아라, 주인이, 우리를 웃음거리로 만들려고 이 히브리 녀석을 데려다 놓았구나. 그가 나를 욕보이려고 달려들기에, 내가 고함을 질렀더니, 15 그는, 내가 고함지르는 소리를 듣고, 제 옷을 여기에 내버리고, 바깥으로 뛰어나갔다." 16 이렇게 말하고, 그 여인은 그 옷을 곁에 놓고, 주인이 집으로 돌아오기를 기다렸다. 17 주인이 돌아오자, 그에게 이렇게 일러바쳤다. "당신이 데려다 놓은 저 히브리 사람이, 나를 농락하려고 나에게 달려들었어요. 18 내가 사람 살리라고 고함을 질렀더니, 옷을 내 앞에 버려두고, 바깥으로 뛰어나갔어요." 19 주인은 자기 아내에게서 "당신의 종이 나에게 이 같은 행패를 부렸어요" 하는 말을 듣고서, 화가 치밀어올랐다. 20 요셉의 주인은 요셉을 잡아서, 감옥에 가두었다. 그곳은 왕의 죄수들을 가두는 곳이었다. 요셉이 감옥에 갇혔으나, 21 주께서 그와 함께 계시면서 돌보아주시고, 그를 한결같이 사랑하셔서, 간수장의 눈에 들게 하셨다. 22 간수장은 감옥 안에 있는 죄수를 모두 요셉에게 맡기고, 감옥 안에서 일어나는 온갖 일을 요셉이 혼자 처리하게 하였다.
²³ 간수장은 요셉에게 모든 일을 맡기고,
아무것도 간섭하지 않았다. 그렇게 된
것은, 주께서 요셉과 함께 계시기
때문이며, 주께서 요셉을 돌보셔서,
그가 하는 일은 무엇이나 다 잘되게
해주셨기 때문이다.

36 꿈을 풀다
창세기 40장, 41장 1절-45절

감옥에 갇힌 두 시종장

요셉의 형들은 요셉을 '꿈꾸는 자'라고 했지만 사실 그는 '꿈의 의미를 푸는 자'였습니다. 많은 사람들이 꿈을 꾸지만 그 꿈의 진정한 의미를 깨닫는 사람은 많지 않습니다. 요셉은 이 꿈의 열쇠를 하나님에게서 받아 생명공동체의 주역이 되어갑니다. 이 이야기가 이제 펼쳐집니다. 요셉은 국사범만 갇힌 옥에서 간수장의 신임을 얻어 그곳의 죄수들을 돌보고 관리하는 책임을 맡습니다. 누구도 그에게 이래라저래라 하지 않은 것인데, 그러던 어느 날 왕의 최측근 시종장 두 사람과 인연이 닿습니다.

이런 일들이 있은 지 얼마 뒤에, 이집트 왕에게 술잔을 올리는 시종장과 빵을 구워 올리는 시종장이, 그들의 상전인 이집트 왕에게 잘못을 저지른 일이 있었다. 바로가 그 두 시종장, 곧 술잔을 올리는 시종장과 빵을 구워 올리는 시종장에게 노하여서, 그들을 경호대장의 집 안에 있는 감옥에 가두었는데, 그곳은 요셉이 갇힌 감옥이었다. 경호대장이 요셉을 시켜서, 그 시종장들의 시중을 들게 하였으므로, 요셉이 그들을 받들었다. 창세기 40: 1-4

여기에서 "이런 일들이 있은 지"라는 대목은 요셉이 간수장의 신임을 얻어 죄수들에 대한 전적인 책임을 맡게 된 다음이라는 의미입니다. 국사범이 갇히는 곳이니 이른바 '범털'이라고 불리는 거물들이 드나드는데, 이번에는 왕의 음식을 맡아 바치던 사람 둘이 투옥되어 요셉과 인연을 맺게 된 겁니다. 간수장의 신임을 받은 것에 더해 경호대장 보디발은 요셉에게 특별히 이 두 사람을 시중들게 합니다. 자기 아내를 겁탈하려 했다는 죄목으로 이곳에 가둔 요셉을, 보디발이 살려두었을 뿐만 아니라 이 두 시종장을 시중드는 일까지 맡겼으니 요셉의 능력과 자세에 대한 보디발의 신임이 크게 깨지지 않았음을 짐작할 수 있습니다.

왕에게 술잔을 올리고 빵을 구워 올리는 시종장 정도라면 대단한 권세를 가진 인물들입니다. 마음먹기에 따라 왕의 생명을 좌지우지할 수 있는 위치에 있기 때문입니다. 왕에게 최상의 신임을 받고 있는 이들이 국사범 혐의로 갇혔다면, 그것은 왕의 독살 음모에 관련된 혐의를 받았을지도 모르겠습니다. 술맛이 없다거나 빵이 제대로 구워지지 않았다는 정도로 감옥에 가둘 이유는 없겠지요. 이들을 지키는 책임을 경호대장이 맡았기에 이들은 왕의 경호와 안전에 관련된 사건이 아니었을까 상상해 보게 됩니다. 중죄 혐의가 씌워진 상황이라고 할 수 있습니다.

하지만 아직 최종적인 판결은 나지 않았던 시점이었기에 경호대장으로서는 이들을 특별 관리할 필요가 있었을 것이고, 그 책임이 요셉에게 맡겨진 것이라고 볼 수 있습니다. 보디발의 집에서 재물을 관장하던 그가 감옥에서는 사람들을 관리하고 이제는 비록 죄수 신분이기는 했으나 국가 최고 권력자들의 수발을 드는 위치에 있습니다.

그들이 갇힌 지 얼마 뒤에, 감옥에 갇힌 두 사람, 곧 이집트 왕에게 술잔을 올리는 시종장과 빵을 구워 올리는 시종장이, 같은 날 밤에 꿈을 꾸었는데, 꿈의 내용이 저마다 달랐다. 다음날 아침에 요셉이 그들에게 갔는데, 요셉은 그들에게 근심스런 빛이 있음을 보았다. 그래서 요셉은, 자기 주인의 집에 자기와 함께 갇혀 있는 바로의 두 시종장에게 물었다. "오늘은 안색이 좋아 보이지 않습니다. 왜 그러십니까?" 창세기 40: 4-7

두 시종장은 갑자기 중죄인이 되어 밤잠을 제대로 이루지 못했을 겁니다. 그러다가 꿈을 꾸었는데 그로 인해 더욱 근심이 쌓이게 됩니다. 자기의 운명이 언제 어떻게 될지 노심초사할 수밖에 없는 처지에서 그 꿈이 무엇을 의미하는지 알 수 없었기 때문에 불안했겠지요. 요셉은 두 사람의 얼굴빛이 어두운 것을 주의 깊게 살핍니다.

두 시종장의 꿈을 풀다

돌이켜 보면 요셉은 다른 사람이 겪는 고통이나 슬픔에 대해서 눈여겨 보거나 귀를 기울이지 않았던 철없는 소년이었습니다. 자기의 고자질로 인해 형들이 어떤 굴욕과 수치를 겪게 될지 생각하지 않았으며, 남들의 가슴속에 어떤 응어리가 맺혀 있는지 관심이 없었습니다. 그런 요셉이 지금 두 사람의 낯빛을 주목하고 있습니다. 두 시종장은 이미 감옥에 갇혔을 때부터 안색이 좋았을 리가 없습니다. 그런데 그보다 더 심한 우울함과 마음의 고통을 치르고 있는 것을 요셉은 놓치지 않았던 것입니다.

요셉은 이제 다른 사람의 아픈 처지에 민감해졌습니다. 영적으로 하늘과 통하는 사람의 모습입니다. 그로써 희망의 실마리를 발견하는 능력이 생기게 되는 것이라고 할 수 있습니다.

요셉은 감옥 안의 죄수들을 책임진 사람이 아닙니까? 그러면 그는 사람들 하나하나를 살펴보면서 혹시 병들지 않았을까? 불안에 떨고 있는 것은 아닐까? 음식을 먹지 않고 굶고 있는 건 아닐까? 이런 모든 걸 살필 줄 아는 것이 책임자다운 자세이겠지요. 사실 시종장의 입장에서 보면 요셉이란 아무것도 아닌 존재입니다. 비록 지금은 국사범의 신세가 됐지만 불과 얼마 전만 해도 남들이 부러워할 만한 높은 지위에 있던 사람들 아닙니까? 그런데 요셉은 한낱 히브리 노예 출신일 뿐이니 "네까짓 게 뭘 알아" 하고 생각할 수도 있습니다. 그런 이들이 요셉에게 내밀한 마음을 털어놓습니다. 마음도 초조했겠지만 경호대장의 추천을 받은 요셉에 대한 신뢰가 어느새 생겨나서 그럴 수 있지 않았을까 생각도 듭니다. 또는 요셉의 인품에 마음이 움직인 결과일 수도 있을 겁니다. 자기들의 운명이 어떻게 될지 불안해하고 있던 이들은 요셉의 물음에 이끌렸습니다.

그들이 그에게 대답하였다. "우리가 꿈을 꾸었는데, 해몽할 사람이 없어서 그러네." 요셉이 그들에게 말하였다. "해몽은, 하나님이 하시는 것이 아닙니까? 나에게 말씀하여보시기 바랍니다." 창세기 40: 8

꿈을 꾼 당사자가 그 뜻이 무엇인지 모르고 있습니다. 정작 중요한 것은 해몽입니다. 꿈의 뜻을 푸는 열쇠가 없으면 그 꿈은 닫힌 보석함이나 마찬가지입니다. 그런데 하찮은 신분의 요셉이 해몽의 능력은 하나님에게서 온다고 분명하게 말합니다. 신분, 나이, 출신을 보지 말고, 하나님의 힘에 의지하는 마음으로 말해보라고 합니다. 그가 자기 능력을 내세웠다면 시종장들은 우습게 여겼을지 모를 일이고, 건방지다고 단정했을 수도 있습니다. 그러나 요셉은 어디까지나 하나님의 능력을 앞세웁니다. 이들은 물에 빠진 사람이 지푸라기라도 잡겠다는 심정이어서인지 아니면 요셉의 말에 귀가 솔깃해져서인지, 자신들의 꿈이 길몽인지 악몽인지 알지 못하는 답답한 심정을 이야기합니다.

먼저 왕에게 술잔을 올리는 시종장이 입을 엽니다.

술잔을 올리는 시종장이, 자기가 꾼 꿈 이야기를 요셉에게 하였다. "내가 꿈에 보니, 나의 앞에 포도나무가 있고, 그 나무에는 가지가 셋이 있는데, 거기에서 싹이 나더니, 곧 꽃이 피고, 포도송이가 익었다. 바로의 잔이 나의 손에 들려 있기에, 내가 포도를 따다가, 바로의 잔에 그 즙을 짜서, 그 잔을 바로의 손에 올렸지." 요셉이 그에게 말하였다. "해몽은 이러합니다. 가지 셋은 사흘을 말합니다. 앞으로 사흘이 되면, 바로께서 시종장을 불러내서, 직책을 되돌려주실 것입니다. 시종장께서는 전날 술잔을 받들어 올린 것처럼, 바로의 손에 술잔을 올리게 될 것입니다." 창세기 40: 9-13

이들의 꿈은 당사자의 운명을 말해주는 내용이었습니다. 생사의 기로가 갈리는 계시였다고 할 수 있는데, 술잔을 올리는 시종장의 경우에는 길몽이었습니다. 포도나무는 번성의 상징이라고 할 수 있는데, 그의 미래가 밝아지고 왕과의 관계가 회복됨을 뜻하는 꿈이라고 요셉은 해석했습니다. 옥에 갇힌 사람에게 석방과 함께 복직이 이루어진다는 소식만큼 기쁜 이야기가 어디 있겠습니까? 해몽을 마친 뒤, 요셉은 자신의 억울함을 간략하게 밝히고 좋은 일이 생기게 되면 자기 앞날을 부탁한다고 말합니다. 이 시기에 그의 간절한 소망은 누명을 벗고 석방되는 일 이상은 아니었습니다.

> "시종장께서 잘 되시는 날에, 저를 기억하여주시고, 저를 따로 생각해주시기 바랍니다. 그리고 바로에게 나의 사정을 말씀드려서, 나도 이 감옥에서 풀려나게 해주시기 바랍니다. 나는 히브리 사람이 사는 땅에서 강제로 끌려온 사람입니다. 그리고 여기에서도, 내가 이런 구덩이 감옥에 들어올 만한 일은 하지 않았습니다." 창세기 40: 14-15

이 상황에서도 요셉은 자기가 왜 죄수가 되었는지 구체적으로 말하지는 않습니다. 아주 점잖고 격조 있게 자기의 무죄만을 주장할 뿐입니다. 사건의 전말을 밝히면서 이 사람 저 사람 관여시키는 짓은 하지 않습니다. 오직 자기 자신만 주목케 하고 있습니다. 매우 담백하고 명료한 태도입니다. 요셉의 해몽대로 이 시종장은 나중에 풀려나 살게 되지만, 이때 요셉이 부탁했던 바는 잊었습니다. 자기가 석방된 사실만 기뻐 요셉은 안중에도 없었겠지만, 그 또한 역시 하나님의 섭리 안에서는 미처 생각지 못했던 의미를 갖습니다.

한편, 꿈이 해몽되는 것을 옆에서 듣고 있던 다른 시종장도 마찬가지로 자기 꿈을 털어놓았습니다. 앞 사람의 꿈이 길몽임을 듣자 자신의 미래에 대해서도 기대했을 겁니다. 그러나 두 사람은 같은 날 같은 밤에 꿈을 꾸었지만 내용은 완전히 달랐고 나중에 삶과 죽음으로 갈리게 됩니다.

빵을 구워 올리는 시종장도 그 해몽을 듣고 보니 좋아서, 요셉에게 말하였다. "나도 한 꿈을 꾸었는데, 나는 빵이 담긴 바구니 세 개를 머리에 이고 있었어. 제일 위에 있는 바구니에는, 바로에게 드릴 온갖 구운 빵이 있었는데, 새들이, 내가 이고 있는 바구니 안에서 그것들을 먹었어." 요셉이 말하였다. "해몽은 이러합니다. 바구니 셋은 사흘을 말합니다. 앞으로 사흘이 되면, 바로께서 시종장을 불러내서, 목을 베고 나무에 매다실 터인데, 새들이 시종장의 주검을 쪼아 먹을 것입니다." 창세기 40: 16-19

빵을 구워 왕에게 올리는 시종장이 꾼 꿈은 끔찍한 악몽이었습니다. 그의 기대는 산산조각이 납니다. 비극적 운명을 예고하는 내용이었습니다. 이날 요셉은 두 사람의 꿈을 각각 해몽하고 그들의 운명을 예언하는 자가 되었습니다. 그런데 이 사건은 훗날 요셉에게 매우 중대한 의미를 가집니다. 남의 운명을 내다보는 능력이 결국 자신의 운명을 바꾸는 일로 이어졌기 때문입니다. 하나님의 뜻 안에서 맺어진 인연에는 우연이니 무의미함이란 결코 없습니다. 훗날 반드시 선한 결과를 가져오는 소중한 계기가 되는 것입니다.

아직 하나님의 때가 아니니

꿈에 대해 조금 더 생각해보겠습니다. 꿈은 언제나 인간에게 기묘하고 수수께끼 같은 현상입니다. 그 뜻을 알기란 쉽지 않습니다. 인간이 자기의 앞날에 이상을 품는 것을 꿈이라고 하지만, 여기에서 말하는 꿈은 잠든 사이에 경험하는 무의식 또는 영혼의 풍경입니다.

인간의 무의식의 지층을 발견한 프로이트 이후에 사람들은 꿈을 무의식 속에 있는 것들이 드러나는 것이라고 여기게 되었습니다. 프로이트를 '인류를 잠에서 깨운 사람'이라고 부르기도 하지만, 그의 정신분석학이 널리 알려지면서 잠자는 시간에 일어나는 마음의 사건을 알면 그 사람의 감추어졌거나 의식하지 못했던 바가 드러날 수 있다고 여기게 되었습니다. 그의 분석결과에 따르면 사람들의 생활·행동·습관이라는 것은 합리적·논리적·이성적인 것만이 아니라, 사실은 도리어 비이성적이고 비합리적인 세계의 표출일 경우가 훨씬 많다는 겁니다.

그러니까 겉으로는 유쾌한 것 같지만 실은 분노하거나 슬퍼하는 것일 수 있습니다. 말로는 미안하다고 하는데 속으로는 전혀 미안해하지 않고, 말은 용서한다고 하는데 내심 비수를 뽑아들 수 있지요. 말하자면 무의식에 존재하는 감추어진 진실이 있음을 주목해야 한다고 강조한 것입니다. 그러니 겉보다는 속이라고, 이 마음의 밑바닥에 있는 이야기를 들여다볼 수 있어야 하지요. 그런 의미에서 꿈은 무의식의 세계에 깔려 있는 불안과 고뇌, 억압되어왔던 자신의 진정한 목소리와 관련되어 있다고 할 수 있습니다. 이런 무의식의 흔적은 과거의 상처, 현재의 고뇌와 미래의 불안이 그림자처럼 비쳐지기도 하나 대부분 과거의 기록이 큰 비중을 차지합니다. 이런 내용을 들여다보게 하는 꿈은 그의 과거와 현재의 상태를 반영하는 의식과 무의식이 그려진 자화상이라고 할 수 있습니다. 또는 아주 먼 옛날에 인류가 선사시대에 겪었던 공포, 두려움, 모험들이 우리의 정신적 유전자에 박혀서 꿈으로 나타난다고 보는 이론도 있지요. 카를 융이 '집단 무의식'이라고 부른 것이 바로 그것입니다.

그런데 성서에서 말하는 꿈은 이러한 개인사적, 집단적 또는 인류학적 무의식을 뛰어넘어 당사자의 미래와 운명과 관련된 계시입니다. 그 꿈은 미래를 주목하고 있고 무의식의 진실을 넘는 하늘의 뜻을 담고 있습니다. 그런 차원에서 요셉이 이렇게 해몽을 마치자 각기 다른 미래를 예언받은 두 사람은 어떤 심정이었을까요? 한 사람은 희망을 가졌을 것이고 다른 한 사람은 설마, 그럴 리야 하면서 요행을 바랐을 것입니다. 결국 이 꿈을 꾼 지 사흘째 되는 날에 요셉이 말한 그대로의 상황이 펼쳐졌습니다. 왕은 자기 생일잔치를 베풀고 옥에 갇혀 있던 시종장 두 사람을 불러내 한 사람은 복직시키고, 한 사람은 처형했습니다. 요셉은 꿈에서 삶과 죽음의 경계선을 보았던 겁니다.

그러한 지 사흘째 되는 날, 그날은 바로의 생일인데, 왕은 신하들을 다 불러모으고 잔치를 베풀었다. 술잔을 올리는 시종장과 빵을 구워 올리는 시종장이, 신하들이 모인 자리에 불려 나갔다. 바로에게 술을 따라 올리는 시종장은 직책이 회복되어서, 잔에 술을 따라서 바로의 손에 올리게 되고, 빵을 구워 바치는 시종장은 매달려서 처형되니, 요셉이 그들에게 해몽하여 준 대로 되었다. 창세기 40: 20-22

일이 이렇게 되었으니 살아난 시종장도 시종장이지만 그로 인해서 요셉도 석방의 기회가 온 셈이었습니다. 그러나 죄수의 신세를 벗어난 시종장이 요셉을 기억하고, 왕에게 "제가 옥에서 만난 청년이 있는데, 그가 억울한 사정이 있는 것 같으니 알아보고 풀어주실 수 있다면 풀어주시길 바랍니다"라고 해야 하는데 그러지 않았습니다.

> 그러나 술잔을 올리는 시종장은 요셉을 기억하지 못하였다. 그는 요셉을 잊고 있었다. 창세기 40: 23

요셉은 술잔을 올리는 시종장이 석방된 후 자기도 곧 풀려나리라고 생각했을 거예요. 그러나 감감무소식이었습니다. 전에는 그 감옥에서 과연 나갈 방도가 있을까라고 생각했는데, 해몽해준 일로 인해 그나마 나갈 길이 있다고 기대했겠지요. 하지만 길몽을 꾼 시종장이 석방된 후에도 요셉의 삶에는 아무런 변화가 없었습니다. 그러니 그에게는, 이전과는 달리 옥에 갇혀 있는 세월이 더더욱 좌절의 시간이 될 수 있었을 겁니다. 하나님의 능력 안에서 꿈까지 해몽하는 사람이 되었고 그 꿈을 정확히 맞혔는데 왜 정작 나의 신세는 이렇게 잘 풀리지 않을까 하고 낙담할 수도 있습니다.

요셉의 처지에서 보자면, 간수장의 신임도 얻었고 꿈을 푸는 능력도 있으며 모두 그를 좋아합니다. 자기의 은혜를 입게 된 최고 권력자의 측근인 시종장에게 부탁도 해놓았습니다. 이만하면 요셉의 석방 조건은 상당한 정도 이루어진 것처럼 보이는데 결정이 내려지지 않으니 하나님을 원망할 만합니다.

감옥은 자기가 문을 열고 드나들 수 있는 곳이 아닙니다. 감옥을 지키고 있는 자들이 여닫는 것을 허락해주지 않으면 안 되게 되어 있습니다. 자기 인생의 문을 자기가 마음대로 열고 나갈 수가 없지요. 이러한 상황에서 요셉은 자신의 때가 언제 올까, 과연 오기는 올까 하는 깊은 회의에 빠질 수도 있습니다. 그러나 하나님의 일정은 달리 있었습니다. 자기가 나서려 하는 때가 아니라 하나님이 부르시는 때가 언제나 가장 적절한 때입니다. 요셉이 자신의 능력을 최대한 발휘할 수 있는 때는 따로 있었습니다. 경호대장 보디발의 집에서 재물을 도맡아 관리하던 수준이 아닙니다. 간수장의 신임을 얻어 죄수의 신분이라도 자유인의 모습처럼 지냈던 정도가 아닙니다. 왕의 최측근인 시종장의 꿈을 해석해주고 석방의 희망을 품었던 차원이 아니었습니다. 일국의 최고 권력자에 버금가는 지위에 올라 모두의 생명과 재물을 책임지는 사건은 하나님이 시간을 따로 정해두셨던 것입니다. 인간이 자기가 바라는 바가 당장 이루어지지 않는다고 해서 조급해할 이유가 없는 까닭이 여기에 있습니다.

바로를 알현하다

시종장이 석방되어 복직된 지 이 년 뒤 어느 날, 왕이 꿈을 꾸었습니다.

그로부터 만 이 년이 지나서, 바로가 꿈을 꾸었다. 나일 강가에 서 있는데, 잘생기고, 살이 찐 암소 일곱 마리가 강에서 올라와서, 갈밭에서 풀을 뜯는다. 그 뒤를 이어서, 흉측하고 야윈 다른 암소 일곱 마리가 강에서 올라와서, 먼저 올라온 소들과 함께 강가에 선다. 그 흉측하고 야윈 암소들이, 잘생기고 살이 찐 암소들을 잡아먹는다. 바로는 잠에서 깨어났다. 그가 다시 잠들어서, 또 꿈을 꾸었다. 이삭 일곱 개가 보인다. 토실토실하고 잘 여문 이삭 일곱 개가 나오는데, 그것들은 모두 한 줄기에서 나와서 자란 것들이다. 그 뒤를 이어서, 또 다른 이삭 일곱 개가 피어 나오는데, 열풍이 불어서, 야위고 마른 것들이다. 그 야윈 이삭이, 토실토실하게 잘 여문 이삭 일곱 개를 삼킨다. 바로가 깨어나 보니, 꿈이다. 창세기 41: 1-7

얼마나 그 꿈이 현실처럼 생생했던지 "바로가 깨어보니 꿈이다"라고 했습니다. 나일 강은 알다시피 이집트 문명의 젖줄입니다. 그곳에서 일어난 사건이라고 되어 있으니 이는 필시 이집트 제국의 운명과 관련된 내용임을 짐작케 합니다. 더군다나 제왕의 꿈은 한 개인의 꿈과는 달리 국가의 진로와 관계된 것이라 할 수 있어, 이 꿈의 뜻이 무엇인지 궁금할 수밖에 없습니다. 살찐 암소 일곱 마리를 잡아먹는 야윈 소 일곱 마리의 등장과 잘 여문 이삭 일곱 개를 삼켜버리는 마른 이삭 일곱 개의 등장은 뭔가 불길해보입니다. 소나 이삭이나 모두 국가 경제의 근본인데 이 꿈을 꾼 당사자는 그 뜻도 뜻이지만 무엇보다도 길몽인지 악몽인지 먼저 알고 싶은 것입니다. 왕은 마음이 편치 않았습니다.

아침에 그는 마음이 뒤숭숭하여, 사람을 보내서 이집트의 마술사와 현인들을 모두 불러들이고, 그가 꾼 꿈 이야기를 그들에게 하였다. 그러나 아무도 그에게 그 꿈을 해몽하여주는 사람이 없었다. 창세기 41: 8

그런데 왕의 꿈을 풀어내는 사람이 아무도 없었습니다. 이때 술잔을 올리는 시종장이 요셉을 기억해냅니다. 꿈을 해몽해주었던 것이 허사가 아니었습니다. 다만 그 기억의 때가 지체되었다고 생각했을지 모르나, 하나님의 큰 계획 아래에서는 도리어 가장 적절한 때였지요. 그 강대하다고 생각했던 이집트 제국의 무능력이 드러난 지점에서 그걸 뛰어넘으시는 하나님의 능력이 나타나는 것이라고 할 수 있습니다.

그때에 술잔을 올리는 시종장이 바로에게 말하였다. "제가 꼭 했어야 할 일을 못한 것이 오늘에야 생각납니다. 임금님께서 종들에게 노하셔서, 저와 빵을 구워 올리는 시종장을 경호대장 집 감옥에 가두신 일이 있습니다. 저희들이 같은 날 밤에 각각 꿈을 꾸었는데, 두 꿈의 내용이 너무나 달랐습니다. 그때에 그곳에, 경호대장의 종인 히브리 소년이 저희와 함께 있었습니다. 저희가 꾼 꿈 이야기를 그에게 해주었더니, 그가 그 꿈을 풀었습니다. 저희 두 사람에게 제각기 그 꿈을 해몽하여주었던 것입니다. 그리고 그가 해몽한 대로, 꼭 그대로 되어서, 저는 복직되고, 그 사람은 처형되었습니다." 창세기 41: 9-13

술잔을 올리는 시종장이 말한 이 일은 이집트의 제왕인 바로 자신과도 관계된 일이었습니다. 두 사람의 운명이 달라진 것은 그가 내렸던 조처이자 판결의 결과였기 때문입니다. 이 말을 하는 시종장은 자기가 복직시켜주었으니 그 자체가 살아 있는 증거입니다. 시종장의 말은 현실과 맞아떨어진 것이었고, 바로의 마음을 움직일 충분한 설득력이 있었지요.

이 말을 듣고서, 바로가 사람을 보내어 요셉을 불러오게 하였고, 사람들은 곧바로 그를 구덩이에서 끌어냈다. 요셉이 수염을 깎고, 옷을 갈아입고, 바로 앞으로 나아가니, 바로가 요셉에게 말하였다. "내가 꿈을 하나 꾸었는데, 그것을 해몽할 수 있는 사람이 없다. 나는, 네가 꿈 이야기를 들으면, 잘 푼다고 들었다. 그래서 너를 불렀다." 요셉이 바로에게 대답하였다. "저에게는 그런 능력이 없습니다. 임금님께서 기뻐하실 대답은, 하나님이 해주실 것입니다." 창세기 41: 14-16

마침내 요셉과 왕이 처음으로 만나게 됩니다. 히브리 노예 출신으로는 생각할 수 없는 일이었습니다. 요셉은 두 번째 수렁에서 나온 셈입니다. 첫 번째는 형들이 자기를 버린 사건이었고, 두 번째는 경호대장 보디발의 집에서 파렴치범으로 누명을 쓴 사건이었습니다. 첫 번째 수렁에서 요셉은 벌거벗은 자로 하나님 앞에 선 후 노예로 팔려갔고, 두 번째는 인간의 영혼에 스며든 하나님의 섭리를 꿰뚫어보는 자가 되어 세상에 나오게 되었습니다.

그가 수염을 깎고 새로 옷을 갈아입는 장면은 이미 그 정도만으로도 기뻐하지 않을 수 없는 현실입니다. 그러나 거기에 그치지 않습니다. 더 큰 축복이 요셉을 기다리고 있었지요. 뿐만 아니라, 요셉은 감옥에 있는 동안 자신의 억울한 처지가 알려지면 석방될 줄 알고 있었지만 그와는 격이 다른 이유로 옥을 나오게 되었습니다. 그는 시종장의 청을 들은 왕의 이해와 배려 또는 사면조치로 석방된 것이 아니라, 왕의 필요에 의해 초빙을 받았던 것입니다. 풀려난 요셉이 아니라 부름받은 요셉입니다. 하나님은 오랜 훈련을 거치게 한 사람을 역사에 등장시키실 때 그의 존재가 이렇게 빛나게 하십니다. 이 일은 자신이 해결할 수 있다며 구차하게 자천白鷹의 방식으로 나서도록 하지 않으시고 상대가 모시고 가게 하시는 겁니다. 그 권위와 능력을 한껏 높여주십니다. 요셉은 지금 그런 위상을 가지고 왕 앞에 서게 된 것입니다.

왕이 입을 열어 해몽의 능력을 구하자 요셉은 꿈을 푸는 능력의 근원이 하나님에게 있다고 먼저 대답합니다. 그는 형들과 아버지 앞에서 자기가 꾼 꿈을 가지고 스스로를 과시했던 예전의 요셉이 아니었습니다. 또한 그는 자기 생일잔치에 시종장 하나를 처단해버린 무서운 왕의 질문에 떨면서 어쩔 줄 모르는 것이 아니라, 아주 담대하게 "임금님이 기뻐하실 대답"은 하나님이 하실 것이라고 말하고 있습니다. 꿈을 듣고 나서야 길몽인지 악몽인지 말할 수 있는 것이고 그 해몽을 왕이 기뻐할지 어쩔지도 모르는데, 이렇게 대답하고 있다는 것은 보통의 용기와 믿음을 가지고서는 할 수 없는 대답입니다. 하나님이 요셉을 아무 까닭 없이 왕 앞에 세우지 않으셨음을 믿었기 때문이라고 할 수 있습니다.

칠 년의 풍년, 칠 년의 흉년

왕은 자기가 꾼 꿈을 요셉에게 들려줍니다. 꿈에서 주목되는 바는 살찐 암소 일곱 마리를 잡아먹은 야윈 소 일곱 마리는 여전히 흉측했다는 겁니다. 상황이 전혀 개선되지 않는 상태라고 할 수 있지요. 소와 이삭, 이 두 개의 꿈은 잘나가다가 망한 상황을 말해주고 있습니다. 그 내용이 거꾸로라면, 처음에는 형편이 나빴지만 나중에는 괜찮아졌다고 할 수 있지요. 그래야 사람들은 길몽이라고 부를 수 있습니다. 그런데 왕의 꿈은 길몽으로 시작해서 악몽이 됩니다. 하지만 결론적으로 말하자면 하나님의 능력 안에서 악몽이란 없습니다. 왜 그런지 보도록 하지요.

요셉은 왕이 꾼 두 개의 꿈을 같은 내용이라면서 칠 년의 풍년 이후 칠 년의 흉년이 이어진다고 예언합니다. 이런 이야기를 듣고 기뻐할 왕이 없지요. 초년에 잘나가다가 말년 고생이 극심할 것이라고 말하는 것과 다르지 않기 때문입니다. 그런데 요셉은 꿈을 해석하기에 앞서 이 꿈은 왕이 장차 해야 할 바를 하나님이 보여주신 것이라고 미래의 대처를 강조하고 있습니다. 이 대목은 매우 중요한 의미를 갖습니다.

요셉이 바로에게 말하였다. "임금님께서 두 번 꾸신 꿈의 내용은 다 같은 것입니다. 임금님께서 장차 하셔야 할 일을 하나님이 보여주신 것입니다. 그 좋은 암소 일곱 마리는 일곱 해를 말하고, 잘 여문 이삭 일곱 개도 일곱 해를 말하는 것입니다. 두 꿈이 다 같은 내용입니다. 뒤따라 나온 야위고 흉측한 암소 일곱 마리나, 열풍에 말라버린 쓸모없는 이삭 일곱 개도, 역시 일곱 해를 말합니다. 이것들은 흉년 일곱 해를 말하는 것입니다. 이제, 제가 임금님께 말씀드린 바와 같이, 임금님께서 앞으로 하셔야 할 일을 하나님이 보여주신 것입니다. 앞으로 올 일곱 해 동안에는, 온 이집트 땅에 큰 풍년이 들 것입니다. 그런데 곧 이어서, 일곱 해 동안 흉년이 들 것입니다. 그렇게 되면, 이집트 땅에 언제 풍년이 있었더냐는 듯이, 지나간 일을 다 잊어버리게 될 것입니다. 그리고 기근이 이 땅을 황폐하게 할 것입니다. 풍년이 든 다음에 오는 흉년은 너무나도 심하여서, 이집트 땅에서는, 아무도 그 전에 풍년이 든 일을 기억하지 못할 것입니다. 임금님께서 같은 꿈을 두 번이나 거듭 꾸신 것은, 하나님이 이 일을 하시기로 이미 결정하시고, 그 일을 꼭 그대로 하시겠다는 것을 말씀해주시는 것입니다." 창세기 41: 25-32

풍년이 칠 년이나 지속되다가 흉년이 오는 일을 그저 지나가는 경고로 듣지 말라는 겁니다. 두 번이나 같은 내용의 꿈을 꾼 것은 이 일이 반드시 일어날 것이니 아무 준비 없이 요행을 바라지 말고 철저하게 대비하라는 이야기이지요. 그래서 요셉은 제안을 합니다.

"이제 임금님께서는, 명철하고 슬기로운 사람을 책임자로 세우셔서, 이집트 땅을 다스리게 하시는 것이 좋을 듯합니다. 임금님께서는 전국에 관리들을 임명하셔서, 풍년이 계속되는 일곱 해 동안에, 이집트 땅에서 거둔 것의 오분의 일을 해마다 받아들이도록 하심이 좋을 듯합니다. 앞으로 올 풍년에, 그 관리들은 온갖 먹을거리를 거두어들이고, 임금님의 권한 아래, 각 성읍에 곡식을 갈무리하도록 하십시오. 이 먹을거리는, 이집트 땅에서 일곱 해 동안 이어갈 흉년에 대비해서, 그때에 이 나라 사람들이 먹을 수 있도록 갈무리해 두셔야 합니다. 그렇게 하시면, 기근이 이 나라를 망하게 하지 못할 것입니다." 창세기 41: 33-36

왕의 꿈은 내용상으로만 판단하면 길몽이 될 수 없으나 요셉은 이 꿈을 듣고 위기를 돌파하기 위한 구체적인 지침을 내놓습니다.

이집트의 총리가 되다

이 년 전 시종장의 꿈을 해몽했을 때에는 앞으로 무슨 일이 일어난다고만 했지 대책이 없었습니다. 죽음의 위기에 직면했던 빵을 구워 올리는 시종장에게 살아날 길에 대한 조언은 하지 못했습니다. 그러나 그 일이 있고 난 후 요셉은 악몽의 현실을 길몽의 차원으로 역전시키는 지혜로움도 갖추게 되었습니다. 전에는 길몽과 악몽에 대한 구별은 있었을지 모르나 그것을 초월하는 차원을 내다보지는 못했습니다. 더군다나 왕의 꿈은 길몽과 악몽이 앞뒤로 하나가 되어 붙어 있으니 해석 자체도 쉽지 않은 경우입니다. 그러나 지금은 해석의 경지도 높아졌을 뿐만 아니라 해결의 방도까지 제시할 수 있는 힘을 지니고 있는 겁니다. 따라서 술잔을 왕에게 올리는 시종장이 그를 기억하지 못해 이 년이나 더 옥에 있었던 것이 결과적으로 억울하거나 헛된 일이 아니었지요. 이 년 전이었다면, 요셉은 그저 칠 년 풍년이 있은 뒤 칠 년 흉년이 올 것임을 말할 수 있었을 뿐이었겠지만 지금의 요셉은 그 꿈 해석의 차원이 해결을 위한 실천의 힘까지 담고 있습니다.

요셉의 해몽과 그 해결방식에 왕과 모든 신하들의 눈이 휘둥그레졌을 겁니다. 모두 문제를 풀지 못하고 쩔쩔매고 있을 때 요셉을 멋지게 역사의 전면에 등장시키는 것이 하나님의 계획이자 섭리였습니다. 그 빛을 최고로 발할 때가 따로 있었지요. 요셉이 시종장에게 요청했던 것은 기껏해야 억울한 혐의를 벗고 석방되는 정도였습니다. 그러나 그것은 그저 개인 요셉으로 그치는 사건에 불과합니다. 왕의 꿈을 해몽하기 위해 불려나가는 상황은 요셉이 한 개인으로 머물지 않는 공적·역사적 사건이 됩니다. 감옥에서 나가게 되는 것도 단순한 석방이 아니라, 모두의 기대를 한 몸에 안고 위기의 때를 대비하는 지혜자로서 나타나는 것이니 얼마나 멋지고 통쾌한 일입니까?

이리하여 감옥에서 지낸 시간은 억울하지 않았습니다. 언제쯤 풀려나려나 하고 암담한 마음으로 그저 썩어 지낸 세월이 아니었습니다. 하나님의 훈련이 새롭게 그를 성숙시키는 과정이고, 그로써 요셉은 시종장의 꿈을 해석했을 때의 차원과는 다른 높이에서 하나님의 능력을 드러내는 존재가 되었습니다.

이집트는 당대의 세계적 곡창지였습니다. 따라서 이집트의 밭을 가는 소와 생산되는 곡식이 어떻게 되는가는 이집트 제국의 운명 자체였고, 그 여파는 가히 국제적이라고 할 수 있었습니다. 요셉은 이 거대한 역사의 중심에 성큼 들어서게 된 겁니다.

바로와 모든 신하들은 이 제안을 좋게 여겼다. 바로가 신하들에게 말하였다. "하나님의 영이 함께 하는 사람을, 이 사람 말고, 어디에서 또 찾을 수 있겠느냐?" 바로가 요셉에게 말하였다. "하나님이 너에게 이 모든 것을 알리셨는데, 너처럼 명철하고 슬기로운 사람이 어디에 또 있겠느냐? 네가 나의 집을 다스리는 책임자가 되어라. 나의 모든 백성은 너의 명령을 따를 것이다. 내가 너보다 높다는 것은, 내가 이 자리에 앉아 있다는 것뿐이다." 바로가 또 요셉에게 말하였다. "내가 너를 온 이집트 땅의 총리로 세운다." 그렇게 말하면서, 바로는 손가락에 끼고 있는 옥새 반지를 빼서 요셉의 손가락에 끼우고, 고운 모시 옷을 입히고, 금목걸이를 목에다 걸어주었다. 그런 다음에, 또 자기의 병거에 버금가는 병거에 요셉을 태우니, 사람들이 "물러나거라!" 하고 외쳤다. 이렇게 해서, 바로는 요셉을 온 이집트 땅의 총리로 세웠다. 바로가 요셉에게 말하였다. "나는 바로다. 이집트 온 땅에서, 총리의 허락이 없이는, 어느 누구도 손 하나 발 하나도 움직이지 못한다." 바로는 요셉에게 사브낫바네아라는 이름을 지어주고, 온의 제사장 보디베라의 딸 아스낫과 결혼을 시켰다. 요셉이 이집트 땅을 순찰하러 나섰다. 창세기 41: 37-45

요셉은 왕 바로 밑에서 국가 전체를 다스리는 '일인지하 만인지상'—人
之下 萬人之上의 총리가 됩니다. 아무도 위기에 대처할 능력을 갖지 못했다
면서 왕은 그에게 이 중책을 맡깁니다. 보디발의 집에서 그가 하나님의
능력을 입고 성실하게 집을 돌보니까 사람을 의심하는 일에서는 내로라
할 경호대장의 신임을 얻었을 뿐만 아니라 보디발의 집도 융성하게 되었
습니다. 그가 억울한 옥살이를 했어도 간수장의 신임을 얻으니까 감옥의
일을 도맡아 했지요. 그러다가 왕의 측근인 시종장과도 인연을 맺게 되
었으며, 이것이 결국 뿌리를 내리고 가지를 쳐서 일국의 최고 재상으로
올라서게 되었습니다.

그러나 요셉이 총리가 되었다는 사실에만 주목하면 이는 자칫 우여곡
절 끝에 출세한 이야기로 끝날 수 있습니다. 정작 중요한 것은 그가 무수
한 사람들의 생명을 책임지는 생명공동체의 주역이 되었다는 사실입니
다. 요셉을 지난 세월 동안 이끌어주신 하나님은 그에게 죽음의 공포를
경험하게 하시고, 믿음의 능력을 체험하게 하셨으며, 하나님이 주신 통
찰력으로 인간과 시대를 꿰뚫어보게 하신 겁니다. 재물과 사람을 책임지
는 기회도 아울러 주심으로써 그는 모두의 생명이 위협받는 시대에 이를
극복할 수 있는 하나님의 사람으로 우뚝 서게 하셨습니다. 남들이 미처
알아보지 못한 미래를 내다보는 힘과 남들은 도저히 생각하지 못하는 해
결의 능력을 동시에 길러주셨습니다.

그가 총리가 된 것은 그에게 적절한 역할이 모색되는 중에 총리가 된
것이지 총리 자체가 목적은 아니었습니다. 요셉이 총리대신이 되었을
때 서른 살이라고 하는데, 십칠 세 소년의 삶에서 서른의 청년이 된 십
여 년 세월은 요셉에게 인고의 시간이자 축복의 기회였습니다. 지하 감

옥에서 나올 때 그는 수염을 깎고 옷을 갈아입었지만 이제 왕은 그 정도가 아니라 그의 손에 옥새 반지를 끼우고 고운 모시 옷과 금목걸이, 왕의 병거에 버금가는 마차에 태워서 권위를 한껏 높여주었습니다. 이집트 제국의 최고 권력자는 요셉에게 "내가 너보다 높다는 것은, 내가 이 자리에 앉아 있다는 것뿐이다"라고 할 정도였으니, 요셉의 위상이 얼마나 크게 변모했는지 절감하게 됩니다. 한때 아버지의 총애를 받고 화려한 채색 옷을 입었던 때와는 비교할 바가 아닙니다.

그는 이집트 제국의 정신적 지도자 온의 제사장 보디베라의 딸 아스낫과 혼인을 하고, 이름도 이집트 식으로 '사브낫바네아'라고 불리게 되는데, 그 뜻은 '하나님의 계시를 드러내는 자' 또는 '생명의 양식을 마련하는 사람'입니다. 요셉의 성장이 무엇을 향해 있는지 분명해집니다. 요셉은 이로써 그저 꿈을 푸는 사람이 아니라 그 해몽의 능력을 통해 감당할 바를 감당하는 존재였습니다. 그것은 "너만이 아니라 공동체 전체가 위기에 빠졌을 때, 생명의 길을 잃고 헤맬 때에, 흉년으로 어찌할 바를 모를 때에, 하늘의 계시를 알아보고 이들에게 생명의 양식을 공급하는 존재가 되라"는 뜻입니다. 요셉의 존재 자체가 그리하여 뭇사람들에게 축복이 되는 것입니다. 하나님이 아브라함에게 하셨던 그 축복이 요셉에게도 마찬가지로 이루어지는 것이니, 그런 사람이 있는 시대는 희망이 있습니다.

하지만 그런 존재가 갑자기 하늘에서 떨어지는 것은 아니지요. 요셉은 자신에게 닥친 현실 앞에서 참고 기도하며 성찰하고 기다릴 줄 알았습니다. 하나님의 섭리 안에서 '기다림의 비밀'을 깨달아가는 존재가 된 겁니다. 하나님의 때가 최적의 때입니다. 하나님이 부르시는 때만이 최선의 힘을 발휘할 수 있는 존재가 되는 시간입니다. 그렇게 부름받은 사람은 자기의 영광을 구하는 자가 아니라 남의 생명을 위해 나서는 존재이며 그런 이에게서 사람들은 하나님의 축복이 무엇인지 확실하게 보게 됩니다.

세상을 살면서 때로 자기를 몰라주는 세상이 원망스러울 수도 있고, "이만하면 시간이 됐는데 왜 이루어지지 않을까?"라고 곤혹스러워 할 경우도 있겠지요. 그러나 그때 반드시 기억해야 합니다. "하나님이 부르실 때가 최상의 때이다." 중요한 것은 내가 그 부르심에 응할 준비가 되어 있는가 하는 것입니다. 준비가 없으면 최적의 순간에 찾아온 기회도 무용지물이 됩니다. 막막하게 보이는 고난과 인내의 시간을 다시 없을 훈련과 준비의 시간으로 여기면, 가장 적절한 때에 하나님이 우리를 무대 위에 빛나게 세워주실 겁니다. 현실이 고단하고 영혼이 기근에 처한 시대에 뭇 사람들에게 생명의 힘을 공급하는 감격과 영광이 그렇게 성취됩니다. 그런 축복이 우리에게 뜨겁게 임하기를 기원합니다.

40 ¹ 이런 일들이 있은 지 얼마 뒤에, 이집트 왕에게 술잔을 올리는 시종장과 빵을 구워 올리는 시종장이, 그들의 상전인 이집트 왕에게 잘못을 저지른 일이 있었다. ² 바로가 그 두 시종장, 곧 술잔을 올리는 시종장과 빵을 구워 올리는 시종장에게 노하여서, ³ 그들을 경호대장의 집 안에 있는 감옥에 가두었는데, 그곳은 요셉이 갇힌 감옥이었다.

⁴ 경호대장이 요셉을 시켜서, 그 시종장들의 시중을 들게 하였으므로, 요셉이 그들을 받들었다. 그들이 갇힌 지 얼마 뒤에, ⁵ 감옥에 갇힌 두 사람, 곧 이집트 왕에게 술잔을 올리는 시종장과 빵을 구워 올리는 시종장이, 같은 날 밤에 꿈을 꾸었는데, 꿈의 내용이 저마다 달랐다.

⁶ 다음날 아침에 요셉이 그들에게 갔는데, 요셉은 그들에게 근심스런 빛이 있음을 보았다. ⁷ 그래서 요셉은, 자기 주인의 집에 자기와 함께 갇혀 있는 바로의 두 시종장에게 물었다.

"오늘은 안색이 좋아 보이지 않습니다. 왜 그러십니까?" ⁸ 그들이 그에게 대답하였다. "우리가 꿈을 꾸었는데, 해몽할 사람이 없어서 그러네." 요셉이 그들에게 말하였다. "해몽은, 하나님이 하시는 것이 아닙니까? 나에게 말씀하여보시기 바랍니다."

⁹ 술잔을 올리는 시종장이, 자기가 꾼 꿈 이야기를 요셉에게 하였다. "내가 꿈에 보니, 나의 앞에 포도나무가 있고, ¹⁰ 그 나무에는 가지가 셋이 있는데, 거기에서 싹이 나더니, 곧 꽃이 피고, 포도송이가 익었다. ¹¹ 바로의 잔이 나의 손에 들려 있기에, 내가 포도를 따다가, 바로의 잔에 그 즙을 짜서, 그 잔을 바로의 손에 올렸지."

¹² 요셉이 그에게 말하였다. "해몽은 이러합니다. 가지 셋은 사흘을 말합니다. ¹³ 앞으로 사흘이 되면, 바로께서 시종장을 불러내서, 직책을 되돌려주실 것입니다. 시종장께서는 전날 술잔을 받들어 올린 것처럼, 바로의 손에 술잔을 올리게 될 것입니다. ¹⁴ 시종장께서 잘 되시는 날에, 저를 기억하여주시고, 저를 따로 생각해주시기 바랍니다. 그리고 바로에게 나의 사정을 말씀드려서, 나도 이 감옥에서 풀려나게 해주시기 바랍니다. ¹⁵ 나는 히브리 사람이 사는 땅에서 강제로 끌려온 사람입니다. 그리고 여기에서도, 내가 이런 구덩이 감옥에 들어올 만한 일은 하지 않았습니다."

¹⁶ 빵을 구워 올리는 시종장도 그 해몽을 듣고 보니 좋아서, 요셉에게 말하였다. "나도 한 꿈을 꾸었는데, 나는 빵이 담긴 바구니 세 개를 머리에 이고 있었어. ¹⁷ 제일 위에 있는 바구니에는, 바로에게 드릴 온갖 구운 빵이 있었는데, 새들이, 내가 이고 있는 바구니 안에서 그것들을 먹었어." ¹⁸ 요셉이 말하였다. "해몽은 이러합니다. 바구니 셋은 사흘을

말합니다. ¹⁹ 앞으로 사흘이 되면,
바로께서 시종장을 불러내서, 목을 베고
나무에 매다실 터인데, 새들이 시종장의
주검을 쪼아 먹을 것입니다."
²⁰ 그러한 지 사흘째 되는 날, 그날은
바로의 생일인데, 왕은 신하들을 다 불러
모으고 잔치를 베풀었다. 술잔을 올리는
시종장과 빵을 구워 올리는 시종장이,
신하들이 모인 자리에 불려 나갔다.
²¹ 바로에게 술을 따라 올리는 시종장은
직책이 회복되어서, 잔에 술을 따라서
바로의 손에 올리게 되고, ²² 빵을 구워
바치는 시종장은 매달려서 처형되니,
요셉이 그들에게 해몽하여 준 대로
되었다. ²³ 그러나 술잔을 올리는
시종장은 요셉을 기억하지 못하였다.
그는 요셉을 잊고 있었다.

41 ¹ 그로부터 만 이 년이 지나서,
바로가 꿈을 꾸었다. 나일
강가에 서 있는데, ² 잘생기고, 살이 찐
암소 일곱 마리가 강에서 올라와서,
갈밭에서 풀을 뜯는다. ³ 그 뒤를 이어서,
흉측하고 야윈 다른 암소 일곱 마리가
강에서 올라와서, 먼저 올라온 소들과
함께 강가에 선다. ⁴ 그 흉측하고 야윈
암소들이, 잘생기고 살이 찐 암소들을
잡아먹는다. 바로는 잠에서 깨어났다.
⁵ 그가 다시 잠들어서, 또 꿈을 꾸었다.
이삭 일곱 개가 보인다. 토실토실하고 잘
여문 이삭 일곱 개가 나오는데, 그것들은
모두 한 줄기에서 나와서 자란 것들이다.
⁶ 그 뒤를 이어서, 또 다른 이삭 일곱 개가
피어 나오는데, 열풍이 불어서, 야위고
마른 것들이다. ⁷ 그 야윈 이삭이,
토실토실하게 잘 여문 이삭 일곱 개를
삼킨다. 바로가 깨어나 보니, 꿈이다.
⁸ 아침에 그는 마음이 뒤숭숭하여, 사람을
보내서 이집트의 마술사와 현인들을 모두
불러들이고, 그가 꾼 꿈 이야기를
그들에게 하였다. 그러나 아무도 그에게
그 꿈을 해몽하여주는 사람이 없었다.
⁹ 그때에 술잔을 올리는 시종장이
바로에게 말하였다. "제가 꼭 했어야 할
일을 못한 것이 오늘에야 생각납니다.
¹⁰ 임금님께서 종들에게 노하셔서, 저와
빵을 구워 올리는 시종장을 경호대장 집
감옥에 가두신 일이 있습니다.
¹¹ 저희들이 같은 날 밤에 각각 꿈을
꾸었는데, 두 꿈의 내용이 너무나
달랐습니다. ¹² 그때에 그곳에,
경호대장의 종인 히브리 소년이 저희와
함께 있었습니다. 저희가 꾼 꿈 이야기를
그에게 해주었더니, 그가 그 꿈을
풀었습니다. 저희 두 사람에게 제각기
그 꿈을 해몽하여주었던 것입니다.
¹³ 그리고 그가 해몽한 대로, 꼭 그대로
되어서, 저는 복직되고, 그 사람은
처형되었습니다."
¹⁴ 이 말을 듣고서, 바로가 사람을 보내어
요셉을 불러오게 하였고, 사람들은
곧바로 그를 구덩이에서 끌어냈다.
요셉이 수염을 깎고, 옷을 갈아입고,

바로 앞으로 나아가니, 15 바로가 요셉에게 말하였다. "내가 꿈을 하나 꾸었는데, 그것을 해몽할 수 있는 사람이 없다. 나는, 네가 꿈 이야기를 들으면, 잘 푼다고 들었다. 그래서 너를 불렀다." 16 요셉이 바로에게 대답하였다. "저에게는 그런 능력이 없습니다. 임금님께서 기뻐하실 대답은, 하나님이 해주실 것입니다." 17 바로가 요셉에게 말하였다. "꿈에 내가 나일 강 가에 서 있는데, 18 살이 찌고 잘생긴 암소 일곱 마리가 강에서 올라와서, 갈밭에서 풀을 뜯었다. 19 그것들의 뒤를 이어서, 약하고 아주 흉측하고 야윈 다른 암소 일곱 마리가 올라오는데, 이집트 온 땅에서, 내가 일찍이 본 일이 없는 흉측하기 짝이 없는 그런 암소들이었다. 20 그 야위고 흉측한 암소들은, 먼저 올라온 기름진 암소 일곱 마리를 잡아먹었다. 21 흉측한 암소들은, 살이 찐 암소들을 잡아먹었는데도, 여전히 굶은 암소처럼 흉측하였다. 그러고는 내가 깨어났다. 22 내가 또다시 꿈에 보니, 한 줄기에서 자란 이삭 일곱 개가 있는데, 잘 여물고 실한 것들이었다. 23 그것들의 뒤를 이어서, 다른 이삭 일곱 개가 피어 나오는데, 열풍이 불어서, 시들고 야위고 마른 것들이었다. 24 그 야윈 이삭이 잘 여문 일곱 이삭을 삼켜 버렸다. 내가 이 꿈 이야기를 마술사와 현인들에게 들려주었지만, 아무도 나에게 그 꿈을 해몽해주지 못하였다."

25 요셉이 바로에게 말하였다. "임금님께서 두 번 꾸신 꿈의 내용은 다 같은 것입니다. 임금님께서 장차 하셔야 할 일을 하나님이 보여주신 것입니다. 26 그 좋은 암소 일곱 마리는 일곱 해를 말하고, 잘 여문 이삭 일곱 개도 일곱 해를 말하는 것입니다. 두 꿈이 다 같은 내용입니다. 27 뒤따라 나온 야위고 흉측한 암소 일곱 마리나, 열풍에 말라버린 쓸모없는 이삭 일곱 개도, 역시 일곱 해를 말합니다. 이것들은 흉년 일곱 해를 말하는 것입니다. 28 이제, 제가 임금님께 말씀드린 바와 같이, 임금님께서 앞으로 하셔야 할 일을 하나님이 보여주신 것입니다. 29 앞으로 올 일곱 해 동안에는, 온 이집트 땅에 큰 풍년이 들 것입니다. 30 그런데 곧 이어서, 일곱 해 동안 흉년이 들 것입니다. 그렇게 되면, 이집트 땅에 언제 풍년이 있었더냐는 듯이, 지나간 일을 다 잊어버리게 될 것입니다. 그리고 기근이 이 땅을 황폐하게 할 것입니다. 31 풍년이 든 다음에 오는 흉년은 너무나도 심하여서, 이집트 땅에서는, 아무도 그 전에 풍년이 든 일을 기억하지 못할 것입니다. 32 임금님께서 같은 꿈을 두 번이나 거듭 꾸신 것은, 하나님이 이 일을 하시기로 이미 결정하시고, 그 일을 꼭 그대로 하시겠다는 것을 말씀해주시는 것입니다.

33 이제 임금님께서는, 명철하고 슬기로운 사람을 책임자로 세우셔서, 이집트 땅을 다스리게 하시는 것이 좋을 듯합니다. 34 임금님께서는 전국에 관리들을 임명하셔서, 풍년이 계속되는 일곱 해 동안에, 이집트 땅에서 거둔 것의 오분의 일을 해마다 받아들이도록 하심이 좋을 듯합니다. 35 앞으로 올 풍년에, 그 관리들은 온갖 먹을거리를 거두어 들이고, 임금님의 권한 아래, 각 성읍에 곡식을 갈무리하도록 하십시오. 36 이 먹을거리는, 이집트 땅에서 일곱 해 동안 이어갈 흉년에 대비해서, 그때에 이 나라 사람들이 먹을 수 있도록 갈무리해두셔야 합니다. 그렇게 하시면, 기근이 이 나라를 망하게 하지 못할 것입니다."

37 바로와 모든 신하들은 이 제안을 좋게 여겼다. 38 바로가 신하들에게 말하였다. "하나님의 영이 함께 하는 사람을, 이 사람 말고, 어디에서 또 찾을 수 있겠느냐?"

39 바로가 요셉에게 말하였다. "하나님이 너에게 이 모든 것을 알리셨는데, 너처럼 명철하고 슬기로운 사람이 어디에 또 있겠느냐? 40 네가 나의 집을 다스리는 책임자가 되어라. 나의 모든 백성은 너의 명령을 따를 것이다. 내가 너보다 높다는 것은, 내가 이 자리에 앉아 있다는 것뿐이다."

41 바로가 또 요셉에게 말하였다. "내가 너를 온 이집트 땅의 총리로 세운다." 42 그렇게 말하면서, 바로는 손가락에 끼고 있는 옥새 반지를 빼서 요셉의 손가락에 끼우고, 고운 모시 옷을 입히고, 금목걸이를 목에다 걸어주었다.

43 그런 다음에, 또 자기의 병거에 버금가는 병거에 요셉을 태우니, 사람들이 "물러나거라!" 하고 외쳤다. 이렇게 해서, 바로는 요셉을 온 이집트 땅의 총리로 세웠다. 44 바로가 요셉에게 말하였다. "나는 바로다. 이집트 온 땅에서, 총리의 허락이 없이는, 어느 누구도 손 하나 발 하나도 움직이지 못한다." 45 바로는 요셉에게 사브낫바네아라는 이름을 지어주고, 온의 제사장 보디베라의 딸 아스낫과 결혼을 시켰다. 요셉이 이집트 땅을 순찰하러 나섰다.

37 역전의 축복

창세기 41장 46절-57절, 42장, 43장 1절-14절

흉년을 대비하다

요셉은 이집트 제국의 총리로서 흉년에 대비해 백성들의 살림을 감당하는 총책임자가 되었습니다. 그의 이러한 신분 변화는 단지 개인적 영광이나 지위 상승에 그치는 것이 아니라, 모두의 운명에 생명의 기력을 공급한다는 그 이름대로 '사브낫바네아'가 되었음을 유념할 필요가 있습니다. 그것이 요셉을 통해 하나님의 뜻이 세상에 드러나는 이유입니다. 하나님은 생명을 나누어주시는 분이기 때문입니다.

나이 서른의 젊은 총리대신 요셉은 높은 자리에서 명령만 내리고 탁상공론만 하는 자가 아니라 현장에 나가 직접 진두지휘하며 일 전체를 마무리하는 인물이었습니다.

요셉이 이집트 왕 바로를 섬기기 시작할 때에, 그의 나이는 서른 살이었

다. 요셉은 바로 앞에서 물러나와서, 이집트 온 땅을 두루 다니면서 살폈다.

창세기 41: 46

　총리 자리에서 지침만 내리고 현장을 구체적으로 감독하지 않으면 일은 성사되기 어렵습니다. 요셉은 편안하게 앉아서 보고만 받고 판단내리는 사람이 아니었습니다. 칠 년의 풍년 뒤에 흉년이 오리라고는 누구도 쉽게 생각하지 못합니다. 그래서 풍년의 시기에 흉년을 대비하는 일은 말처럼 쉽지 않으며 사람들도 장래의 심각성을 제대로 인식하고 따르기가 어렵습니다. 풍년이 일 년, 이 년, 삼 년, 계속되다 보면 사람들은 흉년이 올 리가 없다고 확신할 수 있습니다. 처음에는 흉년이 다가온다는 경고에 바싹 긴장하겠지만 일이 되어가는 형편을 보면, "이렇게 세월이 좋은데 흉년이라니? 굳이 힘들게 준비해야 하는 거야? 풍년의 때에 내놓는 곡물세 오분의 일은 좀 많은 것 같아. 그냥 십분의 일만 해도 괜찮을 텐데, 아니 칠분의 일로 재조정하면 안 되나?" 이런 식으로 마음이 동요할 수도 있겠지요. 그러나 하나님의 뜻을 분명하게 알고 있는 요셉은 현장에 가서 이 모든 상황을 애초의 원칙대로 잡아나갔습니다.

　어려운 때를 대비하는 일은 여유가 있고 시절이 좋을 때 하는 겁니다. 어려운 때가 닥쳐서야 한다면 늦습니다. 1930년대 미국에 대공황이 일어나서 세계적인 공황으로 확산될 때, 1930년대 바로 직전인 1920년대는 미국이 가장 급성장하고 풍요로웠던 시기였습니다. 대공황이 일어나고 난 다음에 역사가들은 1920년대를 '위험한 풍요의 시기'라고 불렀습니다. 먹을 것이 넘친다고 해서 흥청망청 낭비한다면, 우선 주어진 것에 대해 감사할 줄도 모르며 풍요에 취해 어려운 때를 생각하지 못하는 어리석은 삶이 되고 맙니다. 이런 점에서도 다섯 개의 떡과 두 마리의 생선을 가지고 장정 오천 명과 그들의 식구들을 모두 먹이신 기적의 현장에서 예수께서는 그 남은 것을 어떻게 처리하셨는지 돌아볼 필요가 있습니다.

> 그들이 배불리 먹은 뒤에, 예수께서 제자들에게 "남은 부스러기를 다 모으고, 조금도 버리지 말아라" 하고 말씀하셨다. 그래서 보리빵 다섯 개에서, 먹고 남은 부스러기를 모으니, 열두 광주리에 가득 찼다. 요한복음 6: 12-13

예수님은 부스러기라고 해서 하찮게 여기지 말라고 하십니다. 그렇지 않아도 그 많은 사람들을 먹이기에는 다섯 개의 떡과 두 마리의 생선은 미미하기 짝이 없었습니다. 그러나 그 초라한 양에서 시작된 기적이 모두를 배불리 먹이고도 남았습니다. 남은 보리빵 또는 보리떡 부스러기가 열두 광주리에 가득 찰 정도가 되었다니 애초의 시작과 비교해보면 굉장합니다. 그런데 예수께서는 배가 부르게 되어도 부스러기 정도의 양이라도 가볍게 생각하지 말라고 하십니다. 티끌 모아 태산이라는 말도 그냥 나온 것이 아닙니다.

부스러기를 모아도 그러할진대 요셉처럼 풍년의 때에 오분의 일을 모아 나간다면 천문학적 양이 될 수 있습니다. 그것도 밀 백 섬, 쌀 이백 섬, 하는 식으로 절대량이 아니라 생산된 양의 오분의 일이었으니 생산량이 많아지면 많아질수록 그 양도 늘어나게 마련입니다. 모으다 보면 이젠 그만해도 되지 않을까 하고 애초의 긴장감이 느슨해질 수도 있습니다. 오병이어의 기적 이후 예수께서는 조금도 버리지 말라고 단호하게 말씀하셨습니다. 요셉 역시 이 '오분의 일 정책'을 흔들림 없이 밀고나갔

을 겁니다. 생명을 구하는 문제에 머뭇거림이 있어서는 안 됩니다. 원칙
은 현장을 벗어나 지침이나 명령만으로 지켜질 수 있는 것은 결코 아닙
니다. 요셉이 이 일을 처리해나간 방식도 주목할 만합니다. 그는 각 지역
의 사정을 우선시했습니다.

풍년을 이룬 일곱 해 동안에, 땅에서 생산된 것은 대단히 많았다. 요셉은,
이집트 땅에서 일곱 해 동안 이어간 풍년으로 생산된 모든 먹을거리를 거두
어들여, 여러 성읍에 저장해두었다. 각 성읍 근처 밭에서 나는 곡식은 각각
그 성읍에 쌓아두었다. 창세기 41: 47-48

요셉은 중앙집권적으로 일하지 않았습니다. 각 성읍에서 생산된 곡식
을 자체 관리하도록 했지요. 풍년의 때에 생산된 양의 오분의 일을 갈무
리해서 저장해둔다면, 대체로 사람들은 중앙정부의 곳간에 쌓아둘 것이
라고 생각할 수 있습니다. 각 성읍에서 모아다가 중앙에 보내는 방식이
지요. 그런데 요셉은 각 성읍에 그대로 쌓아두게 했습니다. 통상의 방식
과는 전혀 달랐습니다. 물론 워낙 양이 많아 그럴 수밖에 없다는 현실도
작용했겠지만, 중앙으로만 거둬들인다면 각 성읍에서 가져오는 행정비
용도 만만치 않을 뿐더러 열심히 일해서 많은 수확을 거두었는데 중앙정
부에 모조리 빼앗긴다는 인상을 주면 사람들이 불만을 품을 수 있고, 나
아가 반란과 봉기를 일으킬 수도 있습니다. 더군다나 이 일의 총괄책임
을 맡은 자가 히브리 노예 출신의 새파란 젊은이 아닙니까? 은근히 반발
이 생기고 일이 틀어질 수 있지요. 요셉은 이런 여지를 사전에 막는 지혜
로운 방식을 택했습니다.

그보다 더 주목할 바는, 중앙집권적일 경우 멀리 떨어져 있는 지역의 사람들은 식량을 얻기 위해 중앙으로 힘들게 와야 한다는 점입니다. 그러는 사이에 기근에 허덕여 죽는 사람들이 늘어날 수 있습니다. 꼭 그렇게까지 멀리 와야만 식량을 해결할 수 있다면 백성들에게는 고역입니다. 하지만 각 성읍에 식량을 놓아두면 자신의 땅에서 해결할 수 있습니다. 이런 정책은 백성들의 필요를 헤아리고 보살피는 마음이 앞섰기에 가능합니다. 지방마다 걱정하지 말고 넉넉히 각자의 미래를 준비할 수 있도록 배려하고 챙겨주면서 백성들을 고생시키지 않겠다는 거지요. 이런 작업을 무려 칠 년이나 계속했으니 그 결과가 어떠했겠습니까?

요셉이 저장한 곡식의 양은 엄청나게 많아서, 마치 바다의 모래와 같았다. 그 양이 셀 수 없을 만큼 많아져서, 기록을 중단할 수밖에 없었다. 창세기 41: 49

모아놓은 식량이 해변의 모래알처럼 많아 기록하기조차 어려울 정도가 되었지요. 이것으로 이집트 제국은 나머지 칠 년의 위기를 버틸 수 있게 되었습니다. 요셉의 치적은 풍년과 흉년 도합 십사 년의 역사가 되는 셈입니다. 그의 아버지 야곱은 사랑하는 아내 라헬을 얻기 위해 칠 년을 일하고 나서 외삼촌이자 장인인 라반의 계략에 넘어갔으나 사랑을 포기하지 않고 라반이 요구한 대로 칠 년을 더 일해 모두 십사 년의 노동으로 일가를 이루었지요. 그런 아버지와 비교하면, 요셉은 한 걸음 더 발전해서 십사 년의 세월을 통해 국가의 기틀을 바로잡은 것입니다.

사랑을 위해 칠 년의 시간을 기꺼이 견뎌낸 야곱은 이후 칠 년을 통해 삶의 지혜와 능력이 부쩍 자랍니다. 야곱을 속였던 라반이 결국 그를 이기지 못했지 않습니까? 그 아들 요셉은 노예로 팔려간 후 놀랄 만큼 성숙해졌고, 제왕 바로의 밑에서 국가 최고의 책임을 감당하면서 기근의 위기를 이겨내는 자가 됩니다.

하나님의 사랑과 축복 안에서는 힘겨웠던 세월이 결코 헛되지 않습니다. 때가 이르면 빛나는 세월을 만나게 되는 법입니다. 이 기쁨을 요셉은 자식을 통해 표현합니다.

높아진 요셉의 위상

요셉과 온의 제사장 보디베라의 딸 아스낫 사이에서 두 아들이 태어난 것은 흉년이 들기 전이었다. 요셉은 "하나님이 나의 온갖 고난과 아버지 집 생각을 다 잊어버리게 하셨다" 하면서, 맏아들의 이름을 므낫세라고 지었다. 둘째는 "내가 고생하던 이 땅에서, 하나님이 자손을 번성하게 해주셨다" 하면서, 그 이름을 에브라임이라고 지었다. 창세기 41: 50-52

첫 아들 므낫세는 "다 잊었다"라는 뜻이지요. 그건 과거를 망각했다는 의미가 아닙니다. 자기가 겪었던 인생의 고난, 형들에 대한 원한, 더는 탈출구가 보이지 않는 힘겨웠던 시절 등 이런 모든 것을 이제 마감했다는 겁니다. 그의 몸과 영혼이 분노에서 해방되었으며 고역의 시간에서 풀려났다는 것이니, 더 이상 지난 세월을 무의식속에서라도 아프게 기억할 이유가 없습니다.

이게 무엇 때문에 가능해진 겁니까? 그의 현실이 바뀌었기 때문입니다. 현실이 바뀌면 과거도 달리 보입니다. 지금의 처지가 괜찮아지면 과거의 쓰라림은 자연히 아물고, 그때의 고생도 웃으며 말할 수 있지요. 그것이 하나님의 축복이며 은혜의 고백입니다. 요셉이 여기까지 와보니 그 과거가 다 오늘의 현실을 있게 한 바탕이었음을 깨닫고 마음이 평온해진 겁니다. 통절하게 그리웠던 아버지와 집에 대한 생각도 더는 그의 마음과 영혼을 상하게 하지 않았습니다. 그건 고향에 대한 그리움이 사라졌다는 것이 아니라 집 생각으로 말미암아 영혼이 힘겹게 비틀거리는 일이 없어졌음을 말해줍니다.

그 다음 단계는 에브라임입니다. "열매가 번성했다"라는 뜻인데, 보다 적극적인 차원으로 나아가고 있음을 보여줍니다. 과거의 고통스러운 기억에서 풀려났을 뿐만 아니라 미래를 향해서 번성하게 되었다고 고백하고 있지요. 요셉은 이제 인생에서 많은 것을 이룬 존재가 된 겁니다. 보디발의 집에서 요셉은 모든 재산을 관리하고 책임을 맡았으나 그것은 어디까지나 그의 소유입니다. 전력을 다해 그 성실함은 인정받았을지언정 자신의 세계는 될 수 없었습니다. 노예였기 때문입니다. 그러나 지금은 자기의 것이 생겼습니다. 자신의 땀과 노력과 지혜가 많은 사람들에게 덕이 될 뿐만 아니라, 자신에게도 기쁨과 보람으로 돌아오는 시절을 맞이하게 되었습니다. 요셉은 인생의 진정한 주인이었습니다.

그렇게 감사한 세월이 지나자 예상했던 대로 흉년이 닥쳐왔습니다. 요셉의 말이 진실임이 입증되고, 그의 지혜를 누구도 무시할 수 없었습니다. 역설적이게도 현실은 흉년이지만, 요셉의 위상은 더욱 높아졌습니다.

이집트 땅에서 일곱 해 동안 이어가던 풍년이 지나니, 요셉이 말한 대로 일곱 해 동안의 흉년이 시작되었다. 온 세상에 기근이 들지 않은 나라가 없

었으나, 이집트 온 땅에는 아직도 먹을거리가 있었다. ^{창세기 41: 53-54}

풍년의 시절이 있었다는 사실을 의심할 정도로 가혹한 흉년이지만 이
집트 제국을 흔들지는 못했습니다. 모두가 기근의 공포에 질려 있을 때
이집트는 희망의 근거지로 떠올랐습니다. 그것은 나일 강이 가져다주는
풍요가 아니라, 하늘의 뜻에 따라 미리 대비했기 때문입니다. 준비된 자
만이 때가 오면 그 역할을 감당할 수 있음을 확인하게 됩니다. 하나님이
인간에게 감당케 하시는 훈련의 과정에서는 그 의미를 절감하지는 못해
도 막상 그 훈련이 힘을 발휘하는 때가 오면 모든 것이 분명해집니다. 기
근의 시절이 닥치자 요셉은 제왕 바로의 지침에 따라 절대 권한을 행사
합니다.

그러나 마침내, 이집트 온 땅의 백성이 굶주림에 빠지자, 그들은 바로에게
먹을 것을 달라고 부르짖었다. 바로는 이집트의 모든 백성에게 "요셉에게로
가서, 그가 시키는 대로 하여라" 하였다. 온 땅에 기근이 들었으므로, 요셉은
모든 창고를 열어서, 이집트 사람들에게 곡식을 팔았다. 이집트 땅 모든 곳
에 기근이 심하게 들었다. 기근이 온 세상을 뒤덮고 있었으므로, 다른 나라
사람들도 요셉에게서 곡식을 사려고 이집트로 왔다. ^{창세기 41: 55-57}

흉년이 들어 기근이 온 세상에 퍼지면, 지난 칠 년 동안에 모아들인 곡
식을 잘 관리해서 썩지 않도록 보관하고 지켜내는 일이 대단히 중요해집
니다. 곡식 창고에 도둑이 들지 않아야 하고, 해충이나 동물의 피해에 주
의해야 하며, 주변 국가의 침탈해도 잘 방위해야 합니다. 또한 가격이 폭

등하지 않도록 물가정책도 세워야 하며, 기근에 허덕여 백성들이 유랑자가 되거나 강도떼로 변해 나라를 혼란에 빠뜨려서도 안 됩니다. 권력자는 사람들의 경제생활을 안정되게 만들어주고 가난으로 비참한 생활을 하지 않도록 잘 보살펴주어야 하지요.

어느 시대나 올바른 정치는 그 공동체에 닥칠 어려움에 미리미리 대비하여 미래의 안정된 삶을 보장해주고, 시련의 과정을 잘 극복할 수 있도록 도와야 합니다. 이 모든 것을 든든하게 감당할 수 있는 장치를 마련하는 지혜가 바로 정치의 능력입니다. 그런 정치 속에서 희망이 생겨납니다.

이집트는 당대의 국제사회가 기근의 절망에 빠져 있을 때 요셉의 준비로 유일하게 기댈 언덕이 되었습니다. 절망의 때에 희망으로 떠오른 것입니다. 이런 능력있는 믿음을 가진 사람이 역사에 등장할 때에 그것은 모두에게 축복이 됩니다.

이집트로 찾아온 요셉의 형제들

가나안 땅에서도 여지없이 기근은 맹위를 떨칩니다. 그래서 요셉의 아버지 야곱은 이집트에 곡식이 있다는 소식을 듣고 아들들에게 식량을 구해오라고 말합니다. 그것은 누구도 예상하지 못했던 일의 시작이었습니다. 기근이 요셉과 그의 형제들을 서로 만나게 하는 고리가 되었기 때문입니다. 하나님의 역사는 이렇게, 하나의 일이 그에 그치지 않고 다른 차원으로 이어지는 길을 예비합니다. 요셉이나 그의 형제 누구도 이런 미래의 만남을 알 턱이 없었습니다. 화해와 평화, 그리고 생명의 역사는 이제 감추었던 그 비밀의 문을 이들에게 하나씩 하나씩 열어보이게 됩니다. 기근의 문제는 기근의 문제로 그치는 것이 아니라, 그 이상의 섭리와 맞닿아 있습니다.

> 야곱은 이집트에 곡식이 있다는 말을 듣고서, 아들들에게 말하였다. "얘들아, 왜 서로 얼굴들만 쳐다보고 있느냐?" 야곱이 말을 이었다. "듣자 하니, 이집트에 곡식이 있다고 하는구나. 그러니 그리로 가서, 곡식을 좀 사오너라. 그래야 먹고 살지, 가만히 있다가는 굶어 죽겠다." 그래서 요셉의 형 열 명이 곡식을 사려고 이집트로 갔다. 야곱은 요셉의 아우 베냐민만은 형들에게 딸려 보내지 않았다. 베냐민을 같이 보냈다가, 무슨 변이라도 당할까 보아, 겁이 났기 때문이다. 가나안 땅에도 기근이 들었으므로, 이스라엘의 아들들도 곡식을 사러 가는 사람들 틈에 끼었다. 창세기 42: 1-5

아버지 야곱은 막내 아들 베냐민만 제외하고 다른 아들 모두를 이집트로 보냅니다. 야곱이 베냐민을 집에 있게 한 것은 당연했습니다. 요셉을 잃은 상황에서 또다시 사랑하는 막내 베냐민마저 잃고 싶지 않은 늙은 아버지의 마음이겠지요. 베냐민은 요셉과 같은 어머니 라헬의 자식이었음을 기억한다면 야곱의 심정이나, 이후 요셉이 베냐민을 그토록 만나고 싶어하는 이유를 충분히 이해할 수 있습니다.

이제 형제들은 이집트로 가서 총리대신 요셉 앞에 얼굴을 땅에 대고 절을 합니다. 이것은 요셉과 그의 형들 사이의 관계가 누구도 짐작할 수 없었던 방식으로 바뀌는 순간입니다. 형들은 그 옛날 소년 요셉을 물 한 방울도 없는 구덩이에 던져넣고는 그 옆에서 밥을 먹던 자들이었지요. 그런데 이번에는 그들이 거꾸로 기근의 구덩이에 빠져 먹을 것을 구하고 있으니 하나님의 섭리는 오묘하기 짝이 없습니다.

> 그때에 요셉은 나라의 총리가 되어서, 세상의 모든 백성에게 곡식을 파는 책임을 맡고 있었다. 요셉의 형들은 거기에 이르러서, 얼굴을 땅에 대고 엎드려, 요셉에게 절을 하였다. 요셉은 그들을 보자마자, 곧바로 그들이 형들임을 알았다. 그러나 짐짓 모르는 체하고, 그들에게 엄하게 물었다. "너희는 어디에서 왔느냐?" 그들이 대답하였다. "먹을거리를 사려고 가나안 땅에서 왔습니다." 요셉은 형들을 알아보았으나, 형들은 요셉을 알아보지 못하였다.
>
> 창세기 42: 6-8

한때 요셉의 목숨을 좌우했던 형들이 지금 그의 앞에 엎드려 있으니, 이 순간을 무엇이라고 부를 수 있을까요? 요셉이 이들을 모두 체포하여 과거의 죄를 묻고 보복할 수 있는 절호의 기회인가요? 아니면 적선을 베풀 듯이 자신의 힘을 과시하면서 이들을 굴욕적으로 몰아붙일 수 있는 상황인가요? 소년 시절에 요셉이 모든 볏단과 하늘의 해와 달, 별이 자신을 향해 머리를 숙이는 꿈을 꾸었던 것이 현실이 되는 순간입니다. 그때와 차이가 있다면, 당시에 그는 매우 오만했고 자기가 그리도 잘났다고 여겼다면, 이제 요셉은 이 모든 것이 하나님의 뜻 안에서 이루어지고 있음을 자각하고 있다는 점이라고 할 수 있지요. 그러기에 이 역전은 그가 인간적 복수심으로 형들에게 반격하게끔 하지 않습니다.

한편, 요셉은 상대를 알아보고 있는데 상대는 요셉을 알아보지 못하고 있습니다. 형들은 요셉이 이집트의 총리대신이 되었다는 사실을 상상할 수도 없었을 뿐더러 그간 성장한 아우를 알아보기도 쉽지 않았을 것이며, 감히 그 얼굴을 쳐다볼 수도 없었을 터이니 이는 그다지 놀라운 일이 아닙니다. 그러나 이 상황은 요셉에게 자신이 원하는 바를 이루어내기 위해 자신의 권력을 압도적으로 행사하는 기회가 됩니다. 요셉은 이들을 다짜고짜 간첩으로 몰았습니다. 얼른 이해가 가지 않는 대응입니다.

> 그때에 요셉은 형들을 두고 꾼 꿈을 기억하고, 그들에게 말하였다. "너희는 간첩이다. 이 나라의 허술한 곳이 어디인지를 엿보러 온 것이 틀림없다!" 그들이 대답하였다. "아닙니다. 총리 어른, 소인들은 그저 먹을거리를 사러 왔을 뿐입니다. 우리는 한 아버지의 자식들입니다. 소인들은 순진한 백성이며, 간첩이 아닙니다." 그가 말하였다. "아니다! 너희는 이 나라의 허술한 곳이 어디인지를 엿보러 왔다." 그들이 대답하였다. "소인들은 형제들입니다. 모두 열둘입니다. 가나안 땅에 사는 한 아버지의 아들들입니다. 막내는 소인들의 아버지와 함께 있고, 또 하나는 잃었습니다." 요셉이 그들에게 말하였다. "내 말이 틀림없다. 너희는 간첩이다. 그러나 너희가 진실을 증명할 길은 있다. 바로께서 살아계심을 두고 맹세한다. 너희가 막내 아우를 이리로 데려오지 않으면, 너희는 여기에서 한 발자국도 벗어나지 못한다. 너희 가운데서 한 사람을 보내어, 너희 집에 남아 있는 아우를 이리로 데려오게 하고, 나머지는 감옥에 가두어두겠다. 나는 이렇게 하여, 너희가 한 말이 사실인지를 시험해보겠다. 바로께서 살아계심을 두고 맹세한다. 너희가 그렇게 하지 못하면, 너희는 간첩이라는 누명을 벗지 못할 것이다." 창세기 42: 9-16

요셉이 이들을 짐짓 일부러 간첩으로 몰고 있는 정황상의 이유는 분명했습니다. 국제적인 식량 위기가 확산되고 있는 상황에서 이집트의 창고로부터 곡물이 외국으로 빠져 나가는 것에 대해서는 특별관리가 필요했다고 할 수 있습니다. 식량의 밀반출로 국고가 약화될 수도 있고, 철저한 관리체계가 없으면 간첩을 보내 염탐하고 침략을 기도할 수도 있기 때문입니다. 따라서 이집트 제국은 이른바 식량안보를 위한 정책이 강화되는 때라고 할 수 있습니다. 이런 현실이었으니 요셉이 이들을 간첩 혐의로 윽박지르는 듯한 것은 꼭 난데없다고 하기는 어렵습니다.

요셉은 그런 정세를 이용해서, 형제들을 벼랑으로 몰아붙여 집안 사정에 대한 정보를 순식간에 캐내었습니다. 요셉의 형제들은 자신들이 누구인지, 어떤 집안의 사람들인지 알릴 수밖에 없었으며, 이제 자신들의 무죄를 입증하기 위해서 요셉의 요구대로 베냐민을 데려와야 했습니다. 요셉은 일단 "너희 가운데서 한 사람을 보내어, 너희 집에 남아 있는 아우를 이리로 데려오게 하고, 나머지는 감옥에 가두어두겠다"라고 선언했습니다. 그러나 이들을 감옥에 가둔 다음 사흘 뒤, 방식을 달리합니다.

요셉은 그들을 감옥에 사흘 동안 가두어두었다. 사흘 만에 요셉이 그들에게 말하였다. "나는 하나님을 두려워한다. 너희는 이렇게 하여라. 그래야 살 수 있다. 너희가 정직한 사람이면, 너희 형제 가운데서 한 사람만 여기에 갇혀 있고, 나머지는 나가서, 곡식을 가지고 돌아가서, 집안 식구들이 허기를 면하도록 하여라. 그러나 너희는 반드시 막내 아우를 나에게로 데리고 와야 한다. 그래야만 너희의 말이 사실이라는 것을 증명할 수 있을 것이며, 너희가 죽음을 면할 것이다." 그들은 그렇게 하기로 하였다. 창세기 42: 17-20

요셉은 하나님을 앞세워 자신의 생각이 달라진 것을 말합니다. 처음에는 모두 감옥에 가두고 한 사람만 집에 가서 베냐민을 데리고 오라고 했는데 이제는 한 사람만 있고 다 갔다오라고 하지 않습니까? 그 차이는 무엇을 뜻합니까? 아버지를 비롯해서 남은 식구들 모두에게 식량을 전하는 것을 우선하는 겁니다. 이것은 요셉이 이들에게 직접 한 말에서도 입증이 됩니다. 다음은 이들 형제들이 아버지 야곱에게 자기들이 겪었던 일을 보고하는 가운데 나온 대목입니다.

> 그 나라의 높으신 분이 우리에게 이르기를 '어디, 너희가 정말 정직한 사람들인지, 내가 한 번 알아보겠다. 너희 형제 가운데서 한 사람은 여기에 나와 함께 남아 있고, 나머지는 너희 집안 식구들이 굶지 않도록, 곡식을 가지고 돌아가거라.' 창세기 42: 33

요셉이 형제들을 옥에 가두었던 것은 골탕을 먹이려 했던 것이 아닙니다. 자신의 권세를 한번 확실히 경험하도록 해서 자신의 요구를 꼭 이루어내려는 데 목적이 있었고, 이들의 석방과 함께 기근에 시달릴 아버지와 집안 식구들을 깊이 배려했던 행동임을 알게 됩니다. 그 후에 인질로 시므온 한 사람만 붙잡아두게 되지요.

> 그들이 서로 말하였다. "그렇다! 아우의 일로 벌을 받는 것이 분명하다! 아우가 우리에게 살려달라고 애원할 때에, 그가 그렇게 괴로워하는 것을 보면서도, 우리가 아우의 애원을 들어주지 않은 것 때문에, 우리가 이제 이런 괴로움을 당하는구나." 르우벤이 그들에게 대답하였다. "그러기에 내가 그 아이에게 못할 짓을 하는 죄를 짓지 말자고 하지 않더냐? 그런데도 너희는

나의 말을 들은 체도 하지 않았다! 이제 우리가 그 아이의 핏값을 치르게 되었다." 그들은, 요셉이 통역을 세우고 말하였으므로, 자기들끼리 하는 말을 요셉이 알아듣는 줄은 전혀 알지 못하였다. 듣다 못한 요셉은, 그들 앞에서 잠시 물러가서 울었다. 다시 돌아온 요셉은 그들과 말을 주고받다가, 그들 가운데서 시므온을 끌어내어서, 그들이 보는 앞에서 끈으로 묶었다. 창세기 42: 21-24

시므온은 세겜에서 디나의 성폭행 사건이 일어났을 때 할례를 전술적 수단으로 이용하여 세겜 사람들을 학살한 거칠고 완악한 성격의 인물입니다. 그런 자였으니 감옥 생활을 잘 견뎌낼 수 있으리라고 여겼을지 모르지요. 요셉의 결정을 들은 형제들은 서로 과거사 논쟁을 벌입니다. 이런 일이 일어난 까닭을 자기들이 요셉에게 저지른 일의 결과라고 여기게 되었고, 그 마음에 깊은 죄책감이 생겼던 것인데 이런 형들의 모습을 보고 요셉은 잠시 물러나와 웁니다. 요셉은 형들과의 만남에서 처음 눈물을 흘리게 되었는데, 그가 따로 이 형들에게 자기가 당한 일에 대한 힐난과 심문을 하지 않아도 스스로 죄를 뉘우치고 있었던 겁니다. 자기는 살아 있는데 형들은 죽었다고 여기고 힘겨워하나, 진실을 선뜻 말하지 못해 마음이 아팠던 게 아니었을까 싶습니다.

오랜 세월이 흐른 뒤의 첫 대면에서 상황은 뒤바뀌어가기 시작했습니다. 요셉은 형들을 보고는 아우 베냐민과 집안 걱정이 앞섰으며, 이제는 형들에 대한 마음도 하나씩 열려가는 과정에 있게 된 것입니다. 이들을 석방하고 식량을 가지고 집으로 돌아가게 하는 과정에서 요셉의 배려는 더욱 깊습니다.

막내 아우 베냐민

요셉은 사람들을 시켜서, 그들이 가지고 온 통에다가 곡식을 채우게 하고, 각 사람이 낸 돈은 그 사람의 자루에 도로 넣게 하고, 또 길에서 먹을 것은 따로 주게 하였다. 요셉이 시킨 대로 다 되었다. 창세기 42: 25

요셉은 이들에게 아무런 경제적 부담도 지우지 않았을 뿐만 아니라 도중에 먹을 음식도 따로 챙겨주었습니다. 특별 대우를 한 것으로, 그건 형제들에 대한 요셉의 깊은 사랑이었습니다. 세월이 흘러서 요셉은 이제 형들의 허물을 고자질했던 이기적인 철부지 소년이 아니라, 형들에 대한 사랑과 그 고난을 마음에 두는 정 많고 성숙한 존재가 되어 있었습니다. 정작 당사자들인 형들은 돈뭉치가 자기들의 자루에 들어 있는 것을 알지 못하다가 그 사실을 알게 된 한 형제가 소스라치게 놀랍니다.

그들은 곡식을 나귀에 싣고, 거기를 떠났다. 그들이 하룻밤 묵어갈 곳에 이르렀을 때에, 그들 가운데서 한 사람이 자기 나귀에게 먹이를 주려고 자루를 풀다가, 자루 아귀에 자기의 돈이 그대로 들어 있는 것을 보았다. 그는 이것을 자기 형제들에게 알렸다. "내가 낸 돈이 도로 돌아왔다. 나의 자루 속에 돈이 들어 있어!" 이 말을 들은 형제들은, 얼이 빠진 사람처럼 떨면서, 서로 쳐다보며 한탄하였다. "하나님이 어찌하여 우리에게 이런 일을 하셨는가!" 창세기 42: 26-28

기근을 해결할 식량은 얻어왔으나 형제들의 마음은 무거워졌습니다.

시므온은 인질로 잡혀 있고 아버지 야곱을 설득해서 막내 베냐민을 데리고 이집트로 가는 것도 만만치 않은 일인데다가, 생각지도 못한 돈뭉치까지 모두의 자루에 들어 있으니 기절초풍할 노릇이었습니다.

그들은 가나안 땅으로, 아버지 야곱에게 돌아가서, 그동안 겪은 일을 자세히 말씀드렸다. "…… '너희의 막내 아우를 나에게로 데리고 오너라. 그래야만 너희가 간첩이 아니고 정직한 사람이라는 것을 내가 알 수 있겠다. 그런 다음에야, 내가 여기 잡아둔 너희 형제를 풀어 주고, 너희가 이 나라에 드나들면서 장사를 할 수 있게 하겠다' 하였습니다." 그들은 자루를 비우다가, 각 사람의 자루에 각자가 치른 그 돈뭉치가 그대로 들어 있는 것을 보았다. 그들과 그들의 아버지는 그 돈뭉치를 보고서, 모두들 겁이 났다. 창세기 42: 29-35

베냐민만 데려가면 간첩 혐의도 벗고 시므온도 풀려나고 식량도 구할 수 있을 뿐만 아니라 이집트에 드나들며 장사도 할 수 있는 권리를 얻게 됩니다. 하지만 돈 문제가 불거져나왔으니 감히 이집트로 다시 돌아갈 용기를 내는 것은 쉬운 일이 아니었습니다. 이래저래 시므온을 구해오는 일에 난관이 더해졌습니다. 그러자 맏아들 르우벤이 다시 나섭니다.

아버지 야곱이 아들들에게 말하였다. "너희가 나의 아이들을 다 빼앗아 가는구나. 요셉을 잃었고, 시므온도 잃었다. 그런데 이제 너희는 베냐민마저 빼앗아가겠다는 거냐? 하나같이 다 나를 괴롭힐 뿐이로구나!" 르우벤이 아버지에게 말하였다. "제가 베냐민을 다시 아버지께로 데리고 오지 못한다면, 저의 두 아들을 죽이셔도 좋습니다. 막내를 저에게 맡겨주십시오. 제가 반드시 아버지께로 다시 데리고 오겠습니다." 야곱이 말하였다. "막내를 너희와 함께 그리로 보낼 수는 없다. 그의 형은 죽고, 그 아이만 홀로 남았는데, 그 아이가 너희와 같이 갔다가, 또 무슨 변을 당하기라도 하면 어찌 하겠느냐? 너희는, 백발이 성성한 이 늙은 아버지가, 슬퍼하며 죽어서, 스올로 내려가는 꼴을 보겠다는 거냐?" 창세기 42: 36-38

르우벤의 설득은 실패하고 말았습니다. 르우벤은 자기 아들 둘을 두고 막내 아우 베냐민을 데려가려 했지만 아버지가 허락하지 않았지요. 사태는 점점 더 심각해졌고, 결국 다시 도움을 청하러 이집트로 떠나지 않으면 안 되는 때가 다가오고 있었습니다.

그 땅에 기근이 더욱 심해갔다. 그들이 이집트에서 가지고 온 곡식이 다 떨어졌을 때에, 아버지가 아들들에게 말하였다. "다시 가서, 먹을거리를 조금 더 사오너라." 창세기 43: 1-2

이런저런 사정을 가릴 처지가 아니었지요. 사람은 망설여도 하나님의 계획은 멈추는 일이 없습니다. 사람들은 자신의 결정이라고 여기는 것도 사실은 하나님의 섭리가 만들어내는 흐름에 자신을 관여시키는 일입니다. 그 흐름이 없으면, 사람의 능력이 아무리 뛰어나도 이루어낼 수 있는 것이 없으며 그 흐름이 밑바닥에 있으면 미미해 보이는 사람의 결정도 상상하지 못했던 성과를 거두게 되어 있습니다. 그러나 그것은 거저 되는 것이 아니라, 그 결정의 주체가 사랑과 생명의 기운을 지니고 있을 때 비로소 가능해집니다.

르우벤의 설득이 실패한 이후 유다가 다시 나섰습니다. 두 사람은 모두 요셉의 생명을 살리기 위해 애썼던 형들이었고, 자기의 책임을 회피하는 이들이 아니었습니다. 르우벤은 자기 아들 둘의 목숨을 담보로 베냐민을 데리고 이집트에 다녀오겠다고 했고, 유다는 자신이 직접 책임을 감당하겠다고 합니다. 모두의 삶을 위해 자기를 전부 걸었습니다. 이런 태도들을 보면 르우벤이나 유다나 둘 다 하나님의 계획에 자신도 의식하지 못하는 사이에 합류할 만한 마음을 가진 사람들입니다. 언제나 인간의 주체적인 선택과 결정이 중요합니다. 이것이 없으면, 하나님의 계획은 적어도 이들의 삶에서는 추진되거나 이루어지지 않습니다.

유다가 아버지에게 말하였다. "그 사람이 우리에게 엄하게 경고하면서 '너희가 막내 아우를 데리고 오지 않으면, 다시는 나의 얼굴을 못 볼 것이다' 하고 말하였습니다. 우리가 막내를 데리고 함께 가게 아버지께서 허락하여주시면, 다시 가서 아버지께서 잡수실 것을 사오겠습니다. 그러나 아버지께서 막내를 보낼 수 없다고 하시면, 우리는 갈 수 없습니다……제가 막내를 데리고 가게 해주십시오. 그러면 우리가 곧 떠나겠습니다. 그렇게 하여야, 우리도, 아버지도, 우리의 어린 것들도, 죽지 않고 살 수 있을 것입니다. 제가 그 아이의 안전을 책임지겠습니다. 아버지께서는, 그 아이에 대해서는, 저에게 책임을 물어주십시오. 제가 그 아이를 아버지께로 다시 데리고 와서 아버지 앞에 세우지 못한다면, 그 죄를 제가 평생 달게 받겠습니다. 우리가 이렇게 머뭇거리고 있지 않았으면, 벌써 두 번도 더 다녀왔을 것입니다." 창세기 43: 3-10

이제 관건은 베냐민과 동행할 수 있는지, 그리고 아버지 야곱이 이를 받아들이느냐에 달려 있습니다. 결국 야곱은 허락합니다. 그러나 그는 아들들을 그냥 보내지 않았습니다. 그 옛날 쌍둥이 형 에서와 화해할 때도 그는 선물을 바리바리 준비한 적이 있었습니다. 야곱은 늙고 기력이 쇠했지만 경륜이 있고 노회했습니다. 형제들이 가장 마음에 꺼려하는 돈 문제의 해결 방법을 명쾌하게 제시합니다.

아버지 이스라엘이 아들들에게 말하였다. "꼭 그렇게 해야만 한다면, 이렇게 하도록 하여라. 이 땅에서 나는 것 가운데 가장 좋은 토산물을 너희 그릇에 담아 가지고 가서, 그 사람에게 선물로 드리도록 하여라. 유향과 꿀을 얼마쯤 담고, 향품과 몰약과 유향나무 열매와 감복숭아를 담아라. 돈도 두 배를 가지고 가거라. 너희 자루 아귀에 담겨 돌아온 돈은 되돌려주어야 한다. 아마도 그것은 실수였을 것이다. 너희 아우를 데리고, 어서 그 사람에게로 가거라……" 창세기 43: 11-13

아들들은 아버지 야곱의 결정으로 인해 마음이 훨씬 가벼워졌을 겁니다. 베냐민도 데리고 갈 수 있게 되었고 총리대신을 만나 간첩 혐의를 벗고 시므온도 구해올 수 있게 되었으니 말이지요. 그런데 야곱은 이 모든 대책을 단지 전략 · 전술의 차원에서 진행하지 않았습니다. 결과에 대해 마음을 비우고 오로지 하나님의 능력과 축복에 모든 것을 걸었습니다. 꾀를 쓴 것이 아니라 진심으로 한 것이며, 설령 하나님이 원하는 바를 허락하지 않으신다면 그것대로 받아들이겠다고 고백하고 있습니다.

"너희들이 그 사람 앞에 설 때에, 전능하신 하나님이 그 사람을 감동시키셔서, 너희에게 자비를 베풀게 해주시기를 빌 뿐이다. 그가 거기에 남아 있는 아이와 베냐민도 너희와 함께 돌려보내 준다면, 더 바랄 것이 없겠다. 자식들을 잃게 되면 잃는 것이지, 난들 어떻게 하겠느냐?" 창세기 43: 14

이런 아버지의 태도가 아들들에게 믿음과 결의를 다져주었을 것입니다. 사람의 계략을 치밀하게 내세우는 것이 아니라 하나님의 능력 안에서 무엇보다도 감동이 이루어질 때 문제가 온전히 해결될 수 있음을 야곱은 분명히 밝히고 있습니다. 길이 막혀 있다고 여겼을 때 희망은 이렇게 주어지는 겁니다.

새 시대의 주역

돌아보면 요셉은 버려지고 팔려가고 억울하게 갇힌 인생을 보낸 것 같습니다. 하지만 그 모두 새로운 시대의 주역이 되는 과정이었습니다. 아버지 야곱을 포함해서 형제들이 마음으로 진정 원하든 원치 않든 모든 일들이 요셉을 중심으로 움직이고 있지 않습니까? 형들은 분노와 시기심으로 그를 내쳤으나, 이제 그들은 요셉에게 가지 않고는 위기를 극복할 수 없습니다. 한때 자신의 운명을 어찌할 수 없는 노예처럼 되었던 요셉은 이들의 생사를 결정하는 주인이 된 셈입니다. 하나님의 뜻 안에서 살아가는 이의 궁극적 미래를 우리는 여기에서 보게 됩니다. 그러기에 인간사에서 잊지 말아야 하는 것은 눈에 보이는 현상 밑바닥에서 우리의 삶을 이끌어가시는 하나님의 목표에 대한 깨달음입니다.

한때 치기어린 자였던 요셉이 절체절명의 순간 깨우친 하나님 앞에 엎드리자, 세상이 그 앞에 엎드리게 되었습니다. 모든 생명들의 양식을 마련하는 자가 된 것입니다. 오래 전 꿈에서 벗단과 하늘의 해, 달, 별이 요셉을 향해 머리를 숙인 것은 이렇게 하나님의 뜻 안에서 생명의 공급자가 될 때 비로소 그 진실한 내용이 채워지게 됩니다. 그것은 오만함을 드러내는 사건이 아니라, 생명의 능력을 가진 이의 표상입니다. 모두가 기근의 위기에 처했을 때 요셉으로 인해 살 길이 열렸으니, 그는 번번이 나락으로 떨어진 사람처럼 여겨졌지만 결국엔 이기는 자가 되었습니다.

하나님 안에서 이기는 자는 힘으로 상대를 굴복시키는 자가 아니라 생명의 역사에서 주인공이 되는 존재입니다. 그 승리의 내용과 뜻이 매우 다릅니다. 대역전의 감격입니다. 생명의 역사에서 하나님이 주시는 주도권을 갖는 것, 이것은 믿음의 축복으로 주어지는 능력이기도 합니다. 이 능력이야말로 뭇 사람들의 행복을 지켜내는 힘입니다. 인생을 살면서 궁지에 끝없이 몰리더라도 그 과정을 하나님의 훈련으로 달게 받는 이에게는 이런 역전의 기쁨이 꼭 주어질 것입니다.

41

46 요셉이 이집트 왕 바로를 섬기기 시작할 때에, 그의 나이는 서른 살이었다. 요셉은 바로 앞에서 물러나와서, 이집트 온 땅을 두루 다니면서 살폈다.

47 풍년을 이룬 일곱 해 동안에, 땅에서 생산된 것은 대단히 많았다. 48 요셉은, 이집트 땅에서 일곱 해 동안 이어간 풍년으로 생산된 모든 먹을거리를 거두어들여, 여러 성읍에 저장해두었다. 각 성읍 근처 밭에서 나는 곡식은 각각 그 성읍에 쌓아 두었다. 49 요셉이 저장한 곡식의 양은 엄청나게 많아서, 마치 바다의 모래와 같았다. 그 양이 셀 수 없을 만큼 많아져서, 기록을 중단할 수밖에 없었다. 50 요셉과 온의 제사장 보디베라의 딸 아스낫 사이에서 두 아들이 태어난 것은 흉년이 들기 전이었다. 51 요셉은 "하나님이 나의 온갖 고난과 아버지 집 생각을 다 잊어버리게 하셨다" 하면서, 맏아들의 이름을 므낫세라고 지었다. 52 둘째는 "내가 고생하던 이 땅에서, 하나님이 자손을 번성하게 해주셨다" 하면서, 그 이름을 에브라임이라고 지었다. 53 이집트 땅에서 일곱 해 동안 이어가던 풍년이 지나니, 54 요셉이 말한 대로 일곱 해 동안의 흉년이 시작되었다. 온 세상에 기근이 들지 않은 나라가 없었으나, 이집트 온 땅에는 아직도 먹을거리가 있었다. 55 그러나 마침내, 이집트 온 땅의 백성이 굶주림에 빠지자, 그들은 바로에게 먹을 것을 달라고 부르짖었다. 바로는 이집트의 모든 백성에게 "요셉에게로 가서, 그가 시키는 대로 하여라" 하였다. 56 온 땅에 기근이 들었으므로, 요셉은 모든 창고를 열어서, 이집트 사람들에게 곡식을 팔았다. 이집트 땅 모든 곳에 기근이 심하게 들었다. 57 기근이 온 세상을 뒤덮고 있었으므로, 다른 나라 사람들도 요셉에게서 곡식을 사려고 이집트로 왔다.

42

1 야곱은 이집트에 곡식이 있다는 말을 듣고서, 아들들에게 말하였다. "얘들아, 왜 서로 얼굴들만 쳐다보고 있느냐?" 2 야곱이 말을 이었다. "듣자 하니, 이집트에 곡식이 있다고 하는구나. 그러니 그리로 가서, 곡식을 좀 사오너라. 그래야 먹고 살지, 가만히 있다가는 굶어 죽겠다." 3 그래서 요셉의 형 열 명이 곡식을 사려고 이집트로 갔다. 4 야곱은 요셉의 아우 베냐민만은 형들에게 딸려 보내지 않았다. 베냐민을 같이 보냈다가, 무슨 변이라도 당할까 보아, 겁이 났기 때문이다. 5 가나안 땅에도 기근이 들었으므로, 이스라엘의 아들들도 곡식을 사러 가는 사람들 틈에 끼었다. 6 그때에 요셉은 나라의 총리가 되어서, 세상의 모든 백성에게 곡식을 파는 책임을 맡고 있었다. 요셉의 형들은 거기에 이르러서, 얼굴을 땅에 대고 엎드려, 요셉에게 절을 하였다. 7 요셉은

그들을 보자마자, 곧바로 그들이
형들임을 알았다. 그러나 짐짓 모르는
체하고, 그들에게 엄하게 물었다. "너희는
어디에서 왔느냐?" 그들이 대답하였다.
"먹을거리를 사려고 가나안 땅에서
왔습니다." 8 요셉은 형들을
알아보았으나, 형들은 요셉을 알아보지
못하였다. 9 그때에 요셉은 형들을 두고
꾼 꿈을 기억하고, 그들에게 말하였다.
"너희는 간첩이다. 이 나라의 허술한
곳이 어디인지를 엿보러 온 것이
틀림없다!"

10 그들이 대답하였다. "아닙니다. 총리
어른, 소인들은 그저 먹을거리를 사러
왔을 뿐입니다. 11 우리는 한 아버지의
자식들입니다. 소인들은 순진한
백성이며, 간첩이 아닙니다."

12 그가 말하였다. "아니다! 너희는
이 나라의 허술한 곳이 어디인지를
엿보러 왔다."

13 그들이 대답하였다. "소인들은
형제들입니다. 모두 열둘입니다. 가나안
땅에 사는 한 아버지의 아들들입니다.
막내는 소인들의 아버지와 함께 있고,
또 하나는 잃었습니다." 14 요셉이
그들에게 말하였다. "내 말이 틀림없다.
너희는 간첩이다. 15 그러나 너희가
진실을 증명할 길이 있다. 바로께서
살아계심을 두고 맹세한다. 너희가 막내
아우를 이리로 데려오지 않으면, 너희는
여기에서 한 발자국도 벗어나지 못한다.
16 너희 가운데서 한 사람을 보내어, 너희

집에 남아 있는 아우를 이리로 데려오게
하고, 나머지는 감옥에 가두어두겠다.
나는 이렇게 하여, 너희가 한 말이
사실인지를 시험해보겠다. 바로께서
살아계심을 두고 맹세한다. 너희가
그렇게 하지 못하면, 너희는 간첩이라는
누명을 벗지 못할 것이다."

17 요셉은 그들을 감옥에 사흘 동안
가두어두었다. 18 사흘 만에 요셉이
그들에게 말하였다. "나는 하나님을
두려워한다. 너희는 이렇게 하여라.
그래야 살 수 있다.

19 너희가 정직한 사람이면, 너희 형제
가운데서 한 사람만 여기에 갇혀 있고,
나머지는 나가서, 곡식을 가지고
돌아가서, 집안 식구들이 허기를
면하도록 하여라.

20 그러나 너희는 반드시 막내 아우를
나에게로 데리고 와야 한다. 그래야만
너희의 말이 사실이라는 것을 증명할 수
있을 것이며, 너희가 죽음을 면할
것이다." 그들은 그렇게 하기로 하였다.

21 그들이 서로 말하였다. "그렇다!
아우의 일로 벌을 받는 것이 분명하다!
아우가 우리에게 살려달라고 애원할
때에, 그가 그렇게 괴로워하는 것을
보면서도, 우리가 아우의 애원을
들어주지 않은 것 때문에, 우리가 이제
이런 괴로움을 당하는구나." 22 르우벤이
그들에게 대답하였다. "그러기에 내가
그 아이에게 못할 짓을 하는 죄를 짓지
말자고 하지 않더냐? 그런데도 너희는

나의 말을 들은 체도 하지 않았다! 이제
우리가 그 아이의 핏값을 치르게 되었다.”
²³ 그들은, 요셉이 통역을 세우고
말하였으므로, 자기들끼리 하는 말을
요셉이 알아듣는 줄은 전혀 알지
못하였다. ²⁴ 듣다 못한 요셉은, 그들
앞에서 잠시 물러가서 울었다. 다시
돌아온 요셉은 그들과 말을 주고받다가,
그들 가운데서 시므온을 끌어내어서,
그들이 보는 앞에서 끈으로 묶었다.
²⁵ 요셉은 사람들을 시켜서, 그들이
가지고 온 통에다가 곡식을 채우게 하고,
각 사람이 낸 돈은 그 사람의 자루에 도로
넣게 하고, 또 길에서 먹을 것은 따로 주게
하였다. 요셉이 시킨 대로 다 되었다.
²⁶ 그들은 곡식을 나귀에 싣고, 거기를
떠났다. ²⁷ 그들이 하룻밤 묵어갈 곳에
이르렀을 때에, 그들 가운데서 한 사람이
자기 나귀에게 먹이를 주려고 자루를
풀다가, 자루 아귀에 자기의 돈이 그대로
들어 있는 것을 보았다. ²⁸ 그는 이것을
자기 형제들에게 알렸다. “내가 낸 돈이
도로 돌아왔다. 나의 자루 속에 돈이 들어
있어!” 이 말을 들은 형제들은, 얼이 빠진
사람처럼 떨면서, 서로 쳐다보며
한탄하였다. “하나님이 어찌하여
우리에게 이런 일을 하셨는가!”
²⁹ 그들은 가나안 땅으로, 아버지
야곱에게 돌아가서, 그동안 겪은 일을
자세히 말씀드렸다. ³⁰ “그 나라의 높으신
분이 우리를 보더니, 엄하게 꾸짖고,
우리를 그 나라를 엿보러 간 간첩으로

여기는 것입니다. ³¹ 그래서 우리는
그에게 ‘우리는 정직한 사람입니다.
우리는 간첩이 아닙니다. ³² 우리는 모두
한 아버지의 자식들로서 열두 형제입니다.
하나는 잃고, 또 막내는 가나안 땅에 우리
아버지와 함께 있습니다’ 하고 말씀을
드렸습니다.
³³ 그랬더니 그 나라의 높으신 분이
우리에게 이르기를 ‘어디, 너희가 정말
정직한 사람들인지, 내가 한 번
알아보겠다. 너희 형제 가운데서
한 사람은 여기에 나와 함께 남아 있고,
나머지는 너희 집안 식구들이 굶지
않도록, 곡식을 가지고 돌아가거라.
³⁴ 그리고 너희의 막내 아우를 나에게로
데리고 오너라. 그래야만 너희가 간첩이
아니고 정직한 사람이라는 것을 내가 알
수 있겠다. 그런 다음에야, 내가 여기
잡아둔 너희 형제를 풀어주고, 너희가
이 나라에 드나들면서 장사를 할 수 있게
하겠다’ 하였습니다.” ³⁵ 그들은 자루를
비우다가, 각 사람의 자루에 각자가 치른
그 돈뭉치가 그대로 들어 있는 것을
보았다. 그들과 그들의 아버지는 그
돈뭉치를 보고서, 모두들 겁이 났다.
³⁶ 아버지 야곱이 아들들에게 말하였다.
“너희가 나의 아이들을 다 빼앗아
가는구나. 요셉을 잃었고, 시므온도
잃었다. 그런데 이제 너희는 베냐민마저
빼앗아가겠다는 거냐? 하나같이 다 나를
괴롭힐 뿐이로구나!” ³⁷ 르우벤이
아버지에게 말하였다. “제가 베냐민을

다시 아버지께로 데리고 오지 못한다면, 저의 두 아들을 죽여서도 좋습니다. 막내를 저에게 맡겨주십시오. 제가 반드시 아버지께로 다시 데리고 오겠습니다." 38 야곱이 말하였다. "막내를 너희와 함께 그리로 보낼 수는 없다. 그의 형은 죽고, 그 아이만 홀로 남았는데, 그 아이가 너희와 같이 갔다가, 또 무슨 변을 당하기라도 하면 어찌 하겠느냐? 너희는, 백발이 성성한 이 늙은 아버지가, 슬퍼하며 죽어서, 스올로 내려가는 꼴을 보겠다는 거냐?"

43 ¹ 그 땅에 기근이 더욱 심해갔다. ² 그들이 이집트에서 가지고 온 곡식이 다 떨어졌을 때에, 아버지가 아들들에게 말하였다. "다시 가서, 먹을거리를 조금 더 사오너라."
3 유다가 아버지에게 말하였다. "그 사람이 우리에게 엄하게 경고하면서 '너희가 막내 아우를 데리고 오지 않으면, 다시는 나의 얼굴을 못 볼 것이다' 하고 말하였습니다.
4 우리가 막내를 데리고 함께 가게 아버지께서 허락하여주시면, 다시 가서 아버지께서 잡수실 것을 사오겠습니다.
5 그러나 아버지께서 막내를 보낼 수 없다고 하시면, 우리는 갈 수 없습니다. 그분이 우리에게 말하기를 '너희가 막내 아우를 데리고 오지 않으면, 다시는 나의

얼굴을 못 볼 것이다' 하였기 때문입니다."
6 이스라엘이 자식들을 탓하였다. "어찌하려고 너희는, 아우가 있다는 말을 그 사람에게 해서, 나를 이렇게도 괴롭히느냐?" 7 그들이 대답하였다. "그 사람은 우리와 우리 가족에 관하여서 낱낱이 캐물었습니다. '너희 아버지가 살아계시냐?' 하고 묻기도 하고, 또 '다른 형제가 더 있느냐?' 하고 묻기도 하였습니다. 우리는 그저, 그가 묻는 대로 대답하였을 뿐입니다. 그가 우리의 아우를 그리로 데리고 오라고 말할 것이라고는 상상도 하지 못하였습니다."
8 유다가 아버지 이스라엘에게 말하였다. "제가 막내를 데리고 가게 해주십시오. 그러면 우리가 곧 떠나겠습니다. 그렇게 하여야, 우리도, 아버지도, 우리의 어린 것들도, 죽지 않고 살 수 있을 것입니다. 9 제가 그 아이의 안전을 책임지겠습니다. 아버지께서는, 그 아이에 대해서는, 저에게 책임을 물어 주십시오. 제가 그 아이를 아버지께로 다시 데리고 와서 아버지 앞에 세우지 못한다면, 그 죄를 제가 평생 달게 받겠습니다.
10 우리가 이렇게 머뭇거리고 있지 않았으면, 벌써 두 번도 더 다녀왔을 것입니다."
11 아버지 이스라엘이 아들들에게 말하였다. "꼭 그렇게 해야만 한다면, 이렇게 하도록 하여라. 이 땅에서 나는 것 가운데 가장 좋은 토산물을 너희 그릇에

담아 가지고 가서, 그 사람에게 선물로
드리도록 하여라. 유향과 꿀을 얼마쯤
담고, 향품과 몰약과 유향나무 열매와
감복숭아를 담아라. ¹²돈도 두 배를
가지고 가거라. 너희 자루 아귀에 담겨
돌아온 돈은 되돌려주어야 한다. 아마도
그것은 실수였을 것이다. ¹³너희 아우를
데리고, 어서 그 사람에게로 가거라.
¹⁴너희들이 그 사람 앞에 설 때에,
전능하신 하나님이 그 사람을
감동시키셔서, 너희에게 자비를 베풀게
해주시기를 빌 뿐이다. 그가 거기에 남아
있는 아이와 베냐민도 너희와 함께
돌려보내 준다면, 더 바랄 것이 없겠다.
자식들을 잃게 되면 잃는 것이지,
난들 어떻게 하겠느냐?"

38 눈물의 재회

창세기 43장 15절-34절, 44장, 45장

베냐민을 데리고 다시 이집트로

요셉과 그의 형제들의 만남에서 우리는 추방한 자들이 도리어 머리를 숙이고, 추방당한 자가 은혜를 베푸는 역전의 사건을 목격했습니다. 그런데 이 만남은 아직 온전하지 않습니다. 둘 사이에 진정한 화해와 생명의 기쁨이 가득 차야만 만남은 완성됩니다. 어느 한쪽이 힘을 과시하거나 다른 한쪽이 힘에 눌리는 상황이 벌어진다면 그것은 악연의 골만 깊어지는 데 불과해질 수 있습니다. 오랜 세월이 지났음에도 서로 아픈 기억만 가지고 있었을 요셉과 그의 형제들은 드디어 눈물의 상봉을 합니다. 요셉은 이 만남이 하나님의 어떤 섭리에 따른 것인지 이들에게 고백합니다. 생명의 역사가 펼쳐지는 무대 위에 등장한 주인공답게 말입니다.

이렇게 되기까지의 과정이 있습니다. 아버지 야곱은 유다의 설득에 따라 막내 아들 베냐민을 이집트로 함께 데리고 가게 합니다. 이들은 한시라도 빨리 도착하기 위해 급히 달려갔습니다.

> 사람들은 선물을 꾸리고, 돈도 갑절을 지니고, 베냐민을 데리고 급히 이집트로 가서, 요셉 앞에 섰다. 창세기 43: 15

이번 이집트 행은 무엇보다도 베냐민을 앞세워 요셉의 마음을 풀고자하는 데 목적이 있었습니다. 또한 식량도 구하고 인질로 잡혀 있는 시므온도 데려오고 자루에 그대로 들어 있던 돈도 가져다주면서 간첩과 도둑혐의를 함께 벗어야 하는 복잡한 임무가 야곱의 아들들에게 주어졌던 것입니다. 한때 세겜에서 디나의 일로 칼을 휘두르면서 사람들의 목숨을함부로 빼앗던 그 무서운 기세는 온 데 간 데 없이 약자의 처지가 되어길을 떠난 셈인데, 이들로서는 자기들의 운명 앞에 어떤 일이 기다리고있는지 아무도 자신할 수가 없었습니다.

이들의 걱정과는 달리, 요셉은 약속대로 베냐민이 일행과 함께 있음을보고 큰 잔치를 베풀 준비를 합니다. 이런 사정을 모르고 있던 요셉의 형들은 왜 자기들을 요셉의 집으로 데려가는지 도무지 알 길이 없습니다. 정작 대접을 받을 당사자들은 두려움에 빠졌지요. 상황판단이 안 됩니다. 과거의 경험으로 볼 때, 자기들 같으면 이런 경우 어떻게 했을지 잘알고 있었기에 그랬을 겁니다. 하나님의 역사가 이루어지는 과정과 그뜻을 모르면 자기 한계를 넘어서지 못합니다.

> 요셉은, 베냐민이 그들과 함께 온 것을 보고서, 자기 집 관리인에게 말하였다. "이 사람들을 집으로 데리고 가거라. 짐승을 잡고, 밥상도 준비하여라.

이 사람들은 나와 함께 점심을 먹을 것이다." 요셉이 말한 대로, 관리인이 그 사람들을 요셉의 집으로 안내하였다. 그 사람들은 요셉의 집으로 안내를 받아 들어가면서, 겁이 났다. 그들은 "지난 번에 여기에 왔을 적에, 우리가 낸 돈이, 알지도 못하는 사이에 우리의 자루 속에 담겨서 되돌아왔는데, 그 돈 때문에 우리가 이리로 끌려온다. 그 일로 그가 우리에게 달려들어서, 우리의 나귀를 빼앗고, 우리를 노예로 삼으려는 것이 틀림없다" 하고 걱정하였다.^창

세기 43: 16-18

예전에 요셉을 노예로 팔아넘겼던 형제들은 이제 자기들이 노예가 될 것을 염려합니다. 그것도 가정해보는 것이 아니라 "틀림없다"고 단정하고 있습니다. 그리하여 이들은 자기들의 무죄를 먼저 밝히고자 합니다. 약속대로 베냐민은 데리고 왔으니 아무 문제가 없고, 아무래도 자루에 그대로 들어 있던 돈이 마음에 걸렸겠지요. 이들은 집에 들어가기 전 문 앞에서 안전에 대한 다짐을 받으려고 입을 엽니다.

그래서 그들은 요셉의 집 문 앞에 이르렀을 때에, 요셉의 집 관리인에게 가서 물었다. 우리는 지난번에 여기에서 곡식을 사간 일이 있습니다. 하룻밤 묵어갈 곳에 이르러서 자루를 풀다가, 우리가 치른 돈이, 액수 그대로, 우리 각자의 자루 아귀 안에 고스란히 들어 있는 것을 보았습니다. 그래서 우리가 그것을 다시 가지고 왔습니다. 또 우리는 곡식을 살 돈도 따로 더 가지고 왔습니다. 우리는, 누가 그 돈을 우리의 자루 속에 넣었는지 모릅니다." 그 관리인이 말하였다. "그동안 별고 없으셨는지요? 걱정하지 마십시오. 댁들을 돌보시는 하나님, 댁들의 조상을 돌보신 그 하나님이 그 자루에 보물을 넣어

주신 것입니다. 나는 댁들이 낸 돈을 받았습니다." 이렇게 말하면서, 관리인
은 시므온을 그들에게로 데리고 왔다.창세기 43: 19-23

형제들을 환대하다

걱정거리였던 돈 문제와 관련해서 요셉의 관리인들이 이들 형제들에
게 한 대답은 "댁들을 돌보시는 하나님, 댁들의 조상을 돌보신 그 하나
님이 주신 보물"이라는 것이었습니다. 요셉이 은밀하게 그렇게 했다고
알리거나 그걸 과시하면서 요셉의 은혜에 감사하라거나 하지 않았습니
다. 이 관리인도 이 모든 사건의 흐름과 의미를 하나님에게 두고 있음을
보게 됩니다. 그 집 관리인까지 이렇게 말하는 것을 보면 요셉이 이집트
의 정신에 이런 믿음과 마음을 길러내고 있었던 것을 확인하게 되는 것
같습니다. 그러고 나서 관리인은 이들이 내지도 않은 돈을 이미 받았다고
말하면서 인질로 잡혀 있던 시므온을 데리고 나옵니다. 상황이 이쯤 되니
무슨 사정인지 정확하게 이해는 가지 않았겠지만 불안했던 마음이 점점
안정을 찾았을 겁니다. 요셉의 집에 들어서니 애초에 염려했던 것과는
다른 상황이 벌어졌습니다.

관리인은 그 사람들을 요셉의 집 안으로 안내하고서, 발 씻을 물도 주고,
그들이 끌고 온 나귀에게도 먹이를 주었다. 그들은 거기에서 밥을 먹게 된다
는 말을 들었으므로, 정오에 올 요셉을 기다리면서, 장만해 온 선물을 정돈
하고 있었다.창세기 43: 24-25

막상 부딪혀 보니 노예로 삼으려는 자들에 대한 대접은 분명히 아니었습니다. 드디어 요셉이 나타났습니다.

요셉이 집으로 오니, 그들은 집 안으로 가지고 들어온 선물을 요셉 앞에 내놓고, 땅에 엎드려 절을 하였다. 요셉은 그들의 안부를 묻고 난 다음에 "전에 그대들이 나에게 말한 그 연세 많으신 아버지도 안녕하시오? 그분이 아직도 살아계시오?" 하고 물었다. 그들은 "총리 어른의 종인 소인들의 아버지는 지금도 살아 있고, 평안합니다" 하고 대답하면서, 몸을 굽혀서 절을 하였다. 창세기 43: 26-28

이들이 듣기에는 참으로 기이하게도 요셉이 자기들 아버지의 안부를 자상하게 묻는 것이었습니다. 예상할 수 있는 질문들과는 거리가 멀었습니다. 베냐민을 데리고 왔는지부터 시작해서 돈 문제도 다시 거론하고 심문과정에 들어설 법도 한데 그것이 아니었습니다. 요셉은 그런 질문은 일체 하지 않은 채 연세 많으신 아버지가 안녕하신지, 아직도 살아계신지 궁금해했습니다. 자식된 도리로 요셉은 자기를 그토록 사랑하신 아버지가 어떠신지 가장 먼저 알고 싶지 않았겠습니까? 형들은 이런 질문을 받고 과연 어떤 기분이었을까요? 자기들의 가족 사정에 대해 이렇게 자상하게 묻는 권력자가 고맙기도 하고, 도대체 무슨 일인가 하면서 괜히 두렵기도 했을 겁니다.

이제 요셉과 그 형들은 가족으로서 만나는 중요한 단계로 점차 들어서고 있었습니다. 아버지에 대해 묻는 것은, 같은 아버지 밑에서 태어나고 자란 형제로서 한 핏줄임을 확인하는 첫 단계였기 때문입니다. 그 다음 요셉이 절절하게 보고 싶었던 사람이 베냐민입니다.

> 요셉이 둘러보다가, 자기의 친어머니의 아들, 친동생 베냐민을 보면서 "이 아이가 지난번에 그대들이 나에게 말한 바로 그 막내 아우요?" 하고 물었다. 그러면서 그는 "귀엽구나! 하나님이 너에게 복 주시기를 빈다" 하고 말하였다. 요셉은 자기 친동생을 보다가, 마구 치밀어 오르는 형제의 정을 누르지 못하여, 급히 울 곳을 찾아 자기의 방으로 들어가서, 한참 동안 울고, 얼굴을 씻고, 도로 나와서, 그 정을 누르면서 "밥상을 차려라" 하고 명령하였다. 창세기 43: 29−31

베냐민을 보고 요셉은 그동안 참았던 감정이 북받쳐 눈물을 흘립니다. 이전에, 형들이 자기 앞에서 자신을 죽이려다가 팔아넘긴 이야기를 하면서 고통스러워하는 대화를 듣고 '잠시' 물러나와 울었다면, 이번에는 '한참'을 웁니다. 한 배에서 태어난 아우 베냐민에 대한 요셉의 애틋한 사랑이 그 울음의 강도를 더했을 겁니다. 두 번 모두 형제들 앞에서는 보이지 않은 눈물이었지만 이미 요셉의 마음은 형제애로 녹아 있었습니다. '눈물을 흘리는 요셉'의 모습은 오랫동안 쌓여온 한과 분노, 아픔과 슬픔이 사라지고 사랑과 은총이 생겨나는 증거라고 할 수 있습니다. 처음 형제들을 보는 옛일이 생각나 고통스럽고 슬펐으나 이제는 기쁩니다. 자기 방에 들어가 울던 요셉은 얼굴을 씻고 나옵니다. 울었다는 흔적을 감추기 위해서이지요. 아직 자기 마음을 드러내지 않았으며, 형제들은 여전히 그가 누구인지 알아보지 못했습니다.

그런 형제들 앞에서 요셉은 식사를 가져오라고 합니다. 그런데 상을 차린 후 식사를 분배하고 자리 배치를 하는 방식이 형제들이 보기에는 참으로 묘했습니다.

밥상을 차리는 사람들은 요셉에게 상을 따로 차려서 올리고, 그의 형제들에게도 따로 차리고, 요셉의 집에서 먹고 사는 이집트 사람들에게도 따로 차렸다. 이집트 사람들은, 히브리 사람들과 같은 상에서 먹으면 부정을 탄다고 생각하기 때문에, 상을 같이 차리지 않은 것이다. 요셉의 형제들은 안내를 받아가며, 요셉 앞에 앉았는데, 앉고 보니, 맏아들로부터 막내 아들에 이르기까지 나이 순서를 따라서 앉게 되었다. 그 사람들은 어리둥절하면서 서로 쳐다보았다. 각 사람이 먹을 것은, 요셉의 상에서 날라다 주었는데, 베냐민에게는 다른 사람보다 다섯 몫이나 더 주었다. 그들은 요셉과 함께 취하도록 마셨다. 창세기 43: 32~34

이들 형제들이 앉은 자리 순서가 상대인 이집트 제국의 총리가 알 턱이 없다고 여긴 나이 순이었으며, 각 사람의 식사는 요셉과 차별되게 준 것이 아니라 요셉의 상에서 직접 날라다 주었습니다. 서로 먹는 것이 같았습니다. 한 상에서 먹지 않았다 뿐이지 같은 식탁의 즐거움을 나누었고, 흥과 취기가 잔뜩 오른 시간이었습니다. 불안과 긴장은 어느새 사라졌습니다. 형제들은 처음에는 두려움으로 떨리는 발걸음을 옮기며 들어간 요셉의 집이었지만, 이제는 화기애애하고 너무나도 좋은 분위기로 그 날의 점심식사를 마쳤습니다. 형들은 모든 일이 잘 끝나게 되었다고 여겼을 것입니다.

그러나 이야기는 여기에서 끝나지 않습니다. 이 순간까지의 일들은 이들 형제들에게는 단지 대제국의 권력자와 만난 것 이상의 의미를 갖지는 못하기 때문입니다. 이들이 식사를 마치고 떠날 때 요셉은 형제들 모르게 특별한 조처를 합니다.

은잔 도둑과 유다의 탄원

요셉이 집 관리인에게 명령하였다. "저 사람들이 가지고 갈 수 있을 만큼 많이, 자루에 곡식을 담아라. 그들이 가지고 온 돈도 각 사람의 자루 아귀에 넣어라. 그리고 어린 아이의 자루에다가는, 곡식 값으로 가지고 온 돈과 내가 쓰는 은잔을 함께 넣어라." 관리인은 요셉이 명령한 대로 하였다. 다음 날 동이 틀 무렵에, 그들은 나귀를 이끌고 길을 나섰다. 그들이 아직 그 성읍에서 얼마 가지 않았을 때에, 요셉이 자기 집 관리인에게 말하였다. "빨리 저 사람들의 뒤를 쫓아가거라. 그들을 따라잡거든, 그들에게 '너희는 왜 선을 악으로 갚느냐? 어찌하려고 은잔을 훔쳐 가느냐? 그것은 우리 주인께서 마실 때에 쓰는 잔이요, 점을 치실 때에 쓰는 잔인 줄 몰랐느냐? 너희가 이런 일을 저지르다니, 매우 고약하구나!' 하고 호통을 쳐라." 관리인이 그들을 따라잡고서, 요셉이 시킨 말을 그들에게 그대로 하면서, 호통을 쳤다. 창세기 44:1-6

대제국의 총리에게 최고의 대접을 받고 좋은 기분으로 집에 돌아가고 있던 이들은 아닌 밤중에 홍두깨 격으로 놀라운 일을 겪습니다. 전에는 돈 자루가 들어 있어 기겁했지만, 이번에는 돈도 돈이지만 감히 총리대신의 은잔을 훔친 혐의를 뒤집어쓰게 생겼습니다. 요셉은 이들을 극진히 대접했건만, 물증으로만 보면 이들은 그런 요셉의 선의를 은잔을 훔쳐 악하게 대한 자들이 되고 만 것이지요.

이것은 요셉이 쳐놓은 덫이요, 누명을 씌우기 위한 음모였습니다. 이것이 형제들을 괴롭히고 고통받게 하려는 것이었다면 그야말로 고약하기 짝이 없는 일입니다. 하지만 동생 베냐민을 자기 곁에 두려는 계략이었다는 점에서 악의는 물론 아니라 해도 당하는 처지에서는 기가 막힌 일이 아닐 수 없습니다.

그러자 그들이 그에게 말하였다. "어찌하여 그런 말씀을 하십니까? 소인들 가운데는 그런 일을 저지를 사람이 하나도 없습니다. 지난번 자루 아귀에서 나온 돈을 되돌려 드리려고, 가나안 땅에서 여기까지 가지고 오지 않았습니까? 그런데 어떻게 우리가 그대의 상전 댁에 있는 은이나 금을 훔친다는 말입니까? 소인들 가운데서 어느 누구에게서라도 그것이 나오면, 그를 죽여도 좋습니다. 그리고 나머지 우리는 주인의 종이 되겠습니다."창세기 44: 7-9

처음에 형제들은 은잔 문제에 대해 자신이 있었습니다. 그래서 자신들의 정직함을 추호도 의심치 말라고 하면서 범인을 찾으면 그를 죽이고 나머지는 모두 요셉의 종이 되겠다고 합니다. 그러자 요셉의 관리인은 그렇다고 목숨까지 내놓을 건 없고, 은잔이 발견된 자루의 주인만 종이 되도록 하겠다고 합니다. 연대책임을 지겠다고 하는 상대에게 그럴 필요까지는 없다고 합니다. 목적이 따로 있었기 때문이지요.

이 과정에서 이들은 과거 요셉이 겪은 일을 역으로 체험하게 된 셈이었습니다. 요셉은 보디발의 아내와 관련해서 자신이 저지르지도 않은 일로 감옥에 갇히는 고초를 겪었기 때문입니다. 나중에 이 일에 대해 알게 된다면 형제들은 자기들의 경험으로 비추어 봐도 요셉이 얼마나 기가 막힌 일을 감수하면서 성숙해졌는지 생각해보게 되었을 겁니다. 그런 까닭에 요셉이 베냐민을 곁에 두기 위해 꾸민 일이었지만, 전체적으로 보면 요셉의 지난 고통의 시절을 형제들에게 몸소 겪어보게 하는 의미도 있다고 할 수 있습니다. 이 체험을 통해 요셉의 내면에 한 걸음 더 다가가게 만든 것이나 마찬가지입니다.

그가 말하였다. "그렇다면 좋다. 너희가 말한 대로 하자. 그러나 누구에게 서든지 그것이 나오면, 그 사람만이 우리 주인의 종이 되고, 너희 나머지 사람들에게는 죄가 없다." 그들은 얼른 각자의 자루를 땅에 내려놓고서 풀었다. 관리인이 맏아들의 자루부터 시작하여 막내 아들의 자루까지 뒤지니, 그 잔이 베냐민의 자루에서 나왔다. 이것을 보자, 그들은 슬픔이 북받쳐서 옷을 찢고 울면서, 저마다 나귀에 짐을 다시 싣고, 성으로 되돌아갔다. 창세기 44: 10-13

누가 걸리든 연대책임은 없다고 했지만, 형제들은 베냐민만 놓아두고 집으로 돌아가지는 않았습니다. 아우 요셉을 노예로 팔아버리고 멀쩡하게 귀가했던 옛날과는 달라진 모습이었습니다. 세월이 흐르면서 형제애가 깊어진 겁니다. 요셉이 죽었다고 말하면 아버지 야곱이 비통해할 것은 너무도 당연한데도 그렇게 했던 과거와는 달리, 이들은 이제 노인이 된 아버지의 심정을 헤아릴 수밖에 없었으며 베냐민의 운명을 그런 식으로 방치하지 않았습니다. 이들 역시 철이 들고 성숙해진 겁니다. 특히 유다가 주목됩니다. 아버지 야곱에게 이 모든 일에 대해 목숨을 걸고 책임지겠다고 말한 유다가 최일선에 나섭니다.

유다와 그의 형제들이 요셉의 집에 이르니, 요셉이 아직 거기에 있었다. 그들이 요셉 앞에 나아가서, 땅에 엎드리자, 요셉이 호통을 쳤다. "너희가 어찌하여 이런 일을 저질렀느냐? 나 같은 사람이 점을 쳐서 물건을 찾는 줄을, 너희는 몰랐느냐?" 유다가 대답하였다. "우리가 주인 어른께 무슨 할 말이 있겠습니까? 무슨 변명을 할 수 있겠습니까? 어찌 우리의 죄없음을 밝힐 수 있겠습니까? 하나님이 소인들의 죄를 들추어내셨으니, 우리와 이 잔을 가지고 간 아이가 모두 주인 어른의 종이 되겠습니다." 요셉이 말하였다. "그렇게까지 할 것은 없다. 이 잔을 가지고 있다가 들킨 그 사람만 나의 종이 되고, 나머지는 평안히 너희 아버지께로 돌아가거라." 창세기 44:14-17

유다와 그 형제들은 이 사건에 대해 아무런 변명도 하지 않습니다. 돈 문제가 터졌을 때에는 전후사정이 이러저러하다고 했던 이들이 이번에는 무죄 항변을 미련 없이 포기합니다. 이 일에 대해 "하나님이 소인들의 죄를 들추어내셨으니"라고 말했습니다. 하나님이 일이 이렇게 되도록 정하셨으니 어떻게 해볼 도리가 없다고 여겼겠지요. 은잔이 발견되어 혐의를 쓰게 된 베냐민을 원망하거나 그를 옹호하면서 면죄를 탄원하지도 않았습니다. 베냐민만 떼어놓고 가려 하지도 않았고 모두가 책임을 지고 종이 되겠다는 겁니다. 이에 대해 요셉은 너그럽게 말하는 자처럼 보입니다. 베냐민만 남겨두고 돌아가라고 합니다. 이때는 흉년 두 해째입니다. 그러니 이들이 돌아가야 아버지와 그 일가가 굶지 않습니다. 또한 애초부터 이들 형제 모두를 종으로 삼으려고 했던 생각은 없었습니다.

그러나 이제부터 유다의 길고 긴 탄원이 시작됩니다. 창세기 44장의 절반을 차지할 정도로 비중이 있는 그의 간청입니다. 아우 베냐민이 아버지 야곱에게 어떤 존재인지 절절하게 토로하는데, 그 자신이 이미 엘과 오난이라는 두 아들을 잃은 슬픔을 가진 사람이었습니다. 아들을 잃은 아버지의 마음을 그보다 더 잘 아는 이가 요셉의 형제들 가운데 누가 있겠습니까? 다음은 유다의 명 변론입니다.

유다가 그에게 가까이 가서 간청하였다. "……늙은 아버지가 있고, 그가 늘그막에 얻은 아들 하나가 있는데, 그 아이와 한 어머니에게서 난 그의 친형은 죽고, 그 아이만 있기 때문에, 아버지가 그 아이를 무척이나 사랑한다고 말씀드렸습니다……어른의 종인 소인의 아버지는 '……이 아이마저 나에게서 데리고 갔다가, 이 아이마저 변을 당하기라도 하면, 어찌하겠느냐? 너희는, 백발이 성성한 이 늙은 아버지가, 슬퍼하며 죽어가는 꼴을 보겠다는 거냐?' 하고 걱정하였습니다. 아버지의 목숨과 이 아이의 목숨이 이렇게 얽혀 있습니다. 소인이 어른의 종, 저의 아버지에게 되돌아갈 때에, 우리가 이 아이를 데리고 가지 못하거나, 소인의 아버지가 이 아이가 없는 것을 알면, 소인의 아버지는 곧바로 숨이 넘어가고 말 것입니다. 일이 이렇게 되면, 어른의 종들은 결국, 백발이 성성한 아버지를 슬퍼하며 돌아가시도록 만든 꼴이 되고 맙니다. 어른의 종인 제가 소인의 아버지에게, 그 아이를 안전하게 다시 데리고 오겠다는 책임을 지고 나섰습니다. 만일 이 아이를 아버지에게 다시 데리고 돌아가지 못하면, 소인이 아버지 앞에서 평생 그 죄를 달게 받겠다고 다짐하고 왔습니다. 그러니, 저 아이 대신에 소인을 주인 어른의 종으로 삼아 여기에 머물러 있게 해주시고, 저 아이는 그의 형들과 함께 돌려보내주시기를 바랍니다. 저 아이 없이, 제가 어떻게 아버지의 얼굴을 뵙겠습니까? 그럴 수는 없습니다. 저의 아버지에게 닥칠 불행을, 제가 차마 볼 수 없습니다." 창세기 44: 18-34

유다의 관심사는 무엇보다도 아버지 야곱의 건강이었습니다. 그러고는 대안을 제시합니다. 베냐민 대신 자기가 종이 되는 것으로 이 문제의 책임을 마무리해달라는 겁니다. 연대책임의 문제가 해소되었으나 여전히 베냐민 문제에 대해 자기를 걸고 나서는 유다의 모습은 사랑이 많고 자기 말에 끝까지 책임지는 자의 태도입니다.

유다가 누구입니까? 그는 아버지 야곱을 설득해서 베냐민을 데리고 오게 한 장본인이지요. 맏아들 르우벤이 자기 아들 둘의 목숨을 담보로 베냐민을 이집트로 데려가겠다는 얘기를 꺼냈지만 아버지 야곱의 마음을 움직이는 데에 실패했습니다. 그러나 유다는 자기의 생명을 내놓고 아버지의 심경 변화를 이끌어냈습니다. 그러니만큼 그의 책임은 무겁습니다. 또 하나 기억할 바는 상인들에게 요셉을 팔아 목숨을 건지게 한 사람도 유다라는 사실이지요. 그때 그는 이렇게 말했습니다.

유다가 형제들에게 말하였다. "우리가 동생을 죽이고 그 아이의 피를 덮는다고 해서, 우리가 얻는 것이 무엇이냐? 자, 우리는 그 아이에게 손을 대지는 말고, 차라리 그 아이를 이스마엘 사람들에게 팔아넘기자. 아무래도 그 아이는 우리의 형제요, 우리의 피붙이이다." 형제들은 유다의 말을 따르기로 하였다. 창세기 37: 26-27

형제들도 유다의 말이라면 거역하지 않고 따를 정도로 그는 설득력이 뛰어났습니다. 그가 요셉을 가리켜 "그 아이는 우리 형제요, 우리 피붙이 다"라고 했으니, 요셉은 유다의 탄원에 뜨거운 형제애와 만감이 교차할 수밖에 없었을 겁니다. 며느리 다말과의 사건에서도 유다는 끝까지 책임을 지는 모습을 보였습니다. 다말이 임신한 아이의 아버지가 유다라는 증거를 내밀자 그대로 인정하고 받아들입니다. 치졸한 인물이었다면, 그 증거물은 자신이 다말과 잠자리를 했다는 증거는 되지만 뱃속의 아이가 자기 아이라는 증거는 되지 못한다고 발뺌할 수도 있습니다. 유다는 이런 몇 가지 경우만 보아도 형제애와 효심이 지극하며, 책임도 강하고, 권력자 앞에서 용기 있게 말할 줄도 아는 사람이었습니다. 여기서 주시할 바는 그는 어떻게든 생명을 살리려는 일에 정성을 다하는 사람이라는 점입니다. 유다가 이렇게까지 아버지를 염려하면서 자기를 걸고 말하는데 요셉의 마음이 그대로 있을 수 있었겠습니까? 참고 참았던 눈물이 주체할 수 없이 터지고 맙니다.

요셉이 자신의 신분을 밝히다

요셉은 북받치는 감정을 억누르지 못하고, 자기의 모든 시종들 앞에서 그만 "모두들 물러가라!" 하고 소리쳤다. 주위 사람들을 물러나게 하고, 요셉은 드디어 자기가 누구인지를 형제들에게 밝히고 나서, 한참 동안 울었다. 그 울음 소리가 어찌나 크던지 밖으로 물러난 이집트 사람들에게도 들리고, 바로의 궁에도 들렸다. 창세기 45: 1-2

이제까지는 형제들 앞에서 감정이 차오르면, 잠시 물러나 울거나 했지만 이번에는 형제들 앞에서 내놓고, 한참을 그것도 바로의 궁에까지 들릴 정도로 대성통곡을 합니다.

유다는 은잔 사건에 대해서 논리와 상황을 내세워 논박하지 않았습니다. 물론 증거가 명백한 것처럼 보이는 정황도 있지만, 억울하다, 누군가의 모함이다, 실수로 들어간 것일 거다, 그런 식으로에 접근하지 않았습니다. 자신이 모든 책임을 지겠다고 작정하고 나서서 선처를 호소했습니다. 애초에 이 문제는 그들에게 책임이 있는 것이 아니고 요셉의 계략의 결과였으니, 이 말을 듣고 있는 요셉은 미안한 마음이 들었을 것입니다. 더욱 중요한 것은 오랫동안 느껴보지 못했던 간절한 형제애와 아버지에 대한 사랑이 그의 마음을 뜨겁게 하지 않았을까요? 유다는 논리가 아니라 사랑으로 가슴을 울렸습니다.

돌아보면 요셉은 형들의 허물을 일러바칠 줄이나 알았지 언제 그들과 애틋한 정을 나누어보았습니까? 형들이야 어찌 되든 아버지의 총애를 독차지하는 데에만 정신이 팔려 있었던 아이가 아니었나요? 늙으신 아버지가 동생 베냐민에게 갖는 애착과 사랑이 또한 자신이 옛날에 받았던 그 사랑을 떠올리게 했을 겁니다. 형 유다의 극진한 아버지 사랑과 자신을 희생하는 마음 앞에서 요셉은 더는 자신의 정체를 속일 수 없었습니다. 우리는 자신의 진정성을 거는 이는 상대와 진정으로 만날 수 있음을 또다시 확인하게 됩니다. 이집트의 총리대신의 갑작스러운 행동에 당황했을 형제들에게 요셉은 자기가 누구인지 마침내 밝힙니다.

"내가 요셉입니다! 아버지께서 아직 살아계시다고요?" 요셉이 형제들에

게 이렇게 말하였으나, 놀란 형제들은 어리둥절하여, 요셉 앞에서 입이 얼어붙고 말았다. 창세기 45: 3

형제들은 총리대신 요셉이 자기 정체를 드러내자 반갑기보다는 너무나 놀랍고 두려웠을 겁니다. 과거에 동생 요셉에게 한 짓이 있었으니 말입니다. 요셉은 무엇보다도 아버지의 살아계심에 기쁨을 표시하는데 형들은 이런 요셉에 대해 어떻게 반응을 보여야 좋을지 정신을 차리지 못했습니다. 요셉은 형제들이 자신에게 다가서기 어려울 것이라고 여기고 곁으로 불러들입니다. 그러고는 이 모든 사건이 하나님께서 이루어내신 결과라고 고백합니다. 원한이나 책임을 따지는 것이 아니라 하나님의 섭리와 계획이라는 관점에서 이 모든 일을 바라보라는 겁니다. 자신이 이집트에 노예로 팔려 온 까닭도 하늘의 뜻이 있었다는 이야기입니다. 요셉의 고백은 모두의 마음을 평안케 할 뿐만 아니라, 하나님이 세우신 계획과 목적에 눈뜨게 하는 깨우침이라고 할 수 있습니다.

"이리 가까이 오십시오" 하고 요셉이 형제들에게 말하니, 그제야 그들이 요셉 앞으로 다가왔다. "내가 형님들이 이집트로 팔아 넘긴 그 아우입니다. 그러나 이제는 걱정하지 마십시오. 자책하지도 마십시오. 형님들이 나를 이곳에 팔아 넘기긴 하였습니다만, 그것은 하나님이, 형님들보다 앞서서 나를 여기에 보내셔서, 우리의 목숨을 살려주시려고 그렇게 하신 것입니다. 이 땅에 흉년이 든 지 이태가 됩니다. 앞으로도 다섯 해 동안은, 밭을 갈지도 못하고, 거두지도 못합니다. 하나님이 나를 형님들보다 앞서서 보내신 것은, 하나님이 크나큰 구원을 베푸셔서 형님들의 목숨을 지켜주시는 것이고, 또 형님들의 자손을 이 세상에 살아남게 하시려는 것입니다. 그러므로 실제로 나를 이리로 보낸 것은, 형님들이 아니라, 하나님이십니다. 하나님이 나를 이리로 보내셔서, 바로의 아버지가 되게 하시고, 바로의 온 집안의 최고의 어른이 되게 하시고, 이집트 온 땅의 통치자로 세우신 것입니다." 창세기 45: 4-8

섭리 안에서 상봉하다

요셉은 아주 명료하게 말하고 있습니다. 자신을 고통에 몰아넣은 형들의 행위가 사실로 존재하긴 했지만 그 안에 관통하고 있는 하나님의 섭리는 사람의 의도와는 다른 열매를 맺었다는 겁니다. 그래서 요셉은 이렇게 말하고 있지 않습니까? "형님들이 나를 이곳에 팔아넘기긴 하였습니다만, 그것은 하나님이, 형님들보다 앞서서 나를 여기에 보내셔서, 우리의 목숨을 살려주시려고 그렇게 하신 것입니다." 그동안의 일은 모두 궁극적으로 '생명의 구원'에 목적이 있었다는 거지요. 요셉이 이집트로 흘러들어오게 된 것도 하나님이 배후에 작용하셔서 이루어진 사건이라고 강조하고 있습니다. 그는 이 사건의 숨은 주역이 하나님이심을 분명하게 증언하고자 "그러므로 실제로 나를 이리로 보낸 것은, 형님들이 아니라, 하나님이십니다"라고 말합니다. 그리고 나서 요셉은 아버지를 비롯한 가족 모두를 챙깁니다. 흉년의 때가 이제 이 년이 지나고 있고 아직 오 년의 힘든 시기가 남았기 때문이었습니다.

"이제 곧 아버지께로 가서서, 아버지의 아들 요셉이 하는 말이라고 하시고, 이렇게 말씀을 드려주십시오. '하나님이 저를 이집트 온 나라의 주권자로 삼으셨습니다. 아버지께서는 지체하지 마시고, 저에게로 내려오시기 바랍니다. 아버지께서는 고센 지역에 사시면서, 저와 가까이 계실 수 있습니다. 아버지께서는 아버지의 여러 아들과 손자를 거느리고, 양과 소와 모든 재산을 가지고 오시기 바랍니다. 흉년이 아직 다섯 해나 더 계속됩니다. 제가 여기에서 아버지를 모시겠습니다. 아버지와 아버지의 집안과 아버지께 딸린 모든 식구들이 아쉬울 것이 없도록 해드리겠습니다' 하고 여쭈십시오. 지금 형님들에게 말을 하고 있는 것이 이 요셉임을 형님들이 직접 보고 계시고, 나의 아우 베냐민도 자기의 눈으로 보고 있습니다. 형님들은, 내가 이집트에서 누리고 있는 이 영화와 형님들이 보신 모든 것을, 아버지께 다 말씀드리고, 빨리 모시고 내려오십시오." ^{창세기 45: 9-13}

요셉은 이제 가족 모두를 포용하고 있습니다. 애초에 베냐민만 곁에 두려고 계략을 썼고, 나머지는 "집에 돌아가라"고 했는데 이제는 "다 와서 사십시오"로 말이 바뀌었습니다. 그러니 하나님이 형들보다 먼저 자기를 이곳에 보내 모두의 목숨을 살리려 하셨다는 고백이 그대로 현실이 되고 있음을 봅니다. 돌연 감동과 감사가 충만해지고, 긴장했던 형제들 역시 마음을 놓았을 겁니다. 마침내 형제의 뜨거운 정이 샘솟는 순간이 왔습니다.

요셉이 자기 아우 베냐민의 목을 얼싸안고 우니, 베냐민도 울면서, 요셉의 목에 매달렸다. 요셉이 형들과도 하나하나 다 입을 맞추고, 부둥켜 안고 울었다. 그제야, 요셉의 형들이 요셉과 말을 주고받았다. ^{창세기 45: 14-15}

전에는 요셉만이 일방적으로 눈물을 흘렸지만 지금은 베냐민을 비롯해서 모든 형제가 서로 부둥켜안으면서 눈물을 흘립니다. 요셉은 대제국 이집트의 총리대신이기도 했지만 국제적으로도 뭇 나라 백성들이 그의 결정에 삶이 좌우되는 상황이었으니 만천하의 권력자라고 할 수 있습니다. 그런 그가 눈물을 흘리며 형제들과 진심을 털어놓는 모습은 그의 인간됨을 여실히 보여줍니다. 그는 자신의 높은 지위에 거만하게 행동하지 않고 믿음의 사람으로서의 순수함을 지켜내는 데 성공했습니다. 그런 태도가 가능했던 것은 지위와 권력이란 자기가 성취한 것이 아니라 하나님이 주신 것임을 알고 있었기 때문입니다. 그래서 요셉은 겸손하고 훌륭하게 현실에 대처할 수 있었지요.

적지 않은 사람들이 권좌에 앉으면 인간적 순수함이나 겸손을 잃기 쉬운데 요셉은 자신의 진실함을 지켰습니다. 만일 그렇지 않았다면 그 오랜 세월이 지나고 형제를 만났어도 그런 눈물을 흘릴 수 없었고, 가난한 혈족이 도움을 구하면 멀리했을 겁니다. 온 세상에 내놓고 이들이 자기 형제라고 말하기도 어렵게 됩니다. 그런데 요셉은 이들을 따뜻하게 맞이하고, 영적으로 거듭난 인간성을 그대로 드러냈습니다.

생명의 축제

한편, 제국의 왕 바로는 요셉의 가족 소식을 듣자 이들에게 최고의 대접을 약속합니다. 가장 좋은 땅을 확약하고, 편안히 오게 하려고 수레를 보낼 뿐만 아니라, 필요한 모든 것을 보장합니다. 요셉이 이집트 제국에 미친 은혜가 얼마나 컸는지를 알 수 있는 대목이지요. 요셉의 형제들은 소년 시절 요셉이 눈엣가시였으나, 이제 하나님의 사람이 된 요셉으로 인해 덩달아 복을 받게 되었으니, 하나님의 축복은 이렇게 한 사람의 존재가 모두의 복이 되는 감격이라고 할 수 있습니다. 주목할 대목은 요셉이 아무리 원해도 제왕 바로가 제동을 걸면 하기 어려운데, 요셉이 원하는 것 이상을 그가 약속하고 지원해주고자 합니다.

요셉의 형제들이 왔다는 소문이 바로의 궁에 전해지자, 바로와 그의 신하들이 기뻐하였다. 바로가 요셉에게 말하였다. "그대의 형제들에게 나의 말을 전하시오. 짐승들의 등에 짐을 싣고, 가나안 땅으로 돌아가서, 그대의 부친과 가족을 내가 있는 곳으로 모시고 오게 하시오. 이집트에서 가장 좋은 땅을 드릴 터이니, 그 기름진 땅에서 나는 것을 누리면서 살 수 있다고 이르시오. 그대는 또 이렇게 나의 말을 전하시오. 어린 것들과 부인들을 태우고 와야 하니, 수레도 이집트에서 여러 대를 가지고 올라가도록 하시오. 그대의 아버지도 모셔오도록 하시오. 이집트 온 땅 가운데서도 가장 좋은 땅이 그들의 것이 될 터이니, 가지고 있는 물건들은 미련없이 버리고 오라고 하시오."

창세기 45: 16-20

이제 요셉의 형들은 자신들이 생각한 것과는 전혀 다른 현실을 경험하고 집으로 돌아갑니다. 떠날 때에는 베냐민을 데리고 올 수 있도록 아버지 야곱을 설득하는 일이 그렇게 어려웠고, 집으로 돌아가는 길에는 졸지에 총리대신의 은잔을 훔친 혐의까지 받는 불운한 상황에 몰렸지요. 그러나 이제 더 이상 바랄 것이 없을 정도가 되었습니다. 이들의 처지도 이전과는 달라졌습니다. 요셉의 형제들은 대제국 제왕의 보증과 지원을 듬뿍 받으면서 아버지에게로 돌아갑니다. 하나님의 역사는 그렇게 모두를 생명의 길로 이끄시는 은총입니다.

요셉은 아버지와 베냐민에게 특별한 배려를 하면서 형들에게는 더 이상 서로 비난하고 책임을 전가하는 일은 없어야 한다고 당부합니다. 이모든 것은 사람의 계획과 궁리를 넘어서시는 하나님의 뜻 안에서 이루어진 생명의 열매인 까닭입니다.

이스라엘의 아들들은, 바로가 하라는 대로 하였다. 요셉은, 바로가 명령한 대로, 그들에게 수레를 여러 대 내주고, 여행길에 먹을 것도 마련하여주었다. 또 그들에게 새 옷을 한 벌씩 주고, 베냐민에게는 특히 은돈 삼백 세겔과 옷 다섯 벌을 주었다. 요셉은 아버지에게 드릴 또 다른 예물을 마련하였다. 이집트에서 나는 귀한 물건을 수나귀 열 마리에 나누어 싣고, 아버지가 이집트로 오는 길에 필요한 곡식과 빵과 다른 먹을거리는 암나귀 열 마리에 나누어 실었다. 요셉은 자기 형제들을 돌려보냈다. 그들과 헤어지면서, 요셉은 "가시는 길에 서로들 탓하지 마십시오" 하고 형들에게 당부하였다. 창세기 45: 21-24

요셉의 형들은 이렇게 해서 안전하게 귀환했습니다.

그들은 이집트에서 나와 가나안 땅으로 들어가서, 아버지 야곱에게 이르렀다. 그들이 야곱에게 말하였다. "요셉이 지금까지 살아 있습니다. 이집트 온 나라를 다스리는 총리가 되었습니다." 이 말을 듣고서, 야곱은 정신이 나간 듯 어리벙벙하여 그 말을 곧이들을 수가 없었다. 그러나 요셉이 한 말을 아들들에게서 모두 전해듣고, 또한 요셉이 자기를 데려오라고 보낸 그 수레들을 보고 나서야, 아버지 야곱은 비로소 제정신이 들었다. "이제는 죽어도 한이 없다. 나의 아들 요셉이 아직 살아 있다니! 암, 가고말고! 내가 죽기 전에 그 아이를 보아야지!" 하고 이스라엘은 중얼거렸다. 창세기 45: 25-28

　여기에서 아들들은 아버지에게 두 가지를 고합니다. 첫째는 요셉이 지금껏 살아 있다는 것과, 둘째 이집트 온 나라를 다스리는 총리가 되었다는 것입니다. 이 말에 놀라 어안이 벙벙해졌다가 겨우 정신을 차린 야곱은 기쁜 마음을 가눌 길이 없어 당장 요셉에게로 가겠다고 합니다. 그가 중얼거렸다는 대목이 인상적입니다. 늙은 아버지의 감격이 눈에 선합니다. 야곱에게는 이미 세상을 떠난 줄로만 알았던 요셉이 목숨을 부지하고 여전히 살아 있다는 그 사실 자체만이 최대의 관심사입니다. 야곱은 "아니, 그 애가 저 강대한 제국의 총리대신이 되다니"라는 말을 한 마디도 하지 않습니다. 요셉이 지금 어떤 위치에 있는가가 중요한 것이 아니라, 살아 있다는 사실만이 중요합니다.

　야곱도 한때 집에서 나와 외삼촌 라반의 집에서 오랜 세월을 종처럼 지내다가 가족들과 함께 고향으로 돌아왔던 시절이 있었건만, 그의 아들 요셉은 노예로 지냈다가 출중한 인물이 되어 한 국가와 역사를 책임지는 빛나는 존재로 선 것입니다. 긴 이별이 이제 더할 나위 없이 감격스러운 재회로 이어집니다. 그렇게 오랫동안 떨어져 있었던 세월이 헛되지 않았습니다. 우리가 미처 그 의미를 몰랐을 뿐, 하나님의 계획은 하나하나 이루어져가고 있었습니다.

　요셉의 이야기는 여전히 계속됩니다. 이 이야기는 미력했던 한 개인이 권력의 정점에 오른 단순한 출세기가 결코 아닙니다. 하나님의 뜻에 따라 살아온 존재가 무수한 사람들에게 생명의 기력이 된 사건에 대한 성서의 증언입니다. 그런 존재답게 요셉은 오래 전 그의 삶에 고통을 주었던 형제들에게 하나님의 섭리 속에 이루어진 생명의 힘을 나누어줍니다. 자기의 권세를 내세워서 으스대지 않고, 진솔한 한 인간으로 돌아가서 형제애를 나누는 사람이 된 겁니다.

하나님의 사람은 바로 이렇습니다. 조금 형편이 나아졌다고 뻐기지 않고 조금 높은 자리에 올랐다고 자랑하지 않으며 다른 사람을 무시하지 않습니다. 한때 깊이 사귀었던 소중한 사람들을 결코 잊지 않고 원한이 졌던 사람들까지 품는 큰 나무가 됩니다. 하나님의 사람이 세상에 복이 되는 까닭이 여기에 있습니다. 그는 언제 어디에서나 고달픈 삶에 지쳐 있는 이들을 위해 '생명의 축제'를 마련합니다. 어느 시대이든, 이런 복된 자의 출현을 손꼽아 기다리고 있습니다. 그 능력의 사람이 우리 자신일 수 있다면 얼마나 기쁘고 감사하겠습니까? 그런 생명의 힘은 거대한 목표를 꿈꾸는 사람에게서만 나오는 것이 아닙니다. 지금 이 삶의 자리에서 사랑을 구체적으로 실천하고 나누는 마음에서 비롯됩니다. 그런 기운이 도는 곳이라면 우리는 언제든 뜨거운 마음으로 기쁘게 만날 수 있을 것입니다.

43

¹⁵ 사람들은 선물을 꾸리고, 돈도 갑절을 지니고, 베냐민을 데리고 급히 이집트로 가서, 요셉 앞에 섰다. ¹⁶ 요셉은, 베냐민이 그들과 함께 온 것을 보고서, 자기 집 관리인에게 말하였다. "이 사람들을 집으로 데리고 가거라. 짐승을 잡고, 밥상도 준비하여라. 이 사람들은 나와 함께 점심을 먹을 것이다." ¹⁷ 요셉이 말한 대로, 관리인이 그 사람들을 요셉의 집으로 안내하였다.

¹⁸ 그 사람들은 요셉의 집으로 안내를 받아 들어가면서, 겁이 났다. 그들은 "지난 번에 여기에 왔을 적에, 우리가 낸 돈이, 알지도 못하는 사이에 우리의 자루 속에 담겨서 되돌아왔는데, 그 돈 때문에 우리가 이리로 끌려온다. 그 일로 그가 우리에게 달려들어서, 우리의 나귀를 빼앗고, 우리를 노예로 삼으려는 것이 틀림없다" 하고 걱정하였다. ¹⁹ 그래서 그들은 요셉의 집 문 앞에 이르렀을 때에, 요셉의 집 관리인에게 가서 물었다.

²⁰ "우리는 지난번에 여기에서 곡식을 사간 일이 있습니다. ²¹ 하룻밤 묵어갈 곳에 이르러서 자루를 풀다가, 우리가 치른 돈이, 액수 그대로, 우리 각자의 자루 아귀 안에 고스란히 들어 있는 것을 보았습니다. 그래서 우리가 그것을 다시 가지고 왔습니다. ²² 또 우리는 곡식을 살 돈도 따로 더 가지고 왔습니다. 우리는, 누가 그 돈을 우리의 자루 속에 넣었는지 모릅니다." ²³ 그 관리인이 말하였다.

"그동안 별고 없으셨는지요? 걱정하지 마십시오. 댁들을 돌보시는 하나님, 댁들의 조상을 돌보신 그 하나님이 그 자루에 보물을 넣어주신 것입니다. 나는 댁들이 낸 돈을 받았습니다." 이렇게 말하면서, 관리인은 시므온을 그들에게로 데리고 왔다. ²⁴ 관리인은 그 사람들을 요셉의 집 안으로 안내하고서, 발 씻을 물도 주고, 그들이 끌고 온 나귀에게도 먹이를 주었다. ²⁵ 그들은 거기에서 밥을 먹게 된다는 말을 들었으므로, 정오에 올 요셉을 기다리면서, 장만해 온 선물을 정돈하고 있었다.

²⁶ 요셉이 집으로 오니, 그들은 집 안으로 가지고 들어온 선물을 요셉 앞에 내놓고, 땅에 엎드려 절을 하였다. ²⁷ 요셉은 그들의 안부를 묻고 난 다음에 "전에 그대들이 나에게 말한 그 연세 많으신 아버지도 안녕하시오? 그분이 아직도 살아계시오?" 하고 물었다. ²⁸ 그들은 "총리 어른의 종인 소인들의 아버지는 지금도 살아 있고, 평안합니다" 하고 대답하면서, 몸을 굽혀서 절을 하였다. ²⁹ 요셉이 둘러보다가, 자기의 친어머니의 아들, 친동생 베냐민을 보면서 "이 아이가 지난번에 그대들이 나에게 말한 바로 그 막내 아우요?" 하고 물었다. 그러면서 그는 "귀엽구나! 하나님이 너에게 복 주시기를 빈다" 하고 말하였다. ³⁰ 요셉은 자기 친동생을 보다가, 마구 치밀어 오르는 형제의 정을 누르지 못하여, 급히 울 곳을 찾아 자기의

방으로 들어가서, 한참 동안 울고, ³¹ 얼굴을 씻고, 도로 나와서, 그 정을 누르면서 "밥상을 차려라" 하고 명령하였다. ³² 밥상을 차리는 사람들은 요셉에게 상을 따로 차려서 올리고, 그의 형제들에게도 따로 차리고, 요셉의 집에서 먹고 사는 이집트 사람들에게도 따로 차렸다. 이집트 사람들은, 히브리 사람들과 같은 상에서 먹으면 부정을 탄다고 생각하기 때문에, 상을 같이 차리지 않은 것이다. ³³ 요셉의 형제들은 안내를 받아가며, 요셉 앞에 앉았는데, 앉고 보니, 맏아들로부터 막내 아들에 이르기까지 나이 순서를 따라서 앉게 되었다. 그 사람들은 어리둥절하면서 서로 쳐다보았다. ³⁴ 각 사람이 먹을 것은, 요셉의 상에서 날라다 주었는데, 베냐민에게는 다른 사람보다 다섯 몫이나 더 주었다. 그들은 요셉과 함께 취하도록 마셨다.

44 ¹ 요셉이 집 관리인에게 명령하였다. "저 사람들이 가지고 갈 수 있을 만큼 많이, 자루에 곡식을 담아라. 그들이 가지고 온 돈도 각 사람의 자루 아귀에 넣어라. ² 그리고 어린 아이의 자루에다가는, 곡식 값으로 가지고 온 돈과 내가 쓰는 은잔을 함께 넣어라." 관리인은 요셉이 명령한 대로 하였다.

³ 다음날 동이 틀 무렵에, 그들은 나귀를 이끌고 길을 나섰다. ⁴ 그들이 아직 그 성읍에서 얼마 가지 않았을 때에, 요셉이 자기 집 관리인에게 말하였다. "빨리 저 사람들의 뒤를 쫓아가거라. 그들을 따라잡거든, 그들에게 '너희는 왜 선을 악으로 갚느냐? ⁵ 어찌하려고 은잔을 훔쳐 가느냐? 그것은 우리 주인께서 마실 때에 쓰는 잔이요, 점을 치실 때에 쓰는 잔인 줄 몰랐느냐? 너희가 이런 일을 저지르다니, 매우 고약하구나!' 하고 호통을 쳐라." ⁶ 관리인이 그들을 따라잡고서, 요셉이 시킨 말을 그들에게 그대로 하면서, 호통을 쳤다.

⁷ 그러자 그들이 그에게 말하였다. "어찌하여 그런 말씀을 하십니까? 소인들 가운데는 그런 일을 저지를 사람이 하나도 없습니다. ⁸ 지난번 자루 아귀에서 나온 돈을 되돌려 드리려고, 가나안 땅에서 여기까지 가지고 오지 않았습니까? 그런데 어떻게 우리가 그대의 상전 댁에 있는 은이나 금을 훔친다는 말입니까? ⁹ 소인들 가운데서 어느 누구에게서라도 그것이 나오면, 그를 죽여도 좋습니다. 그리고 나머지 우리는 주인의 종이 되겠습니다." ¹⁰ 그가 말하였다. "그렇다면 좋다. 너희가 말한 대로 하자. 그러나 누구에게서든지 그것이 나오면, 그 사람만이 우리 주인의 종이 되고, 너희 나머지 사람들에게는 죄가 없다." ¹¹ 그들은 얼른 각자의 자루를 땅에 내려놓고서 풀었다. ¹² 관리인이 맏아들의 자루부터 시작하여 막내 아들의

자루까지 뒤지니, 그 잔이 베냐민의
자루에서 나왔다. ¹³ 이것을 보자, 그들은
슬픔이 북받쳐서 옷을 찢고 울면서,
저마다 나귀에 짐을 다시 싣고, 성으로
되돌아갔다. ¹⁴ 유다와 그의 형제들이
요셉의 집에 이르니, 요셉이 아직 거기에
있었다. 그들이 요셉 앞에 나아가서, 땅에
엎드리자, ¹⁵ 요셉이 호통을 쳤다. "너희가
어찌하여 이런 일을 저질렀느냐?
나 같은 사람이 점을 쳐서 물건을 찾는
줄을, 너희는 몰랐느냐?" ¹⁶ 유다가
대답하였다. "우리가 주인 어른께 무슨 할
말이 있겠습니까? 무슨 변명을 할 수
있겠습니까? 어찌 우리의 죄없음을 밝힐
수 있겠습니까? 하나님이 소인들의 죄를
들추어내셨으니, 우리와 이 잔을 가지고
간 아이가 모두 주인 어른의 종이
되겠습니다." ¹⁷ 요셉이 말하였다.
"그렇게까지 할 것은 없다. 이 잔을
가지고 있다가 들킨 그 사람만 나의 종이
되고, 나머지는 평안히 너희 아버지께로
돌아가거라." ¹⁸ 유다가 그에게 가까이
가서 간청하였다. "이 종이
주인 어른께 감히 한 말씀 드리는 것을
용서하여주시기 바랍니다. 어른께서는
바로와 꼭 같은 분이시니, 이 종에게 너무
노여워하지 마시기 바랍니다. ¹⁹ 이전에
어른께서는 종들에게, 아버지나 아우가
있느냐고 물으셨습니다. ²⁰ 그때에
종들은, 늙은 아버지가 있고, 그가
늘그막에 얻은 아들 하나가 있는데,
그 아이와 한 어머니에게서 난 그의

친형은 죽고, 그 아이만 있기 때문에,
아버지가 그 아이를 무척이나 사랑한다고
말씀드렸습니다. ²¹ 그때에 어른께서는
종들에게 말씀하시기를, 어른께서 그
아이를 직접 만나보시겠다고, 데리고
오라고 하셨습니다. ²² 그래서 종들이
어른께, 그 아이는 제 아버지를 떠날 수
없으며, 그 아이가 아버지 곁을 떠나면,
아버지가 돌아가실 것이라고
말씀드렸습니다. ²³ 그러나 어른께서는
이 종들에게, 그 막내 아우를 데리고 오지
않으면, 어른의 얼굴을 다시는 못 볼
것이라고 말씀하셨습니다. ²⁴ 그래서
종들은 어른의 종인 저의 아버지에게
가서, 어른께서 하신 말씀을 다
전하였습니다. ²⁵ 얼마 뒤에 종들의
아버지가 종들에게, 다시 가서
먹을거리를 조금 사오라고 하였습니다만,
²⁶ 종들은, 막내 아우를 우리와 함께
보내시면 가겠지만, 그렇지 않으면 갈
수도 없고 그분 얼굴을 뵐 수도 없다고
말했습니다. ²⁷ 그러나 어른의 종인
소인의 아버지는 이 종들에게 '너희도
알지 않느냐? 이 아이의 어머니가 낳은
자식이 둘뿐인데, ²⁸ 한 아이는 나가더니,
돌아오지 않는다. 사나운 짐승에게 변을
당한 것이 틀림없다. 그 뒤로 나는 그
아이를 볼 수 없다. ²⁹ 그런데 너희가
이 아이마저 나에게서 데리고 갔다가,
이 아이마저 변을 당하기라도 하면,
어찌하겠느냐? 너희는, 백발이 성성한
이 늙은 아버지가, 슬퍼하며 죽어가는

꼴을 보겠다는 거냐?' 하고 걱정하였습니다. 30 아버지의 목숨과 이 아이의 목숨이 이렇게 얽혀 있습니다. 소인이 어른의 종, 저의 아버지에게 되돌아갈 때에, 우리가 이 아이를 데리고 가지 못하거나, 31 소인의 아버지가 이 아이가 없는 것을 알면, 소인의 아버지는 곧바로 숨이 넘어가고 말 것입니다. 일이 이렇게 되면, 어른의 종들은 결국, 백발이 성성한 아버지를 슬퍼하며 돌아가시도록 만든 꼴이 되고 맙니다. 32 어른의 종인 제가 소인의 아버지에게, 그 아이를 안전하게 다시 데리고 오겠다는 책임을 지고 나섰습니다. 만일 이 아이를 아버지에게 다시 데리고 돌아가지 못하면, 소인이 아버지 앞에서 평생 그 죄를 달게 받겠다고 다짐하고 왔습니다. 33 그러니, 저 아이 대신에 소인을 주인 어른의 종으로 삼아 여기에 머물러 있게 해주시고, 저 아이는 그의 형들과 함께 돌려보내주시기를 바랍니다. 34 저 아이 없이, 제가 어떻게 아버지의 얼굴을 뵙겠습니까? 그럴 수는 없습니다. 저의 아버지에게 닥칠 불행을, 제가 차마 볼 수 없습니다."

45 ¹ 요셉은 북받치는 감정을 억누르지 못하고, 자기의 모든 시종들 앞에서 그만 "모두들 물러가라!" 하고 소리쳤다. 주위 사람들을 물러나게 하고, 요셉은 드디어 자기가 누구인지를 형제들에게 밝히고 나서, ² 한참 동안 울었다. 그 울음 소리가 어찌나 큰지 밖으로 물러난 이집트 사람들에게도 들리고, 바로의 궁에도 들렸다.

³ "내가 요셉입니다! 아버지께서 아직 살아계시다고요?" 요셉이 형제들에게 이렇게 말하였으나, 놀란 형제들은 어리둥절하여, 요셉 앞에서 입이 얼어붙고 말았다. ⁴ "이리 가까이 오십시오" 하고 요셉이 형제들에게 말하니, 그제야 그들이 요셉 앞으로 다가왔다. "내가 형님들이 이집트로 팔아 넘긴 그 아우입니다. ⁵ 그러나 이제는 걱정하지 마십시오. 자책하지도 마십시오. 형님들이 나를 이곳에 팔아 넘기긴 하였습니다만, 그것은 하나님이, 형님들보다 앞서서 나를 여기에 보내셔서, 우리의 목숨을 살려주시려고 그렇게 하신 것입니다. ⁶ 이 땅에 흉년이 든 지 이태가 됩니다. 앞으로도 다섯 해 동안은, 밭을 갈지도 못하고, 거두지도 못합니다. ⁷ 하나님이 나를 형님들보다 앞서서 보내신 것은, 하나님이 크나큰 구원을 베푸셔서 형님들의 목숨을 지켜주시는 것이고, 또 형님들의 자손을 이 세상에 살아남게 하시려는 것입니다. ⁸ 그러므로 실제로 나를 이리로 보낸 것은, 형님들이 아니라, 하나님이십니다. 하나님이 나를 이리로 보내셔서, 바로의 아버지가 되게 하시고, 바로의 온 집안의

최고의 어른이 되게 하시고, 이집트 온 땅의 통치자로 세우신 것입니다. 9 이제 곧 아버지께로 가서서, 아버지의 아들 요셉이 하는 말이라고 하시고, 이렇게 말씀을 드려주십시오. '하나님이 저를 이집트 온 나라의 주권자로 삼으셨습니다. 아버지께서는 지체하지 마시고, 저에게로 내려오시기 바랍니다. 10 아버지께서는 고센 지역에 사시면서, 저와 가까이 계실 수 있습니다. 아버지께서는 아버지의 여러 아들과 손자를 거느리시고, 양과 소와 모든 재산을 가지고 오시기 바랍니다. 11 흉년이 아직 다섯 해나 더 계속됩니다. 제가 여기에서 아버지를 모시겠습니다. 아버지와 아버지의 집안과 아버지께 딸린 모든 식구들이 아쉬울 것이 없도록 해드리겠습니다' 하고 여쭈십시오. 12 지금 형님들에게 말을 하고 있는 것이 이 요셉임을 형님들이 직접 보고 계시고, 나의 아우 베냐민도 자기의 눈으로 보고 있습니다. 13 형님들은, 내가 이집트에서 누리고 있는 이 영화와 형님들이 보신 모든 것을, 아버지께 다 말씀드리고, 빨리 모시고 내려오십시오." 14 요셉이 자기 아우 베냐민의 목을 얼싸안고 우니, 베냐민도 울면서, 요셉의 목에 매달렸다. 15 요셉이 형들과도 하나하나 다 입을 맞추고, 부둥켜 안고 울었다. 그제야, 요셉의 형들이 요셉과 말을 주고받았다. 16 요셉의 형제들이 왔다는 소문이 바로의 궁에 전해지자, 바로와 그의 신하들이 기뻐하였다. 17 바로가 요셉에게 말하였다. "그대의 형제들에게 나의 말을 전하시오. 짐승들의 등에 짐을 싣고, 가나안 땅으로 돌아가서, 18 그대의 부친과 가족을 내가 있는 곳으로 모시고 오게 하시오. 이집트에서 가장 좋은 땅을 드릴 터이니, 그 기름진 땅에서 나는 것을 누리면서 살 수 있다고 이르시오.

19 그대는 또 이렇게 나의 말을 전하시오. 어린 것들과 부인들을 태우고 와야 하니, 수레도 이집트에서 여러 대를 가지고 올라가도록 하시오. 그대의 아버지도 모셔 오도록 하시오. 20 이집트 온 땅 가운데서도 가장 좋은 땅이 그들의 것이 될 터이니, 가지고 있는 물건들은 미련없이 버리고 오라고 하시오."

21 이스라엘의 아들들은, 바로가 하라는 대로 하였다. 요셉은, 바로가 명령한 대로, 그들에게 수레를 여러 대 내주고, 여행길에 먹을 것도 마련하여주었다. 22 또 그들에게 새 옷을 한 벌씩 주고, 베냐민에게는 특히 은돈 삼백 세겔과 옷 다섯 벌을 주었다. 23 요셉은 아버지에게 드릴 또 다른 예물을 마련하였다. 이집트에서 나는 귀한 물건을 수나귀 열 마리에 나누어 싣고, 아버지가 이집트로 오는 길에 필요한 곡식과 빵과 다른 먹을거리는 암나귀 열 마리에 나누어 실었다. 24 요셉은 자기 형제들을 돌려보냈다. 그들과 헤어지면서, 요셉은 "가시는 길에 서로를 탓하지 마십시오" 하고 형들에게 당부하였다. 25 그들은

이집트에서 나와 가나안 땅으로
들어가서, 아버지 야곱에게 이르렀다.
²⁶ 그들이 야곱에게 말하였다. "요셉이
지금까지 살아 있습니다. 이집트 온
나라를 다스리는 총리가 되었습니다."
이 말을 듣고서, 야곱은 정신이 나간 듯
어리벙벙하여 그 말을 곧이들을 수가
없었다. ²⁷ 그러나 요셉이 한 말을
아들들에게서 모두 전해듣고, 또한
요셉이 자기를 데려오라고 보낸
그 수레들을 보고 나서야, 아버지 야곱은
비로소 제정신이 들었다. ²⁸ "이제는
죽어도 한이 없다. 나의 아들 요셉이
아직 살아 있다니! 암, 가고말고! 내가
죽기 전에 그 아이를 보아야지!" 하고
이스라엘은 중얼거렸다.

39 이집트 정착의 새로운 역사

창세기 46장, 47장

요셉에게로 가는 야곱 일가

어려운 시절에 살 길이 열린다면 감사한 일입니다. 그런데 그 살 길을 제대로 관리하지 못하면 다시 문제가 생길 수 있습니다. 상대의 선의에 기대어 살아갈 방도를 마련하게 되었을 때도 지혜가 필요합니다. 그렇지 않으면 그 선의는 변할 수 있습니다. 고난의 시절을 꾸려나가는 방식도 단지 생존에 허덕이는 과정이 되어서는 안 됩니다. 새로운 삶을 꾸려나 간다는 의미를 가질 때 창조적인 역사가 펼쳐질 수 있습니다. 요셉은 이 모든 것을 현명하게 감당하는 모습을 우리에게 보여줍니다.

흉년이 온 것 자체는 고통이었지만 그것은 대안이 마련되어 있는 사건 이었습니다. 다름 아닌 요셉의 존재 자체가 대안이었습니다. 이제 요셉 은 아버지와 일가 전체를 이집트의 풍요한 땅에서 함께 지내기 위해 초 청합니다. 추방당했던 자가, 오히려 자신을 추방했던 이들을 초청하게 되는 역전의 상황이 이루어진 거지요. 과거의 원한은 사라지고, 새로운 관계를 쌓아나가는 일만 이들에게 남겨진 겁니다.

초청을 하는 과정에서 요셉은 바로의 허락을 먼저 구하지 않았습니다. 성서는 요셉이 먼저 가족 초청을 제안하기는 하지만, 바로가 또한 독자적으로 초청에 필요한 모든 것들을 챙겨주는 모습을 그리고 있습니다. 자칫 이방인 출신의 총리가 자기 식구 챙기는 모습이 될 수 있는 이 사건은 바로의 초청으로 더욱 빛이 났고, 여기에 소용되는 일체의 지원이 국가 차원에서 투여되었습니다. 흉년은 아직 오 년이나 더 계속될 상황이었으니 야곱 가문은 이로써 미래에 대한 보장을 얻게 된 셈입니다. 식량이 떨어질 때마다 번거롭게 사러 오거나 또는 구걸하지 않아도 되었지요.

이제 야곱은 일가를 거느리고 길을 떠나게 됩니다. 가는 도중에 야곱은 브엘세바에서 희생제사를 드립니다. 마냥 흥분하고 들떠서 가는 모습이 아닙니다. 무엇보다도 하나님과 동행하는 길이 되어야 하지요.

이스라엘이 식구를 거느리고, 그의 모든 재산을 챙겨서, 길을 떠났다. 브엘세바에 이르렀을 때에, 그는 아버지 이삭의 하나님께 희생제사를 드렸다. 밤에 하나님이 환상 가운데서 "야곱아, 야곱아!" 하고 이스라엘을 부르셨다. 야곱은 "제가 여기 있습니다!" 하고 대답하였다. 하나님이 말씀하셨다. "나는 하나님, 곧 너의 아버지의 하나님이다. 이집트로 내려가는 것을 두려워하지 말아라. 내가 거기에서 너를 큰 민족이 되게 하고, 나도 너와 함께 이집트로 내려갔다가, 내가 반드시 너를 거기에서 데리고 나오겠다. 요셉이 너의 눈을 직접 감길 것이다." 창세기 46: 1-4

야곱은 아들을 만나러 가는 길이기는 하지만 장차 어떤 일들이 일어날지 구체적으로 알 수 없습니다. 인간은 미래를 계획하고 전망은 할 수 있어도 그 이상의 목표를 이루어내는 힘은 하나님에게서 나옵니다. 그 힘이 없으면 가는 길이 평탄치 않습니다. 두려움과 걱정 등으로 인한 불안 때문입니다. 하나님이 야곱에게 "이집트로 내려가는 것을 두려워하지 말라"고 하신 대목을 보면 야곱에게는 하나님만이 아시는 두려움이 내심 있었음을 알 수 있습니다. 하나님은 남모르게 야곱의 영혼을 짓누르고 있는 바를 모두 거두어주시면서 이집트로 가는 길을 지켜주시고 계십니다.

객관적인 조건만 보면 야곱이 이런 불안에 사로잡혀 있을 까닭이 없습니다. 아들 요셉은 이집트의 총리대신이 되었고 제왕 바로까지 수레를 보내는 등 은혜를 베풀어서 기근의 시절에 살 길이 열렸을 텐데 마음은 그렇지 않았나 봅니다. 야곱은 인생의 수많은 우여곡절을 겪으면서 신중하고 주도면밀한 사람이 되었습니다. 현실적인 조건과 상황만 보면 문제가 없어 보이는 길도 '인생사 새옹지마'라고 언제 어려운 일이 닥칠지 모른다는 것을 알고 있었기에, 하나님이 함께하지 않으면 그 어떤 길도 제대로 발걸음을 뗄 수가 없지요. 야곱은 그의 마지막도 아들 요셉의 손에 의해서 감당이 될 것임을 예언받게 됩니다. 늙은 야곱의 최후 여정이 그렇게 하나님의 약속 가운데 평안하게 이루어지고 있습니다.

하나님 앞에서 이 모든 준비가 완료되자 야곱 일가는 브엘세바를 떠나 이집트를 향해 갑니다.

야곱 일행이 브엘세바를 떠날 차비를 하였다. 이스라엘의 아들들은, 자기들의 아버지 야곱과 아이들과 아내들을, 바로가 야곱을 태워 오라고 보낸 수

레에 태웠다. 야곱과 그의 모든 자손은, 집짐승과 가나안에서 모은 재산을 챙겨서, 이집트를 바라보며 길을 떠났다. 이렇게 야곱은 자기 자녀들과 손자들과 손녀들, 곧 모든 자손들을 다 거느리고 이집트로 갔다. 창세기 46: 5-7

야곱은 자신의 피붙이는 남김없이 데리고 갑니다. 그것은 규모는 작은지 모르지만 거의 민족 대이동과 같은 의미를 갖습니다. 이후 히브리 백성들이 이집트에서 번성하고 그 수가 많아지게 되는 출발점은 기근의 시절, 야곱의 일가가 이집트에 정착한 것이 시초입니다.

어떻게 보면 믿음의 한 가문의 미약한 출발이지만 하나님이 야곱에게 약속하신 대로 장차 '큰 민족'을 이루게 됩니다. 이는 단지 민족이라는 단위로 보기에는 미미한 야곱 일가와 이후 히브리 민족 전체를 비교할 때 실감되는 약속이 아닙니다. 그건, 야곱 일가가 흉년의 때에 그 존망을 예측할 수 없는 위기에 처한 종족이었다는 관점에서 봐야 더 명확히 파악할 수 있는 약속입니다. 말하자면 진멸될 상황에서 받은 예언인 것입니다. 굶주림으로 인해 내일 당장 어떻게 될지 모를 판인데 큰 민족이라니 하는 의문이 전제될 때, 이 약속의 깊은 의미를 깨달을 수 있습니다. 멸망할지도 모를 지경에 처한 사람들은 목숨이 붙어 있는 것만으로도 다행이라고 여길 텐데, 거기다가 큰 민족이라니, 그것은 생존의 차원을 넘는 축복이 주어짐을 뜻합니다.

하나님의 약속은 이렇게 생존에 대한 은혜는 말할 것도 없이 그 이상의 융성이 이루어질 것을 담고 있습니다. 이들 일가 전체를 합해봐야 고작 일흔 명에 불과한데, 그런 미래를 짐작하기란 가당치도 않아 보입니다.

이집트로 내려간 이스라엘 사람들, 곧 야곱과 그의 자손들의 이름은 다음과 같다. 야곱의 맏아들 르우벤, 르우벤의 아들들인……야곱과 함께 이집트로 들어간 사람들은, 며느리들을 뺀 그 직계 자손들이 모두 예순여섯 명이다. 이집트에서 요셉이 낳은 아들 둘까지 합하면, 야곱의 집안 식구는 모두 일흔 명이다. 창세기 46: 8-27

그러나 이들이 뿌리가 되어 히브리 민족의 12지파가 형성되고 이를 주축으로 해서 이후 이집트 제국에서 탈출하는 출애굽의 사건이 있게 됨을 떠올린다면, 지금의 이 미미한 규모가 갖는 의미를 새삼 주목해보게 됩니다. 그건 마치 겨자씨처럼 작을지 모르나 자라나면 거대한 나무로 서는 것과 마찬가지의 역사입니다. '히브리'라는 말 자체가 고대 중근동 지역에서 갈 곳 없이 헤매던 유랑의 족속 '합비루'에서 나온 말이라는 점에서도 하나님의 약속은 뜻이 깊습니다. 어디 하나 의탁할 곳이 없어 이곳저곳을 떠도는 사람들의 고난이 끝나고 눈물이 닦이면서 새로운 미래가 열린다는 이 축복의 약속은 모든 유랑하는 이들의 희망이 됩니다.

이스라엘이 유다를 자기보다 앞세워서 요셉에게로 보내어, 야곱 일행이 고센으로 간다는 것을 알리게 하였다. 일행이 고센 땅에 이르렀을 때에, 요셉이 자기 아버지 이스라엘을 맞으려고, 병거를 갖추어서 고센으로 갔다. 요셉이 아버지 이스라엘을 보고서, 목을 껴안고 한참 울다가는, 다시 꼭 껴안았다. 이스라엘이 요셉에게 말하였다. "나는 이제, 죽어도 여한이 없다. 내가 너의 얼굴을 보다니, 네가 여태까지 살아 있구나!" 창세기 46: 28-30

이제 요셉은 그토록 자신을 사랑했던 아버지를 뵙고 한없이 눈물을 흘립니다. 그는 아버지를 껴안고 또 껴안습니다. 야곱 역시 죽은 줄 알았던 아들 요셉을 보고 이제 목숨이 끊어진다 한들 여한이 없음을 토로합니다. 기근으로 위기를 겪던 야곱의 일가는 이렇게 해서 다시 하나로 뭉치게 되었습니다. 그것은 과거에 형들이 버렸던 요셉으로 말미암은 일이었습니다. 마치 버린 돌이 머릿돌이 된 것과 같습니다.

건축하는 사람들이 내버린 돌이, 집 모퉁이의 머릿돌이 되었다.시편 118: 22

이 말씀은, 사람은 쓸모없다고 버리나 하나님은 도리어 그것을 취하여 새로운 시대의 머리로 삼으시는 역사를 의미합니다. 즉 사람은 그 가치를 내다보지 못하지만, 하나님은 쓸모없는 것조차도 쓸모 있게 만드십니다. 그것도 머릿돌로 쓰임받게 하신다니 감사하고 감격스럽지 않을 수 없습니다. 요셉은 그의 가족과 가문, 그의 민족 그리고 이집트 제국 전체의 머릿돌이 되지 않았습니까? 이제 버림받았다고 해서 슬퍼하거나 노여워할 일이 아닙니다. 거기에는 하나님의 뜻이 반드시 있습니다. 그 뜻에 따라 살면, 세상의 버림이 도리어 머릿돌이 되는 길의 시작임을 깨닫게 됩니다. 요셉의 마음과 영혼에 사무치는 원한이나 분노가 없는 까닭이 여기에 있습니다.

타지에서의 지혜로운 처신

가족들과 만난 요셉은 주도면밀하게 지금의 상황을 정리해나갑니다.

그 내용을 보면 흥미롭습니다. 이집트 제국의 총리대신 요셉은 가족들의 일을 처리하는 데 있어서 자신의 권력을 함부로 행사하지 않습니다. 왕 바로까지 그를 직접 챙겨줄 정도이니 요셉의 말이라면 다 통하게 되어 있었습니다. 그러나 아무리 대단한 권세라도 이들 야곱 가문은 이집트 제국에서 이방인일 뿐입니다. 따라서 자칫 미움을 사고 오해를 일으켜 경계의 대상이 된다면 그것은 매우 어리석은 일입니다. 아무리 선의의 초청이라고 해도, 제대로 처신하지 못하면 그 선의가 언제 악한 감정으로 바뀔지 모르기 때문입니다.

요셉이 자기의 형들과 아버지의 집안 식구들에게 말하였다. "제가 이제 돌아가서, 바로께 이렇게 말씀드리겠습니다. '가나안 땅에 살던 저의 형제들과 아버지의 집안이 저를 만나보려고 왔습니다. 그들은 본래부터 목자이고, 집짐승을 기르는 사람들인데, 그들이 가지고 있는 양과 소와 모든 재산을 챙겨서, 이리로 왔습니다.' 이렇게 말씀을 드려 둘 터이니, 바로 임금께서 형님들을 부르셔서 '너희의 생업이 무엇이냐?' 하고 물으시거든, '종들은 어렸을 때부터 줄곧 집짐승을 길러온 사람들입니다. 우리와 우리 조상이 다 그러합니다' 하고 대답하셔야 합니다. 그래야 형님들이 고센 땅에 정착하실 수 있습니다. 이집트 사람은 목자라고 하면, 생각할 것도 없이 꺼리기 때문에, 가까이 하지 않습니다." 창세기 46: 31-34

맨 처음 형제들이 식량을 구하러 왔을 때에 요셉이 동생 베냐민을 데려오도록 하기 위해서 형들을 모른 척 하고 잡아다가 "당신들 첩자지?" 하지 않았습니까? 그만큼 식량문제가 국가의 안보와 밀접하게 관련된 문제이기 때문에 이방인에 대한 경계심이 높은 상황입니다. 아무리 총리대신의 식구라 할지라도 한두 명도 아니고 가문 전체가 와서 정착하는 일인데 이집트 원주민들로서는 내심 불편해질 수 있습니다. 그러니 요셉은 바로에게 먼저 알려 허락을 받아야 했습니다. 거절할 리는 없겠지만 순서상 그렇게 하는 것이 일의 순리이지요. 그런데 실제로는 요셉이 먼저 가족 초청의 의지를 밝혔습니다. 그만큼 그의 위상이 높았기에 가능했겠지만, 이 역시 나중에 상황이 달라지면 문제의 소지가 될 수 있습니다. 그럼에도 불구하고 그는 바로의 허락과는 상관없이 독자적으로 당당하게 초청 의사를 정한 것입니다.

그 다음이 문제입니다. 여기에서 잘해야 합니다. 그렇지 않으면 역풍을 맞을 수 있습니다. 이 단계에서는 요셉의 의지를 제왕 바로가 확실하게 뒷받침해줘야만 모양새가 괜찮습니다. 그렇지 않으면, 요셉이 좀 잘하고 있다고 마음대로 한다며 시비를 거는 자들이 생길 수 있고, 오만해진 요셉이 최고 권력자가 되기 위해 바로를 제거하려는 음모를 꾸민다고 모함하는 자들도 나타날 수 있지요. 뿐만 아니라 기존의 정착 주민들을 추방하고 그곳을 차지하기라도 한다면, 처음에는 말 못하고 지낼 수 있지만 결국 원성을 사서 요셉을 공격하는 빌미가 될 수 있습니다.

요셉은 고센을 가족들의 새로운 정착지로 지목합니다. 목축지로서 적당한 후보지였는데 자기 마음대로 이 지역을 가족들에게 주는 식이면 특혜일 수 있습니다. 따라서 이 고센 땅을 자연스럽게 얻으려면 자기가 아니라, 제왕 바로가 "거기 가서 살도록 하시오"라고 해야 하고 가족들은 못이기는 척 가는 모양이 가장 적절합니다. 따라서 요셉은 기근을 피하고 안정된 정착 생활의 기회를 얻은 야곱 가문에 대해 세심한 계획 아래 사태를 정리해나가게 되지요.

요셉이 보기에 고센 지역은 이집트 주민들이 사는 곳과 적당히 떨어져 마찰 가능성도 적고, 또 야곱 일가가 익숙한 목축생활을 하기에 적합한 곳이었습니다. 이 땅을 얻기 위해 요셉은 형제들이 목축생활을 해왔다는 점을 바로 앞에서 부각하도록 합니다. 그래서 요셉은 바로에게 말할 바를 형제들에게 일러줍니다. "종들은 어렸을 때부터 줄곧 집짐승을 길러 온 사람들입니다. 우리와 우리 조상이 다 그러합니다." 할 줄 아는 일이라고는 양치는 것밖에 없다는 것이지요. 요셉의 말대로라면 양을 치는 일은 농경이 주인 이집트 제국에서는 꺼리거나 하찮게 여기는 일이었던 모양입니다. 상대의 경계심도 풀고, 가족들의 장기적인 생존방안도 마련하는 거지요.

이런 구상의 밑바탕에는 여러 가지 지혜가 깔려 있습니다. 야곱 일가가 이집트 원주민들과 섞여 사는 상황에서는 갈등이 생겨도 요셉이 자기 가족들만 따로 챙겨줄 수가 없어요. 누구 편을 들지 난감할 때도 있습니다. 따라서 고센 정착이 형식상으로는 일종의 격리이지만 다른 각도에서 보면 보호구역이지요. 일은 생각대로 풀려나갑니다. 자신들이 원하는 것을 쟁취하는 게 아니라 상대가 좋은 마음으로 은혜를 베풀듯이 선사하는 방식으로 얻습니다. 투쟁적으로 선점하고 쟁취하면 나중에 문제가 될 수 있지만 선물처럼 받으면 주는 자의 입장도 살리고 목적도 이루는 게 됩니다. 주는 쪽은 줘서 기분 좋고 받는 쪽은 받아서 좋지요.

이렇게 모든 일은 절차가 있게 마련이고 명분이 있어야 합니다. 이것이 확실하지 않으면 이방인인 히브리 민족의 이집트 정착은 처음부터 장애에 부딪힐 수 있습니다. 요셉은 자기의 권세를 함부로 휘두르지 않았고, 현실의 문제를 어떻게 하면 갈등 없이 풀 수 있을까를 깊이 생각했지요. 요셉이 총리대신이라는 자신의 위신이 아니라, 바로의 권세로 문제를 풀었다는 점이 참으로 지혜롭습니다. 그래야 바로의 위엄도 높이고 남들이 자기 식구들을 못 건드리게 되지요. 상대의 선의를 자신의 안전판으로 바꾸어내는 요셉의 지혜는 하나님에게서 받은 복된 능력이라고 할 수 있습니다. 요셉은 계획했던 대로 일을 차근차근 진행시킵니다.

요셉이 바로에게 가서 아뢰었다. "저의 아버지와 형제들이 소 떼와 양 떼를 몰고, 모든 재산을 챙겨가지고, 가나안 땅을 떠나서, 지금은 고센 땅에 와 있습니다." 요셉은 형들 가운데서 다섯 사람을 뽑아서 바로에게 소개하였다. 바로가 그 형제들에게 물었다. "그대들은 생업이 무엇이오?" 그들이 바로에게 대답하였다. "임금님의 종들은 목자들입니다. 우리 조상들도 마찬가지였습니다." 그들은 또 그에게 말하였다. "소인들은 여기에 잠시 머무르려고 왔습니다. 가나안 땅에는 기근이 심하여, 소 떼가 풀을 뜯을 풀밭이 없습니다. 그러하오니, 소인들이 고센 땅에 머무를 수 있도록 허락하여주시기를 바랍니다." 바로가 요셉에게 대답하였다. "그대의 아버지와 형제들이 그대에게로 왔소. 이집트 땅이 그대 앞에 있으니, 그대의 아버지와 형제들이 이 땅에서 가장 좋은 곳에서 살도록, 거주지를 마련하시오. 그들이 고센 땅에서 살도록 주선하시오. 형제들 가운데서, 특별한 능력이 있는 사람들을 그대가 알면, 그들이 나의 짐승을 맡아 돌보도록 하시오." 창세기 47: 1-6

형제들이 바로에게 "잠시 머무르려고 왔습니다"라고 한 대목은 의미심장합니다. 염치없이 눌러앉으려는 인상을 준다면 이들에게 처음에는 환대받을지 모르나 차차 짐이 되는 존재로 인식될 수 있습니다. 요셉의 형제들은 상대에게는 최소의 부담을 주면서 자신들의 입지를 굳히는 노력을 한 겁니다. 바로는 그에 더하여 이들 가운데 자기 가축을 돌보는 이도 뽑아 세우라고 합니다. 야곱의 일가가 바로 왕가와 인연이 깊어지게 되는 계기입니다. 이어 요셉의 아버지 야곱이 바로를 만납니다. 바로는 먼저 야곱의 나이를 묻습니다. 살아온 내력에 대한 질문입니다.

요셉은 자기 아버지 야곱을 모시고 와서, 바로를 만나게 하였다. 야곱이 바로를 축복하고 나니, 바로가 야곱에게 말하였다. "노인께서는, 연세가 어떻게 되시오?" 야곱이 바로에게 대답하였다. "이 세상을 떠돌아다닌 햇수가 백 년 하고도 삼십 년입니다. 저의 조상들이 세상을 떠돌던 햇수에 비하면, 제가 누린 햇수는 얼마 되지 않지만, 험악한 세월을 보냈습니다." 야곱이 다시 바로에게 축복하고, 그 앞에서 물러났다. 창세기 47: 7-10

야곱은 바로 앞에서 자신이 살아온 세월이 130년이라고 밝히면서 조상들에 비해 자신의 연수가 많지 않지만 "험악한 세월을 보냈다"고 말하고 있습니다. 왜 그렇게 대답했을까요? 그는 산전수전을 다 겪은 자신의 인생을 말하고자 했던 것일까요? 아닙니다. 그는 그동안 참으로 어려운 지경에 처해왔지만, 이제 비로소 그런 세월이 끝나고 편안한 곳에 당도했음을 알리고 있습니다. 그 힘겨운 시절이 바로의 배려 덕분에 끝났다는 것을 암시적으로 전하고 있지요. 야곱은 바로에게 그렇게 감사를 표하고 있는 겁니다.

그는 노장으로서의 권위, 신앙을 가진 자로서의 위엄을 지키면서 상대를 축복하고, 자신을 내세우지 않으면서 감사를 표하고 있습니다. 당장 상대의 선의에 기대어야 하는데 그런 속에서도 자존심을 지키며 자신의 연륜의 깊이도 알리고 이곳에 온 것이 얼마나 평안하고 좋은 일인가를 동시에 전하고 있는 셈입니다. 그런 노인을 아무리 권세가 높은 바로라고 할지라도 예의를 갖추지 않고 대할 도리가 없을 겁니다. 그 어떤 지경에서도 품격 있는 자세를 갖는 것은 소중한 덕입니다. 그는 여기에서 자기의 삶을 "이 세상을 떠돌아다닌"이라고 표현하고 있는데, 이는 앞서 말했던 합비루, 그러니까 당시 고대 중근동 지역에서 유랑하며 지냈던 모든 '떠돌이'들의 현실을 대변해주고 있는 대목이라고 할 수 있습니다. 하나님께서는 이들의 고난을 끌어안고 생명의 길로 인도해주신 겁니다. 이렇게 야곱 일가의 이집트 정착 첫 관문이 열린 뒤 요셉은 이들이 살기에 부족함이 없도록 최선의 조건을 마련해줍니다.

요셉은 자기 아버지와 형제들을 이집트 땅에서 살게 하고, 바로가 지시한 대로, 그 땅에서 가장 좋은 곳, 라암세스 지역을 그들의 소유지로 주었다. 요셉은, 자기 아버지와 형제들과 아버지의 온 집안에, 식구 수에 따라서, 먹을거리를 대어주었다. 창세기 47: 11-12

토지제도를 정비하다

기근은 계속 심각해집니다. 하지만 이집트에서는 지난 칠 년간 쌓아두었던 식량이 모두에게 생명선이 되었습니다. 먹을거리를 내준 대가로 돈과 가축 모두가 국가의 창고에 채워지고 기록하기조차 어려울 만큼 축적

된 많은 식량은 제 역할을 했습니다. 위기의 시대에 도리어 국가의 재정은 탄탄해지고 그 권위는 이로써 높아질 수밖에 없었으며 요셉은 모두의 은인이 되어갔습니다.

기근이 더욱 심해지더니, 온 세상에 먹을거리가 떨어지고, 이집트 땅과 가나안 땅에서는 이 기근 때문에 사람들이 야위어갔다. 사람들이 요셉에게 와서, 곡식을 사느라고 돈을 치르니, 이집트 땅과 가나안 땅의 모든 돈이 요셉에게로 몰렸고, 요셉은 그 돈을 바로의 궁으로 가지고 갔다……그래서 백성들은 자기들이 기르는 집짐승을 요셉에게로 끌고 왔다. 요셉은 그들이 끌고 온 말과 양 떼와 소 떼와 나귀를 받고서, 먹을거리를 내주었다. 이렇게 하면서, 요셉은 한 해 동안 내내, 집짐승을 다 받고서, 먹을거리를 내주었다. 창세기 47: 13–17

흉년은 아직 그치지 않았고 시간이 갈수록 더욱 심각해졌습니다. 이런 현실에서 결국 사람들은 돈과 가축을 모두 내놓은 뒤, 최후에는 자기들이 경작하던 땅까지 내놓고 식량을 구하게 되었습니다. 더 이상 버틸 방법이 달리 없게 된 것입니다.

그 해가 다 가고, 이듬해가 되자, 백성들이 요셉에게로 와서 말하였다. "돈은 이미 다 떨어지고, 집짐승마저 다 어른의 것이 되었으므로, 이제 어른께 드릴 수 있는 것으로 남은 것이라고는, 우리의 몸뚱아리와 밭뙈기뿐입니다. 어른께 무엇을 더 숨기겠습니까? 어른께서 보시는 앞에서, 우리가 밭과 함께 망할 수야 없지 않습니까? 그러니, 우리의 몸과 우리의 밭을 받고서, 먹을거리를 파십시오. 우리가 밭까지 바쳐서, 바로의 종이 되겠습니다. 우리에게 씨앗을 주십시오. 그러면, 우리가 죽지 않고 살아날 것이며, 밭도 황폐하게 되지 않을 것입니다." 요셉은 이집트에 있는 밭을 모두 사서, 바로의 것이 되게 하였다. 이집트 사람들은, 기근이 너무 심하므로, 견딜 수 없어서, 하나같이, 그들이 가지고 있는 밭을 요셉에게 팔았다. 그래서 그 땅은 바로의 것이 되었다. 창세기 47: 18-20

여기에서 토지제도에 대해 주목할 필요가 있습니다. 토지가 왕의 소유가 된 것은, 흉년이라는 현실로 인해 개인의 토지가 국고에 귀속된 조처입니다. 이는 개인의 부동산이 사라졌다는 점에서 토지의 국유화이지만, 대토지를 가진 지주가 없어지는 결과를 가져와 온 땅이 국가의 공유지가 되었던 셈입니다. 왕이 유일한 지주가 되는 것이지만 땅으로 해서 빈부의 격차가 생기는 일은 막게 되었지요.

다시 말해 소유주는 왕이지만, 이 토지는 국가 전체의 공적 토지가 되고 백성들은 소유가 아닌 빌려 쓰는 점유와 이용의 방식으로 땅의 소출을 얻어 살 뿐, 땅 부자가 되려 안간힘을 쓰는 사회풍조는 종식을 고한 것입니다. 훗날 이집트 제국에서 탈출해 가나안에 정착하게 된 히브리 백성들은 땅을 각 지파의 공동재산으로서 나누어가집니다. 땅은 개인이 자기 것으로 삼아 부를 늘리거나 권세가가 되는 근거가 될 수 없다는 의미이지요. 이후 이 원칙이 점점 무너지면서 사회 양극화가 일어나자, 예언자들이 '하나님의 의'가 서는 사회를 만들고자 이를 비판하고 나섭니다. 땅을 독점해서 혼자 부자가 되고 백성들을 도탄에 빠뜨리는 현실을 예언자 미가는 이렇게 질타하고 있습니다.

악한 궁리나 하는 자들, 잠자리에 누워서도 음모를 꾸미는 자들은 망한다!
그들은 권력을 쥐었다고 해서, 날이 새자마자 음모대로 해치우고 마는 자들
이다. 탐나는 밭을 빼앗고, 탐나는 집을 제 것으로 만든다. 집 임자를 속여서
집을 빼앗고, 주인에게 딸린 사람들과 유산으로 받은 밭을 제 것으로 만든
다. 미가서 2: 1-2

요셉은 땅이 빈부 격차를 가져오는 원인이 되지 않도록 흉년의 과정에
서 토지제도를 정비한 것이며, 이집트 제국의 정신적 지도자들인 제사장
들의 땅만 제외하고는 토지를 국가 소유로 삼아 경작의 권리를 분배하는
방식을 취합니다.

요셉은 이집트 이 끝에서 저 끝까지를 여러 성읍으로 나누고, 이집트 전
지역에 사는 백성을 옮겨서 살게 하였다. 그러나 요셉은, 제사장들이 가꾸는
밭은 사들이지 않았다. 제사장들은 바로에게서 정기적으로 녹을 받고 있고,
바로가 그들에게 주는 녹 가운데는, 먹을거리가 넉넉하였으므로, 그들은 땅
을 팔 필요가 없었다. 요셉이 백성에게 말하였다. "이제, 내가 너희의 몸과
너희의 밭을 사서, 바로께 바쳤다. 여기에 씨앗이 있다. 너희는 이것을 밭에
뿌려라. 곡식을 거둘 때에, 거둔 것에서 오분의 일을 바로께 바치고, 나머지
오분의 사는 너희가 가져라. 거기에서 밭에 뿌릴 씨앗을 따로 떼어 놓으면,
그 남는 것이 너희와 너희 집안과 너희 자식들의 먹을거리가 될 것이다." 백
성들이 말하였다. "어른께서 우리의 목숨을 건져주셨습니다. 어른께서 우리
를 어여삐 보시면, 우리는 기꺼이 바로의 종이 되겠습니다." 요셉이 이렇게
이집트의 토지법, 곧 밭에서 거둔 것의 오분의 일을 바로에게 바치는 법을

만들었으며, 지금까지도 그 법은 유효하다. 다만, 제사장의 땅만은 바로의 것이 되지 않았다. 창세기 47: 21-26

요셉은 이렇게 토지제도를 정비하고 백성들이 자생경제의 기반을 갖게 했으며, 국고도 든든하게 만드는 정책을 폈습니다. 토지는 국가가 관리하고 백성들은 생산에만 주력해서 먹고 사는 문제를 해결할 수 있도록 한 겁니다. 소유한 토지의 크기에 따라 빈부의 차이가 생기는 일이 없도록 하는 동시에, 밭에 뿌릴 씨앗도 국가가 공급해주고 있습니다. 땅은 빌려주었으니 나머지는 알아서 하라는 식이 아니라 농사를 지어 먹고 살 수 있는 기반을 최대한 마련해주는 겁니다. 이것저것 팔아서 살다가 팔게 없어지면 굶어죽는 상황이 닥치게 하는 것이 아니었습니다.

세제 역시 주목됩니다. 백성들의 부담을 최소화하면서 국고를 채우는 방식입니다. 보통의 소작에서는 잘하면 경작자가 칠, 땅 주인이 삼을 갖든지 또는 그 반대로 악덕 지주를 만나면 경작자가 삼, 땅 주인이 칠을 갖든지 하는 식인데 요셉은 직접 경작을 하는 사람들이 오분의 사를 가지고 국가는 오분의 일을 세금으로 걷는 세제안을 세웁니다. 각자 자신의 노력만큼 소출의 기쁨을 최대한 누릴 수 있도록 해준 것입니다.

경제는 곧 정치입니다. '요셉의 하나님 나라 정치'는 풍요한 때에 위기를 대비했고, 위기의 시기에 제도정비와 미래를 위한 구조변혁 그리고 이집트 백성들의 경제적 자생력을 밑뿌리에서부터 착실하게 만들어갔습니다. 이는 하나님이 주신 지혜와 백성들에 대한 사랑, 미래에 대한 전망을 가지고 있었기 때문에 가능한 일이었습니다. 이렇게 요셉이 총리대신으로서 최선을 다하면서 사람들은 위기를 극복할 수 있었고, 요셉의 가족들 역시 그곳에서 평안히 살아가게 되었습니다.

> 이스라엘 자손은 이집트의 고센 땅에 자리를 잡았다. 거기에서 그들은 재산을 얻고, 생육하며 번성하였다. 야곱이 이집트 땅에서 열일곱 해를 살았으니, 그의 나이가 백마흔일곱 살이었다. 창세기 47: 27-28

하나님 나라는 이 땅에서부터

야곱도 이제는 말년에 이르러 숨을 거둘 때가 다가왔습니다. 그가 집을 떠나 유랑하며 라반의 집에서 지냈던 시간, 그곳에서 우여곡절 끝에 번성하여 다시 귀향하던 때, 그리고 큰 일가를 이루어 살다가 흉년을 맞고 아들 요셉의 덕택으로 모두 살아남았던 세월 등을 뒤로 하고 하나님 곁으로 떠날 차비를 합니다.

> 이스라엘은 죽을 날을 앞두고, 그의 아들 요셉을 불러놓고 일렀다. "네가 이 아버지에게 효도를 할 생각이 있으면, 너의 손을 나의 다리 사이에 넣고, 네가 인애와 성심으로 나의 뜻을 받들겠다고, 나에게 약속하여라. 나를 이집트에 묻지 말아라. 내가 눈을 감고, 조상들에게로 돌아가면, 나를 이집트에서 옮겨서, 조상들께서 누우신 그곳에 나를 묻어다오." 요셉이 대답하였다. "아버지 말씀대로 하겠습니다." 야곱이 다짐하였다. "그러면 이제 나에게 맹세하여라." 요셉이 아버지에게 맹세하니, 이스라엘이 침상 맡에 엎드려서, 하나님께 경배하였다. 창세기 47: 29-31

야곱에게 이집트는 잠시 몸을 의탁하는 곳이었고, 결국 돌아갈 땅은 따로 있다는 것입니다. 이집트는 하나님이 이스라엘 백성들을 고난의 시절에서 구해주신 땅입니다. 하지만 야곱의 소망은 때가 이르면 다시 본래의 근거지로 돌아가 하나님 나라의 꿈을 이루는 것이었습니다. 이것은 두고두고 후세들에게 전하는 지침이 됩니다. 이집트에서 총리대신의 일가로 기득권을 누리며 사는 것이 아니라, 이집트보다 강하지 못하고 잘 살지 못해도 그 정신적 기초가 하나님을 향해 있는 땅에서 미래를 일구라는 뜻입니다.

요셉은 당연히 아버지의 말씀을 따릅니다. 그가 지금은 대제국의 최고 권력자에 버금가는 위상을 가졌으니 가난한 변방의 나라로 후손들이 다시 돌아가는 일을 납득하지 못할 수도 있습니다. 그러나 요셉은 겸손했고 자신들의 미래를 어떻게 새롭게 열어갈 수 있을지 알고 있었습니다. 이집트 제국은 기근의 시절을 피하기 위한 방주와 같은 역할을 했으며, 이 과정에서 믿음의 훈련을 받은 이들을 새로운 역사의 주체로 삼으시는 것이 하나님의 뜻임을 깊이 깨달았습니다. 요셉 자신이 그런 체험을 통해 성장해왔던 것이 아닙니까?

하나님의 뜻을 믿고 살아가는 사람들에게서는 이런 지혜와 용기가 솟아나 한 시대를 바꿀 수가 있습니다. 그 과정에서 혼자만이 아니라 가족과 나라까지 함께 살리는 생명의 공급자가 되지요. 억압과 박탈이 없는 평화와 정의의 세상을 가져다주는 존재가 되는 것을 의미합니다. 하나님 나라는 이처럼 이 땅에서 시작하는 축복된 현실입니다. 하나님의 섭리 안에서 고난의 시절은 우리 안에 생명의 힘을 기르고 그 힘이 어려운 지경에 처한 이들을 살려냅니다. 그러니 때로 닥치는 고난은 두려워할 바가 아닙니다. 용기 있게 마주하면 생명의 지혜와 능력이 주어지는 절호의 기회가 될 수 있습니다. 물질만이 아니라 영혼마저 기근에 시달리는 오늘의 시대에, 이 능력은 일용할 귀중한 양식이 아닐까요?

46

1 이스라엘이 식구를 거느리고, 그의 모든 재산을 챙겨서, 길을 떠났다. 브엘세바에 이르렀을 때에, 그는 아버지 이삭의 하나님께 희생 제사를 드렸다. 2 밤에 하나님이 환상 가운데서 "야곱아, 야곱아!" 하고 이스라엘을 부르셨다. 야곱은 "제가 여기 있습니다!" 하고 대답하였다. 3 하나님이 말씀하셨다. "나는 하나님, 곧 너의 아버지의 하나님이다. 이집트로 내려가는 것을 두려워하지 말아라. 내가 거기에서 너를 큰 민족이 되게 하고, 4 나도 너와 함께 이집트로 내려갔다가, 내가 반드시 너를 거기에서 데리고 나오겠다. 요셉이 너의 눈을 직접 감길 것이다."

5 야곱 일행이 브엘세바를 떠날 차비를 하였다. 이스라엘의 아들들은, 자기들의 아버지 야곱과 아이들과 아내들을, 바로가 야곱을 태워 오라고 보낸 수레에 태웠다.

6 야곱과 그의 모든 자손은, 집짐승과 가나안에서 모은 재산을 챙겨서, 이집트를 바라보며 길을 떠났다. 7 이렇게 야곱은 자기 자녀들과 손자들과 손녀들, 곧 모든 자손들을 다 거느리고 이집트로 갔다.

8 이집트로 내려간 이스라엘 사람들, 곧 야곱과 그의 자손들의 이름은 다음과 같다. 야곱의 맏아들 르우벤, 9 르우벤의 아들들인 하녹과 발루와 헤스론과 갈미, 10 시므온의 아들들인 여무엘과 야민과 오핫과 야긴과 스할, 가나안 여인이 낳은 아들 사울, 11 레위의 아들들인 게르손과 고핫과 므라리, 12 유다의 아들들인 엘과 오난과 셀라와 베레스와 세라, (그런데 엘과 오난은 가나안 땅에 있을 때에 이미 죽었다.) 베레스의 아들들인 헤스론과 하물, 13 잇사갈의 아들들인 돌라와 부와와 욥과 시므론, 14 스불론의 아들들인 세렛과 엘론과 얄르엘, 15 이들은 밧단아람에서 레아와 야곱 사이에서 태어난 자손이다. 이 밖에 딸 디나가 더 있다. 레아가 낳은 아들딸이 모두 서른세 명이다. 16 갓의 아들들인 시본과 학기와 수니와 에스본과 에리와 아로디와 아렐리, 17 아셀의 아들들인 임나와 이스와와 이스위와 브리아와 그들의 누이 세라, 브리아의 아들들인 헤벨과 말기엘, 18 이들은 실바와 야곱 사이에서 태어난 자손이다. 실바는, 라반이 자기 딸 레아를 출가시킬 때에 준 몸종이다. 그가 낳은 자손이 모두 열여섯 명이다. 19 야곱의 아내 라헬이 낳은 아들들인 요셉과 베냐민과 20 므낫세와 에브라임, (이 두 아들은 이집트 땅에서, 온의 제사장 보디베라의 딸 아스낫과 요셉 사이에서 태어났다.) 21 베냐민의 아들들인 벨라와 베겔과 아스벨과 게라와 나아만과 에히와 로스와 뭅빔과 훕빔과 아릇, 22 이들은 라헬과 야곱 사이에서 태어난 자손인데, 열네 명이다.

23 단의 아들인 후심, 24 납달리의 아들들인 야스엘과 구니와 예셀과 실렘,

²⁵ 이들은 빌하와 야곱 사이에서 태어난 자손이다. 빌하는, 라반이 자기 딸 라헬을 출가시킬 때에 준 몸종이다. 그가 낳은 자손은 모두 일곱 명이다.
²⁶ 야곱과 함께 이집트로 들어간 사람들은, 며느리들을 뺀 그 직계 자손들이 모두 예순여섯 명이다.
²⁷ 이집트에서 요셉이 낳은 아들 둘까지 합하면, 야곱의 집안 식구는 모두 일흔 명이다.
²⁸ 이스라엘이 유다를 자기보다 앞세워서 요셉에게로 보내어, 야곱 일행이 고센으로 간다는 것을 알리게 하였다. 일행이 고센 땅에 이르렀을 때에,
²⁹ 요셉이 자기 아버지 이스라엘을 맞으려고, 병거를 갖추어서 고센으로 갔다. 요셉이 아버지 이스라엘을 보고서, 목을 껴안고 한참 울다가는, 다시 꼭 껴안았다.
³⁰ 이스라엘이 요셉에게 말하였다. "나는 이제, 죽어도 여한이 없다. 내가 너의 얼굴을 보니, 네가 여태까지 살아 있구나!"
³¹ 요셉이 자기의 형들과 아버지의 집안 식구들에게 말하였다. "제가 이제 돌아가서, 바로께 이렇게 말씀드리겠습니다. '가나안 땅에 살던 저의 형제들과 아버지의 집안이 저를 만나보려고 왔습니다. ³² 그들은 본래부터 목자이고, 집짐승을 기르는 사람들인데, 그들이 가지고 있는 양과 소와 모든 재산을 챙겨서, 이리로

왔습니다.' 이렇게 말씀을 드려둘 터이니, ³³ 바로 임금께서 형님들을 부르셔서 '너희의 생업이 무엇이냐?' 하고 물으시거든, ³⁴ '종들은 어렸을 때부터 줄곧 집짐승을 길러온 사람들입니다. 우리와 우리 조상이 다 그러합니다' 하고 대답하셔야 합니다. 그래야 형님들이 고센 땅에 정착하실 수 있습니다. 이집트 사람은 목자라고 하면, 생각할 것도 없이 꺼리기 때문에, 가까이 하지 않습니다."

47 ¹ 요셉이 바로에게 가서 아뢰었다. "저의 아버지와 형제들이 소 떼와 양 떼를 몰고, 모든 재산을 챙겨가지고, 가나안 땅을 떠나서, 지금은 고센 땅에 와 있습니다."
² 요셉은 형들 가운데서 다섯 사람을 뽑아서 바로에게 소개하였다. ³ 바로가 그 형제들에게 물었다. "그대들은 생업이 무엇이오?" 그들이 바로에게 대답하였다. "임금님의 종들은 목자들입니다. 우리 조상들도 마찬가지였습니다." ⁴ 그들은 또 그에게 말하였다. "소인들은 여기에 잠시 머무르려고 왔습니다. 가나안 땅에는 기근이 심하여, 소 떼가 풀을 뜯을 풀밭이 없습니다. 그러하오니, 소인들이 고센 땅에 머무를 수 있도록 허락하여주시기를 바랍니다."
⁵ 바로가 요셉에게 대답하였다. "그대의 아버지와 형제들이 그대에게로 왔소.
⁶ 이집트 땅이 그대 앞에 있으니, 그대의

아버지와 형제들이 이 땅에서 가장 좋은
곳에서 살도록, 거주지를 마련하시오.
그들이 고센 땅에서 살도록 주선하시오.
형제들 가운데서, 특별한 능력이 있는
사람들을 그대가 알면, 그들이 나의
짐승을 맡아 돌보도록 하시오."
7 요셉은 자기 아버지 야곱을 모시고
와서, 바로를 만나게 하였다. 야곱이
바로를 축복하고 나니, 8 바로가 야곱에게
말하였다. "노인께서는, 연세가
어떻게 되시오?"
9 야곱이 바로에게 대답하였다.
"이 세상을 떠돌아다닌 햇수가 백 년
하고도 삼십 년입니다. 저의 조상들이
세상을 떠돌던 햇수에 비하면, 제가 누린
햇수는 얼마 되지 않지만, 험악한
세월을 보냈습니다."
10 야곱이 다시 바로에게 축복하고,
그 앞에서 물러났다.
11 요셉은 자기 아버지와 형제들을 이집트
땅에서 살게 하고, 바로가 지시한 대로,
그 땅에서 가장 좋은 곳, 라암세스 지역을
그들의 소유지로 주었다.
12 요셉은, 자기 아버지와 형제들과
아버지의 온 집안에, 식구 수에 따라서,
먹을거리를 대어주었다.
13 기근이 더욱 심해지더니, 온 세상에
먹을거리가 떨어지고, 이집트 땅과
가나안 땅에서는 이 기근 때문에
사람들이 야위어갔다. 14 사람들이
요셉에게 와서, 곡식을 사느라고 돈을
치르니, 이집트 땅과 가나안 땅의 모든

돈이 요셉에게로 몰렸고, 요셉은 그 돈을
바로의 궁으로 가지고 갔다.
15 이집트 땅과 가나안 땅에서 돈마저
떨어지자, 이집트 사람들이 모두
요셉에게 와서 말하였다. "우리에게
먹을거리를 주십시오. 돈이 떨어졌다고
하여, 어른께서 보시는 앞에서 죽을 수야
없지 않습니까?" 16 요셉이 말하였다.
"그러면, 너희가 기르는 집짐승이라도
가지고 오너라. 돈이 떨어졌다니,
집짐승을 받고서 먹을거리를 팔겠다."
17 그래서 백성들은 자기들이 기르는
집짐승을 요셉에게로 끌고 왔다. 요셉은
그들이 끌고 온 말과 양 떼와 소 떼와
나귀를 받고서, 먹을거리를 내주었다.
이렇게 하면서, 요셉은 한 해 동안 내내,
집짐승을 다 받고서, 먹을거리를
내주었다.
18 그 해가 다 가고, 이듬해가 되자,
백성들이 요셉에게로 와서 말하였다.
"돈은 이미 다 떨어지고, 집짐승마저 다
어른의 것이 되었으므로, 이제 어른께
드릴 수 있는 것으로 남은 것이라고는,
우리의 몸뚱아리와 밭뙈기뿐입니다.
어른께 무엇을 더 숨기겠습니까?
19 어른께서 보시는 앞에서, 우리가 밭과
함께 망할 수야 없지 않습니까? 그러니,
우리의 몸과 우리의 밭을 받고서,
먹을거리를 파십시오. 우리가 밭까지
바쳐서, 바로의 종이 되겠습니다.
우리에게 씨앗을 주십시오. 그러면,
우리가 죽지 않고 살아날 것이며, 밭도

황폐하게 되지 않을 것입니다." 20 요셉은
이집트에 있는 밭을 모두 사서, 바로의
것이 되게 하였다. 이집트 사람들은,
기근이 너무 심하므로, 견딜 수 없어서,
하나같이, 그들이 가지고 있는 밭을
요셉에게 팔았다. 그래서 그 땅은
바로의 것이 되었다.
21 요셉은 이집트 이 끝에서 저 끝까지를
여러 성읍으로 나누고, 이집트 전 지역에
사는 백성을 옮겨서 살게 하였다.
22 그러나 요셉은, 제사장들이 가꾸는
밭은 사들이지 않았다. 제사장들은
바로에게서 정기적으로 녹을 받고 있고,
바로가 그들에게 주는 녹 가운데는,
먹을거리가 넉넉하였으므로, 그들은 땅을
팔 필요가 없었다. 23 요셉이 백성에게
말하였다. "이제, 내가 너희의 몸과
너희의 밭을 사서, 바로께 바쳤다. 여기에
씨앗이 있다. 너희는 이것을 밭에 뿌려라.
24 곡식을 거둘 때에, 거둔 것에서 오분의
일을 바로께 바치고, 나머지 오분의 사는
너희가 가져라. 거기에서 밭에 뿌릴
씨앗을 따로 떼어 놓으면, 그 남은 것이
너희와 너희 집안과 너희 자식들의
먹을거리가 될 것이다."
25 백성들이 말하였다. "어른께서 우리의
목숨을 건져주셨습니다. 어른께서 우리를
어여삐 보시면, 우리는 기꺼이 바로의
종이 되겠습니다." 26 요셉이 이렇게
이집트의 토지법, 곧 밭에서 거둔 것의
오분의 일을 바로에게 바치는 법을
만들었으며, 지금까지도 그 법은

유효하다. 다만, 제사장의 땅만은 바로의
것이 되지 않았다.
27 이스라엘 자손은 이집트의 고센 땅에
자리를 잡았다. 거기에서 그들은 재산을
얻고, 생육하며 번성하였다. 28 야곱이
이집트 땅에서 열일곱 해를 살았으니,
그의 나이가 백마흔일곱 살이었다.
29 이스라엘은 죽을 날을 앞두고,
그의 아들 요셉을 불러놓고 일렀다.
"네가 이 아버지에게 효도를 할 생각이
있으면, 너의 손을 나의 다리 사이에 넣고,
네가 인애와 성심으로 나의 뜻을
받들겠다고, 나에게 약속하여라. 나를
이집트에 묻지 말아라. 30 내가 눈을 감고,
조상들에게로 돌아가면, 나를 이집트에서
옮겨서, 조상들께서 누우신 그곳에 나를
묻어다오." 요셉이 대답하였다.
"아버지 말씀대로 하겠습니다."
31 야곱이 다짐하였다. "그러면 이제
나에게 맹세하여라." 요셉이 아버지에게
맹세하니, 이스라엘이 침상 맡에
엎드려서, 하나님께 경배하였다.

40 야곱과 요셉의 생애가 끝나고

창세기 48장-50장

마지막 축복

이제 창세기의 대단원이 막을 내립니다. 아담과 하와가 에덴에서 추방 당한 이후 아브라함에서 이삭, 이삭에서 야곱, 야곱에서 요셉에 이르는 세월 동안 히브리 백성들이 겪은 고난과 격투, 새로운 목표를 향해 가는 여정이 기록된 창세기는, 인간이 하나님의 능력을 믿고 자신의 비극적인 운명을 희망의 삶으로 바꾸어내는 길을 보여주고 있습니다. 달리 말해 서, 고난 받은 백성이 하나님의 뜻에 따라 생명의 역사를 이끄는 주역으 로 나서는 이야기입니다. 앞길이 보이지 않는 암담한 지경에서도 하나님 의 능력과 축복에 힘입어 희망을 일구어내는 존재들에 대한 증언이자, 어떤 형편에도 마음과 영혼이 무너지지 않고 하나님의 뜻을 끝까지 믿어 자신을 지켜낸 사람들이 어떤 결말에 이르는지를 보여주고 있습니다.

이제 이런 여정을 통과해온 인물 가운데 하나인 야곱이 세상을 떠나는 때가 왔습니다. 그는 오 년의 흉년 기간을 보낸 뒤 십이 년을 더 이집트에서 살며 모두 십칠 년을 그곳에서 지냈습니다. 어려운 시기를 잘 넘기고 십이 년의 세월이 흐른 것이었으니 무언가 마무리를 짓는 때가 된 것이라 할 수 있습니다. 그러한 시점에서 야곱은 아들들에게 유언을 남깁니다. 그는 기근으로 잠시 이집트 제국에 몸을 의탁하기는 했으나 그들의 정신은 어디까지나 하나님과 함께 살아가는 역사임을 분명히합니다.

병이 들어 죽을 때가 가까워진 아버지를 찾은 요셉에게 야곱은 베델이라고 부른 가나안 땅 루스에서 겪은 믿음의 체험을 전합니다. 루스 또는 베델은 그가 집에서 추방당하다시피 나와 떠돌다가 어느 들판에서 돌베개를 하고 잠이 들었던 곳입니다. 아무런 기약도 없는 막막한 상황에서 만난 하나님을 증언하면서, 그는 요셉의 아들이자 자신의 손자인 므낫세와 에브라임을 아들로 삼겠다고 말합니다. 보통 자식에 대한 축복의 권리를 행사하는 사람은 아버지인데, 아버지 요셉을 대신해서 할아버지가 이들을 축복하겠다는 뜻입니다. 그러면서 이들을 자식들과 동격의 상속자로 세웁니다. 손자가 큰아버지들과 같은 항렬에 속하는 셈이니 당대의 상식과 전통을 뛰어넘는 파격입니다.

누워 있기도 힘겨웠을 야곱은 기력을 다해 침상에서 일어나는데, 그만큼 이 일이 중대했기 때문입니다. 다음 대목의 첫 시작 "이런 일"이란 그가 병들기 전에 요셉에게 가나안에 묻어달라고 했던 것을 말합니다.

이런 일이 있은 지 얼마 되지 않아서, 요셉은 아버지의 병환 소식을 들었다. 요셉은 두 아들 므낫세와 에브라임을 데리고, 아버지를 뵈러 갔다. 야곱 곧 이스라엘은 자기의 아들 요셉이 왔다는 말을 듣고서, 기력을 다하여, 침상에서 일어나 앉았다. 야곱이 요셉에게 말하였다. "전능하신 하나님이 가나안 땅 루스에서 나에게 나타나셔서, 거기에서 나에게 복을 허락하시면서, 나에게 이르시기를 '내가 너에게 수많은 자손을 주고, 그 수가 불어나게 하겠다. 내가 너에게서 여러 백성이 나오게 하고, 이 땅을 너의 자손에게 주어서, 영원한 소유가 되게 하겠다' 하셨다. 내가 너를 보려고 여기 이집트로 오기 전에, 네가 이집트 땅에서 낳은 두 아이는, 내가 낳은 아들로 삼고 싶다. 르우벤과 시므온이 나의 아들이듯이, 에브라임과 므낫세도 나의 아들로 한다. 이 두 아이 다음에 낳은 자식들은 너의 아들이다. 이 두 아이는 형들과 함께 유산을 상속받게 할 것이다. 내가 밧단을 떠나서 고향으로 돌아올 때에, 슬프게도, 너의 어머니 라헬이 가나안 땅에 다 와서, 조금만 더 가면 에브랏에 이를 것인데, 그만 길에서 세상을 떠나고 말았다. 나는 너의 어머니를 에브랏 곧 베들레헴으로 가는 길 옆에 묻었다." 창세기 48: 1-7

그리고 나서 야곱은 요셉의 아들들인 므낫세와 에브라임을 축복하는데 그 방식은 요셉의 기대와는 전혀 달랐습니다.

이스라엘이 요셉의 아들들을 보면서 물었다. "이 아이들이 누구냐?" ······ 요셉은 두 아이를 데려다가, 오른손으로 에브라임을 이끌어서 이스라엘의 왼쪽에 서게 하고, 왼손으로 므낫세를 이끌어서 이스라엘의 오른쪽에 서게 하였다. 그런데 이스라엘은, 에브라임이 작은 아들인데도, 그의 오른손을 에브라임의 머리 위에 얹고, 므낫세는 맏아들인데도, 그의 왼손을 므낫세의 머리 위에 얹었다. 야곱이 그의 팔을 엇갈리게 내민 것이다 ······ 요셉은 아버지가 오른손을 에브라임의 머리 위에 얹은 것을 보고서, 못마땅하게 여겼다.

요셉은 아버지의 오른손을 에브라임의 머리에서 므낫세의 머리로 옮기려고, 아버지의 오른손을 잡고 말하였다. "아닙니다, 아버지! 이 아이가 맏아들입니다. 아버지의 오른손을 큰 아이의 머리에 얹으셔야 합니다." 그러나 그의 아버지는 거절하면서 대답하였다. "나도 안다, 내 아들아, 나도 안다. 므낫세가 한 겨레를 이루고 크게 되겠지만, 그 아우가 형보다 더 크게 되고, 아우의 자손에게서 여러 겨레가 갈라져 나올 것이다."……이렇게 야곱은 에브라임을 므낫세보다 앞세웠다. 이스라엘이 요셉에게 말하였다. "나는 곧 죽는다. 그러나 하나님이 너희와 함께 계시고, 너희를 조상들의 땅으로 돌아가게 하실 것이다." 창세기 48: 8-21

요셉은 아버지 야곱이 나이들어 눈이 먼 것을 알고 자기가 아들들의 위치를 정하지만, 야곱은 팔을 엇갈리게 해서 본래 마음먹은 대로 에브라임 머리 위에 손을 얹어 자기의지를 관철합니다. 므낫세는 요셉이 고난을 겪고 나서 얻은 첫 아들로 그 이름은 '고난을 잊고 상처가 아물게 되었다'는 뜻이며, 에브라임은 그가 '수고한 땅에서 번성하게 되었다'는 의미입니다. 야곱은 자신의 후손들이 상처를 딛고 일어서는 정도가 아니라 번영의 차원까지 나아가기를 바라기에 에브라임을 택한 것일 수도 있습니다. 하지만 그의 행동은 요셉도 상상하지 못한 방식이었습니다. 축복의 의미를 지닌 오른손을 둘째아들 에브라임에게 얹으실 줄도 몰랐고, 그렇게 팔을 엇갈리게 해서 본래 가졌던 의지를 명확히하실 줄도 몰랐을 테니까 말이지요. 장자 상속의 전통과 충돌하고 있습니다.

그런데 성서는 고대 사회의 전통인 장자계승의 원칙을 따르지 않고 있습니다. 이삭도 야곱도 요셉도 모두 맏아들은 아니었습니다. 이는 기득권에 안주하는 기존의 질서를 역전시키시는 하나님의 뜻을 보여주는 대목입니다. 예수께서도 먼저 된 자가 나중 되고, 나중 된 자가 먼저 된다고 하신 바 있는데, 이 역시 기득권을 내세우는 현실에 대한 반격입니다. 변방이나 소외된 자리에서 도리어 새로운 생명의 기력이 움터 나온다는 겁니다. 예수님의 탄생지 베들레헴은 작은 고을이지만, 그곳에서 새로운 역사의 탄생이 이루어졌음을 성서는 증언하고 있지 않나요?

> "너 유대 땅에 있는 베들레헴아, 너는 유대 통치자들 가운데서 가장 작지 않다. 네게서 통치자가 나올 것이니, 그가 내 백성 이스라엘을 먹일 것이다."
>
> 마태복음 2: 6

나중 된 자가 먼저 되고

이 메시지의 핵심은 나중에 출발한 후발자後發者라는 것, 작다는 것, 주류가 아니라는 것을 넘어서는 하나님의 사건에 대한 일깨움입니다. 내가 먼저다, 크다, 중심이다, 이러한 생각이 인간을 교만하게 만들고 하나님의 역사를 무시하는 자로 스스로를 변모케 하지 않습니까? 거대한 것이 중요한 것이 아니라 그 안에 무엇이 있는가가 중요합니다. 겉보기에는 크지만 탐욕이 많고 사랑이 작다면 그것은 '작은 존재'입니다. 겉보기에는 작지만 생명의 기력이 넘치고 사랑이 무한하다면 그는 '큰 존재'입니다. 존재의 내면에 어떤 뜻이 들어 있느냐가 더 소중한 문제입니다. 먼저 된 것에 감사하고 겸손하게 하나님의 뜻을 묻는다면, 그런 이가 나중 될 일은 없습니다. 또 나중 된다 한들, 그 나중에서 또다시 새로운 사명을 찾아나설 테니, 그는 언제 어디서나 하나님 안에서 먼저 된 자가 됩니다. 태어난 순서, 지위, 재력, 학식, 신분 등으로 하나님의 역사가 결정되는 것은 아닙니다. 먼저 되었다고 적통嫡統을 주장하기보다 적통을 주장할 만한 영혼의 힘이 있느냐 없느냐가 더 중요합니다. 장자 적통이란 장자이기 때문에 자동적으로 생기는 기득권을 의미하는데, 성서는 "기득권이 있으면 다인가?"라고 반문하고 있습니다. 기득권을 누리고 있는 것을 철저하게 무너뜨리고 있지요. 정작 중요한 것은 인간을 사랑하는 마음이 있는가, 의로움을 좇는 용기가 있는가 하는 것들이지요.

야곱은 요셉의 아들들인 므낫세와 에브라임에 대한 축복을 마치고 열두 아들에 대한 자세한 평가와 축복을 유언으로 남깁니다.

> 야곱이 아들들을 불러놓고서 일렀다. "너희는 모여라. 너희가 뒷날에 겪을 일을, 내가 너희에게 말하겠다. 야곱의 아들들아, 너희는 모여서 들어라. 너희의 아버지 이스라엘이 하는 말에 귀를 기울여라.……" 창세기 49: 1-2

야곱, 열두 아들들에게 유언을 남기다

아들들을 하나하나 불러 개인적으로 하는 것이 아닙니다. 모두가 모인 자리에서 공개적으로 듣게 합니다. 각자의 장점에 대해서는 적극 격려해주고, 약점에 대해서도 단호하게 지적하고 있습니다. 문제가 있는 아들에 대한 유언은 어찌 보면 가혹하다 싶을 정도라서 무슨 아버지가 자식을 이리도 저주하는가 싶을지도 모르나, 이를 경계로 삼으면 살 길이 열린다는 가르침입니다.

현실을 매섭게 질타하는 성서의 예언서도 모두 이러한 각도와 의미를 가지고 있다는 점을 떠올리면 야곱의 유언이 담고 있는 뜻을 알 수 있습니다. 훗날 열두 아들은 이스라엘 12지파의 조상이 되어 이스라엘의 각 땅을 나누어 가지며, 그곳의 지명이 이들의 이름대로 붙여집니다.

아버지 야곱은 아들들에 대해 속속들이 알고 있습니다. 자식들은 아버지가 자기를 이렇게까지 자세히 알고 계실 줄은 꿈에도 몰랐을 것입니다. 믿음이 깊은 아버지가 자기를 어떻게 보고 계셨는지 듣게 되는 것은 당사자의 인생과 운명에 중대한 의미를 갖습니다. 평소에는 한 마디도 하지 않았던 일조차도 마지막에 언급해서 양심의 정곡을 찌르고 인생을 살면서 각자가 어떤 것을 깊이 생각해야 할지를 당부하는 놀라운 대목이 나옵니다.

르우벤 · 시므온 · 레위 · 유다

야곱은 열두 아들들에게 과연 어떤 유언과 축복, 경고를 남기고 눈을 감았을까요? 맏아들 르우벤부터 살펴보지요.

> "르우벤아, 너는 나의 맏아들이요. 나의 힘, 나의 정력의 첫 열매다. 그 영예가 드높고, 그 힘이 드세다. 그러나 거친 파도와 같으므로, 또 네가 아버지의 침상에 올라와서 네 아버지의 침상을 더럽혔으므로, 네가 으뜸이 되지는 못할 것이다." 창세기 49: 3-4

르우벤은 맏아들인 만큼 특별한 자랑거리입니다. 그래서 야곱은 그를 가리켜 "나의 힘, 나의 정력의 첫 열매다"라고 합니다. 탁월한 존재입니다. 영예가 드높고 힘이 세어 누구도 그를 필적할 만한 이가 없습니다. 그러나 르우벤에게는 치명적인 과오가 하나 있었지요. 오랫동안 거론하지 않은 일 하나가 비로소 아버지의 입을 통해 밝혀집니다. 르우벤은 자기 아버지의 아내인 빌하를 범하지 않았습니까? 빌하는, 자신의 작은어머니이자 이모이기도 한 라헬의 몸종 출신이지만 분명한 아버지의 아내였습니다. 일이 있었던 당시에 이미 야곱은 소문을 듣고 있었지만 발설하지 않았습니다. 그러나 이 일을 마지막 임종의 순간에는 덮고 지나가지 않았습니다. 그렇다고 아들에게 그때 왜 그랬는지 힐난하고 정죄하는 것도 아닙니다.

야곱은, "너는 나의 정력의 첫 열매인지라 열정이 뜨겁기가 대단하다. 그런데 그 열정이 지나쳐서 네가 아버지 침상을 더럽혔으니 너는 여러모로 탁월함에도 으뜸이 되지 못한다"라고 경고합니다. 르우벤은 열정이 없는 사람보다 훨씬 나은 것 아닙니까? 그러나 이를 절제할 줄 모르면, 오히려 그것이 앞날의 걸림돌이 될 수 있음을 일깨워주고 있지요. 아버지는 아들을 사랑하는 만큼 할 말을 한 것입니다. 그래야 인생을 바로잡을 수 있지 않겠습니까?

시므온과 레위는 디나의 성폭행 사건 당시 세겜 사람들을 속여 대학살극을 벌였던 장본인들입니다. 잔혹한 성격의 형제들이라 할 수 있습니다.

"시므온과 레위는 단짝 형제다. 그들이 휘두르는 칼은 난폭한 무기다. 나는 그들의 비밀 회담에 들어가지 않으며, 그들의 회의에 끼어들지 않을 것이다. 그들은 화가 난다고, 사람을 죽이고, 장난삼아 소의 발목 힘줄을 끊었다. 그 노여움이 혹독하고, 그 분노가 맹렬하니, 저주를 받을 것이다. 그들을 야곱 자손들 사이에 분산시키고, 이스라엘 백성 사이에 흩어버릴 것이다."^{창세} 기 49: 5-7

두 형제는 자신의 힘을 믿고 무모하게 덤비는 난폭한 성격의 인물들입니다. 그래서 이들의 분노와 힘은 능력이 아니라 저주의 원인이 될 수 있음을 각성시키고 있습니다. 이들은 작은 일에도 폭력을 휘두르는 성정의 사람들이고 혈기왕성함이 지나쳐 난폭하지요. 여기에 만약 어떤 지성적 훈련이 되어 있거나 마음 수양이 쌓여 있으면 그 맹렬함이 바른 몫을 할 수 있는 겁니다.

지적이기만 한 사람들은 실천력이 부족하기 쉽습니다. 그에 비해 시므온과 레위는 앞장서서 일을 떠맡는 사람이니 말만 앞세우는 사람보다 나을 수 있습니다. 하지만 이들에게는 난폭한 성정만 지배하고 있어서 이들이 있는 곳은 분노와 폭력과 분열이 생기고 마는 것입니다. 이런 사람들이 분노를 가라앉히고 지성적 훈련을 받게 되면 실천력까지 겸비한, 누구도 따를 수 없는 능력의 사람이 될 수 있습니다. 이 유언은 경고이자 잠재력에 눈뜨기를 바라는 아버지의 심정이 담겨 있습니다.

그 다음에 등장하는 유다는 어떻게든 요셉을 살리려 했고, 이집트에서는 동생 베냐민을 대신해서 인질을 자청했던 인물입니다. 그런 까닭인지 야곱의 유다에 대한 유언은 각별합니다. 그 내용도 많은 비중을 차지하고 있습니다.

"유다야, 너의 형제들이 너를 찬양할 것이다. 너는 원수의 멱살을 잡을 것이다. 너의 아버지의 아들들이 네 앞에 무릎을 꿇을 것이다. 유다야, 너는 사

자 새끼 같을 것이다. 나의 아들아, 너는 움킨 것을 찢어 먹고, 굴로 되돌아
갈 것이다. 엎드리고 웅크리는 모양이 수사자 같기도 하고, 암사자 같기도
하니, 누가 감히 범할 수 있으랴! 임금의 지휘봉이 유다를 떠나지 않고, 통치
자의 지휘봉이 자손 만대에까지 이를 것이다. 권능으로 그 자리에 앉을 분이
오시면, 만민이 그에게 순종할 것이다. 그는 나귀를 포도나무에 매며, 그 암
나귀 새끼를 가장 좋은 포도나무 가지에 맬 것이다. 그는 옷을 포도주에다
빨며, 그 겉옷은 포도의 붉은 즙으로 빨 것이다. 그의 눈은 포도주 빛보다 진
하고, 그의 이는 우유 빛보다 흴 것이다." 창세기 49: 8-12

유다 지파는 훗날 이스라엘 역사의 최대 지파로 성장합니다. 유다는
동생 요셉과 베냐민을 위해 자기를 헌신할 줄 아는 의리의 존재였고 필
요하다면 자기 희생도 불사했습니다. 며느리 다말의 사건에서도 진실이
밝혀지는 순간, 이를 정직하게 받아들일 줄 아는 사람이었습니다. 아버
지 야곱은 이런 유다가 모든 형제들에게 모범이 될 것이라며 "너의 형제
들이 너를 찬양할 것이다"라고 말했으며, 대적해야 할 때 물러섬이 없어
"너는 원수의 멱살을 잡을 것이다"라며 그의 용맹함을 사자에 비교하고
있습니다. 또한 어찌나 기대와 믿음이 큰지 유다는 지도력의 근본이자
포도주로 상징되는 번성의 중심으로 치켜지고 있습니다. 믿음은 용기와
함께합니다. 용기를 갖는 것이 또한 믿음의 힘입니다. 야곱은 유다에게
서 그 점을 주목하고 있습니다.

스불론 · 잇사갈 · 단 · 갓

스불론은 항구에 비견되고 있습니다.

"스불론은 바닷가에 살며, 그 해변은 배가 정박하는 항구가 될 것이다. 그의 영토는 시돈에까지 이를 것이다." 창세기 49: 13

항구는 별의별 온갖 사람들을 넉넉하게 품어주는 공간임을 상징합니다. 오면 오는 대로 가면 가는 대로 따뜻하고 너그럽게 사람들을 맞이하고 보냅니다. 따라서 스불론에게 사람들이 정박하는 항구처럼 되라는 말은 그가 마음이 넓고 사람들이 그에게 의탁하고 싶어할 만한 인품임을 말해줍니다. 그의 영토가 시돈까지 이른다고 했는데, 시돈은 고대로부터 아주 유명한 항구도시이니 그의 삶은 언제나 바다를 향해 있다는 겁니다. 이는 또한 그가 모험적이고 세상을 보는 안목이 드넓음을 말해주기도 합니다. 모두가 땅만 차지하려 하는데 스불론의 눈은 바다를 주시하고 있습니다. 바다를 통해 더 넓고 큰 세계로 나아가는 마음을 품고 사는 존재인 셈이지요. 폐쇄적인 문명이 아니라 세계와 호흡하면서 새로운 문명을 일구어내는 힘이 이런 존재에게서 나옵니다. 땅과 함께 바다의 힘에 눈뜨면, 우리 인생도 더 풍요해지지 않을까요.

잇사갈은 그 유언의 내용이 좀 안됐다는 느낌을 받습니다. 뼈만 남은 나귀요, 압제를 받으며 사는 노예가 된다니 자식에 대한 아버지의 유언 치고는 너무 심하지 않나 싶습니다.

"잇사갈은 안장 사이에 웅크린, 뼈만 남은 나귀 같을 것이다. 살기에 편한 곳을 보거나, 안락한 땅을 만나면, 어깨를 들이밀어서 짐이나 지고, 압제를 받으며, 섬기는 노예가 될 것이다." 창세기 49: 14-15

이는 잇사갈에 대한 중대한 경고입니다. 잇사갈은 좋은 조건 속에서도 게으르게 지내 결국 자기 인생의 주인이 되지 못한다는 교훈입니다. 살기 편한 것만 보며, 노력하지 않고 대충 지내다가는 남의 노예생활밖에 할 수 없다는 겁니다. 그것은 "너는 그래 봐야 남의 노예밖에 안 돼"라고 저주하는 게 아니라, "너는 도대체가 편하다 싶거나 좋은 조건을 만나면 거기에 맞는 일과 노력을 하지 않는구나. 그러다가 망한다"는 거지요. 이제부터라도 각성하고 책임감 있게 살라는 충고가 담겨 있습니다. 아버지의 유언을 그렇게 알아들어야만 지혜로운 아들입니다.

도전정신을 가지고 주어진 조건을 최선을 다해 자산으로 삼아 살아 나간다면 좋은 일이 생기는 겁니다. 잇사갈은 유리한 환경에도 불구하고 낙오하는 인간에 대한 반면교사입니다. 하나님이 주신 축복을 지혜롭게 자기의 능력으로 삼지 못하고 때를 놓치면 비탄에 빠지는 비극의 주인공이 될 수 있습니다. 이런 이야기를 함께 듣고 있던 다른 형제들도 혹시 자신에게 그런 점은 없는지 돌아보는 계기가 되지 않았을까 싶습니다.

단은 총명하고 용감한 사람이었던 모양입니다.

"단은 이스라엘의 한 지파 구실을 톡톡히 하여, 백성을 정의로 다스릴 것이다. 단은 길가에 숨은 뱀 같고, 오솔길에서 기다리는 독사 같아서, 말발굽을 물어, 말에 탄 사람을 뒤로 떨어뜨릴 것이다. 주님, 제가 주님의 구원을 기다립니다." 창세기 49: 16-18

단은 정의감도 강하고 슬기로워 인생의 고비를 능히 헤쳐 나갈 것이라고 합니다. 정의감은 충만한데 지혜롭지 못하면 자충수를 두고 자기 덫에 빠질 수 있습니다. 비둘기처럼 순결하고 뱀처럼 지혜로워야 한다는 말은 이런 까닭입니다. 단은 한 지파의 지도자로서 세상의 유행에 흔들리지 않고 의로움을 지킬 뿐만 아니라 현실에 지혜롭게 대응할 줄 아는 전략가적인 능력도 가지고 있다는 거지요. 그는 "길가에 숨은 뱀"이고 "오솔길에서 기다리는 독사"이기에 말을 탄 사람을 떨어뜨린다는 겁니다. 말을 탄 사람은 세력가이자 권력자입니다. 거기에 당하지 않는다니, 얼핏 약하게 보이나 숨을 때 숨고 기다릴 때 기다릴 줄 아는, 뛰어난 지략가로서 불리한 상황도 뒤집을 줄 안다는 겁니다. 이 능력은 하나님의 사람으로서 매우 소중한 축복입니다.

갓은 강인한 능력을 가진 인물입니다.

"갓은 적군의 공격을 받을 것이다. 마침내 적군의 뒤통수를 칠 것이다." 창
세기 49: 19

갓은 위기에 몰릴 때가 있어도 결국 사태를 역전시키는 힘을 발휘할 줄 안다고 합니다. 그러니 만약 죽을 고비를 만난다고 해도 "이제, 죽었구나!" 하면서 지레 포기하지 말라는 겁니다. 잠시 생각을 깊이 하면 마침내 살 길이 열린다는 거지요. 약하고 작아서 늘 피해만 보는 모든 인생에게 주는 가르침입니다.

아셀 · 납달리 · 요셉 · 베냐민

아셀은 풍요한 인생이 기약되어 있다고 합니다.

"아셀에게서는 먹을거리가 넉넉히 나올 것이니 그가 임금의 수라상을 맡을 것이다." 창세기 49: 20

그는 단지 개인적으로 풍족한 인생을 사는 정도에 그치지 않고 왕의 식탁을 책임지는 정도로 신뢰를 얻는다고 말하고 있습니다. 국가의 운명과 관계된 책임을 도맡게 되는 셈입니다. 임금의 수라상을 맡아보는 직책은 아무나 하지 못합니다. 인망이 높고 신뢰가 두터워 사람들의 천거를 받는 인물일 것입니다. 하나님의 사람은 개인의 차원을 넘어 공동체 전체의 운명에 관여되는 축복을 받게 되는 겁니다.

납달리라는 아들은 뭇사람들이 사랑합니다.

"납달리는 풀어놓은 암사슴이어서, 그 재롱이 귀여울 것이다." 창세기 49: 21

인간이 언제나 비장하고 엄숙하며 거대한 이상을 품고 살아가야만 하는 것은 아닙니다. 어떤 이들은 그 존재 자체가 사람들에게 기쁨을 줄 수 있습니다. 각박한 세상에서 누군가 사람들에게 "아, 저렇게 귀엽고 아름다운 이가 있구나!" 하는 감탄과 즐거움을 준다면 그것이 이미 축복입니다. 이상을 일깨우는 자가 있는가 하면 큰 틀의 역사를 책임지는 자가 있고, 전투력이 강한 사람이 있는가 하면 일상의 삶에서 사람들의 마음을 부드럽고 따뜻하게 만드는 이도 있습니다. 납달리는 그러한 유형의 인물로서 그와 함께 있으면 까닭 없이 기분이 좋아진다고 할 수 있지요.

이제 요셉의 차례입니다. 납달리가 사랑스러운 존재라고 한다면 요셉은 산맥보다 더 큰 존재입니다.

"요셉은 들망아지, 샘 곁에 있는 들망아지, 언덕 위에 있는 들나귀다. 사수들이 잔인하게 활을 쏘며 달려들어도, 사수들이 적개심을 품고서 그를 과녁으로 삼아도, 요셉의 활은 그보다 튼튼하고, 그의 팔에는 힘이 넘친다. 야곱이 섬기는 '전능하신 분'의 능력이 그와 함께 하시고, 목자이신 이스라엘의 반석께서 그와 함께 계시고, 너의 조상의 하나님이 너를 도우시고, 전능하신 분께서 너에게 복을 베푸시기 때문이다. 위로 하늘에서 내리는 복과, 아래로 깊은 샘에서 솟아오르는 복과, 젖가슴에서 흐르는 복과, 태에서 잉태되는 복을 베푸실 것이다. 너의 아버지가 받은 복은 태곳적 산맥이 받은 복보다 더 크며, 영원한 언덕이 받은 풍성함보다도 더 크다. 이 모든 복이 요셉에게로 돌아가며, 형제들 가운데서 으뜸이 된 사람에게 돌아갈 것이다." 창세기 49: 22-26

요셉은 이미 그 삶 자체로 하나님의 축복을 입증한 인물이었으며, '들판의 사람'이라고 할 만합니다. 기존의 질서에 그냥 머리를 숙이고 자기의 꿈과 의지를 꺾는 사람이 아니라, 야성野性을 지니면서 하나님과 함께 현실을 감당하는 존재입니다. 길에 버려졌지만, 살아남았을 뿐만이 아니라 누구도 당해내지 못하는 능력을 발휘하면서 마침내 으뜸이 되었습니다. 그에 더하여 많은 사람들의 생명을 구하는 위치까지 올랐으니 야곱은 큰 산맥 중에도 가장 높은 산맥이지요. 그런 까닭에 히브리 역사에서 요셉은 축복의 모델입니다.

요셉의 친 아우이자 막내인 베냐민은 맹렬한 인물입니다.

"베냐민은 물어뜯는 이리다. 아침에는 빼앗은 것을 삼키고, 저녁에는 움킨 것을 나눌 것이다." 창세기 49: 27

베냐민은 야곱의 아들 가운데 가장 어리지만 용맹하기 이를 데 없고 자신의 능력과 성취의 열매를 다른 이들과 함께 나눈다고 합니다. 강하다고 혼자 모든 것을 차지하는 자가 아니라 베풀 줄 아는 넉넉함이 있지요. 베냐민 지파는 훗날 야곱의 열두 아들 가운데 가장 작은 지파가 됩니다. 그런데 그 지파에서 이스라엘의 최초 왕인 사울이 나옵니다. 작고 여린 듯 하지만 숨은 저력은 대단했지요.

이렇게 야곱의 마지막 유언 내용을 보면, 아들들의 미래에 대한 간절한 염원과 충고 그리고 격려와 축복이 담겨 있습니다. 그의 유언에서 크게 배우게 되는 것은 진정한 축복은 경고까지 담고 있어야 한다는 점입니다. 말하자면 "너에게는 이런 점이 부족한데 그걸 채워 살아가면 더욱 좋겠구나" 하는 이야기입니다.

이들은 모두 이스라엘의 열두 지파이다. 이것은 그들의 아버지가 그들을 축복할 때에 한 말이다. 그는 아들 하나하나에게 알맞게 축복하였다. 창세기 49: 28

"아들 하나하나에 알맞은 축복"이라는 점에 주목해봅니다. 상대에게 가장 필요한 말, 가장 소중한 희망을 쏟아부어주는 것이 사랑입니다. 따라서 야곱의 유언은 아들들에 대한 극진한 사랑의 표현입니다. 이 모든 유언을 마친 야곱은 자신이 묻힐 곳을 알리고 숨을 거둡니다.

야곱이 아들들에게 일렀다. "나는 곧 세상을 떠나서, 나의 조상들에게로 돌아간다. 내가 죽거든, 나의 조상들과 함께 있게 헷 사람 에브론의 밭에 있는 묘실에 묻어라."…… 야곱은 자기 아들들에게 이렇게 이르고 나서, 침상에 똑바로 누워 숨을 거두고, 조상에게로 돌아갔다. 창세기 49: 29-33

누구에게도 추한 모습을 보이지 않고 하고 싶은 말을 남기고 여한 없이 살다가 세상과 작별할 수 있다면 얼마나 큰 축복입니까? 요셉의 아들들을 축복할 때에는 기력을 다해 침상에서 일어났고, 자식들 하나하나에 대한 이야기를 모두 마친 후 그는 죽을 시간을 미리 알고 정확히 맞춘 듯이 세상과 이별합니다. 깨끗한 마무리이며, 누구나 바라는 최후의 모습입니다. 하나님의 사람으로 평생을 살아온 자의 축복이라고 할 만하지요. 그가 숨을 거두자 요셉을 비롯하여 가족들은 깊이 애곡합니다. 그러고는 아버지의 유지를 받들어 가나안 땅에서 장례를 지내기 위해 바로의 허락을 얻어 길을 떠납니다. 장례행렬은 장관이었습니다. 장사 지내는 기간이 사십 일을 넘겼고 칠십 일간을 곡하였습니다. 요셉의 위세 때문만이 아니라 사람들이 요셉을 진정으로 사랑하고 그의 슬픔을 함께했다고 할 수 있습니다.

두려워하는 형제들

성서가 야곱의 죽음과 장례를 기록하고 있는 것은, 야곱 즉 이스라엘이 이집트 제국에서 환대를 받고 최고 권력자 바로까지 나서서 장례에 참석했음을 증언하기 위한 목적도 있습니다. 이후 세월이 지나 히브리 백성들이 이집트 제국의 노예로 전락하는 상황이 벌어졌지만, 한때 이집트 제국이 야곱 일가로부터 은혜를 입고 살아났으며 그에 대한 감사로 야곱의 장례식도 성대하게 치렀다는 사실을 분명히 전하고 있습니다.

이 장례행렬을 기억하지 못하는 세대가 등장하면서, 역사는 반전될 수 있습니다. 그런 점에서 이스라엘은 '기억 공동체'라는 사실을 염두에 둘 필요가 있습니다. 하나님의 은혜 가운데 살아온 시절의 기억은 이들에게 고난을 이기는 힘이 될 수 있기 때문입니다.

요셉이 아버지의 얼굴에 엎드려서, 울며 입을 맞추고, 시의들을 시켜서, 아버지 이스라엘의 시신에 방부제 향 재료를 넣게 하니, 시의들이 방부제 향 재료를 넣는데, 꼬박 사십 일이 걸렸다. 시신이 썩지 않도록, 향 재료를 넣는 데는 이만큼 시간이 걸린다. 그리고 이집트 사람들이 그의 죽음을 애도하며, 칠십 일을 곡하였다……요셉이 자기 아버지를 묻으러 올라갈 때에, 바로의 모든 신하와, 그 궁에 있는 원로들과, 이집트 온 나라에 있는 모든 원로와, 요셉의 온 집안과, 그 형제들과, 아버지의 집안 사람이, 그들에게 딸린 어린 아이들과 양 떼와 소 떼는 고센 땅에 남겨둔 채로 요셉과 함께 올라가고, 거기에다 병거와 기병까지 요셉을 호위하며 올라가니, 그 굉장한 상여 행렬이 볼 만하였다……야곱의 아들들은, 아버지가 명령한 대로……아버지의 시신을 가나안 땅으로 모셔다가, 마므레 앞 막벨라 밭에 있는 굴에 장사하였다……요셉은 아버지의 장례를 치르고 난 다음에, 그의 아버지를 장사지내려고 그와 함께 갔던 형제들과 다른 모든 사람들을 데리고, 이집트로 돌아왔다. 창세기 50: 1-14

야곱의 장례를 마치자 형제들에게는 새로운 걱정거리가 생겼습니다. 총리대신인 요셉이 아버지를 봐서 지금껏 자기들을 용서했지만 이제는 그럴 이유가 없어져 옛일로 보복하면 어쩌나 걱정했던 것입니다. 그러나 그것은 요셉의 마음과 믿음을 알지 못한 무지의 소치였습니다. 형들은 아버지가 남긴 유언이라고 하면서 자기들을 용서하라고 요셉에게 전합니다. 그런 유언이 실제로 있었는지 확인할 길은 없습니다. 중요한 것은 이들이 두려워했다는 사실입니다.

요셉의 형제들은 아버지를 여의고 나서 '요셉이 자기들을 미워하여, 그들에게서 당한 온갖 억울함을 앙갚음하면 어찌하나' 하는 생각이 들어서, 요셉에게 전갈을 보냈다. "아버지께서 돌아가시기 전에 남기신 유언이 있습니다. 아우님에게 전하라고 하시면서 '너의 형들이 너에게 몹쓸 일을 저질렀지만, 이제 이 아버지는 네가 형들의 허물과 죄를 용서하여주기를 바란다' 하셨습니다. 그러니 아우님은, 우리 아버지께서 섬기신 그 하나님의 종들인 우리가 지은 죄를 용서하여주시기 바랍니다." 요셉은 이 말을 전해듣고서, 울었다. ^창세기 50: 15–17

요셉은 자기를 두려워하고 있는 형들을 생각하면서 웁니다. 아버지를 여읜 뒤에 남아 있는 형들에 대한 뜨거운 형제애가 북받친 것입니다. 요셉에게 전갈을 보내고 난 형들은 요셉을 직접 찾아가 그 앞에 엎드립니다. 말로 전할 때에는 자기들이 "하나님의 종들"이라고 했다가 막상 그 앞에서는 스스로를 "아우 요셉의 종"이라고 낮추면서 목숨을 살려달라고 하지요. 그러나 요셉은 형들에게 매우 중요한 자신의 믿음을 고백합니다. 이 대목은 창세기 전반에 걸쳐 있는 하나님의 섭리에 대한 핵심적인 증언입니다.

곧 이어서, 요셉의 형들이 직접 와서, 요셉 앞에 엎드려서 말하였다. "우리는 아우님의 종입니다." 요셉이 그들에게 말하였다. "두려워하지 마십시오. 내가 하나님을 대신하기라도 하겠습니까? 형님들은 나를 해치려고 하였지만, 하나님은 오히려 그것을 선하게 바꾸셔서, 오늘과 같이, 수많은 사람의 생명을 구원하셨습니다. 그러니 형님들은 두려워하지 마십시오. 내가 형님들을 모시고, 형님들의 자식들을 돌보겠습니다." 이렇게 요셉은 그들을 간곡한 말로 위로하였다. 창세기 50: 18-21

요셉은 형들에게 두려워하지 말라고 먼저 안심시킵니다. 그러고는 간곡히 말합니다. 그는 자신이 성취한 업적을 열심히 노력해서 얻은 열매라고 과시하지 않습니다. 서로간의 관계가 악연이 될 소지가 많았지만 하나님께서 이를 선하게 바꾸셨다고 말하고 있습니다. 그는 하나님의 선하신 뜻은 모두를 살리는 것이니 용서하고 말고가 없고, 형들과 그 자손들을 잘살도록 해주는 것이 당연하다고 밝히고 있습니다. 내용도, 말하는 자세도 중요합니다. 요셉은 이 모든 말을 자신을 내세우면서 적선을 베풀 듯이, 아니면 위압적으로 교만하게 한 것이 아니었습니다. 도리어 그는 상대에게 간청하는 자처럼 겸손하게 말하며 형들의 마음을 평안하게 하고 있습니다. 하나님을 믿고 그 뜻에 따르는 자의 모습입니다.

악한 일도 선하게 바꾸다

하나님의 섭리가 악한 일을 선하게 바꾸셨다는 요셉의 고백은, 맨 처음 형들 앞에 자기 정체를 드러낼 때 했던 말보다 더 깊은 믿음의 진전임을 주목해야 합니다. 이전에 요셉은 "내가 형님들이 이집트로 팔아넘긴 그 아우입니다"라고 하면서 "형님들이 나를 이곳에 팔아넘기긴 하였습니다만, 그것은 하나님이, 형님들보다 앞서서 나를 여기에 보내, 우리의 목숨을 살리려고 하신 일입니다"라고 했지요. 즉 자기가 이집트에 오게된 까닭과 목적이 이미 하나님의 섭리 안에서 정해졌던 일이라고 고백했습니다. 자기가 고난을 거치며 여기까지 오게 된 책임을 형들에게 묻지 않으며, 보이지 않는 하나님의 뜻이라는 겁니다.

그런데 이번에는 목적에 대한 일깨움만이 아니라 그 과정에서 하나님이 선한 역사를 이루어내시는 역전逆轉의 차원을 강조하고 있습니다. 인간은 죽음을 도모하려 했으나 하나님은 생명의 길로 인도하신다는 이 믿음은 성서 전체에 흐르는 기본 주제입니다.

요셉은 자신이 총리대신이 된 중요한 이유를 분명히 자각하고 있습니다. 그는 자신을 해치기 위해 일어난 일들을 하나님께서 모두 선하게 바꾸셔서 많은 사람들의 생명을 구하는 일을 감당케 하셨다고 고백합니다. 따라서 형들에게 "나는 용서고 뭐고 할 권리도 없고, 그 문제를 거론할 이유도 없으며, 하나님의 선하심 가운데 우리 함께 복되게 살아갑시다"라고 말합니다. 인간은 선한 것도 악하게 끌고 가는데 하나님은 악한 일도 선한 열매를 거두는 계기로 바꾸어내신다는 이야기입니다. 여기에서 우리는 희망의 감격을 느끼게 됩니다. 어떤 상황에도 좌절하지 않게 됩니다.

젊고 기백이 넘치던 요셉도 역시 세월이 흐르자 세상을 떠나게 됩니다. 그도 아버지 야곱처럼 가나안 땅에 묻어달라고 유언을 남깁니다. 아버지가 걸어갔던 길대로 자신의 죽음도 이스라엘 백성의 정신적 깃발이 되는 겁니다.

요셉이 아버지의 집안과 함께 이집트에 머물렀다. 요셉은 백 년 하고도 십 년을 더 살면서, ……자기 친족들에게 말하였다. "나는 곧 죽는다. 그러나 하나님께서 반드시 너희를 돌보시고, 너희를 이 땅에서 인도하여 내셔서, 아브라함과 이삭과 야곱에게 맹세하신 땅에 이르게 하실 것이다." 요셉은…… "하나님께서 반드시 너희를 돌보실 날이 온다. 그때에 너희는 나의 뼈를 이곳에서 옮겨서, 그리로 가지고 가야 한다." 요셉이 백열 살에 세상을 떠나니, 사람들은 그의 시신에 방부제 향 재료를 넣은 다음에, 이집트에서 그를 입관하였다. 창세기 50: 22-26

이로써 아브라함에서 이삭, 이삭에서 야곱, 야곱에서 요셉까지의 4대에 걸친 대하 드라마가 막을 내립니다. 이 계보는 인생의 무대 위에서 온갖 고난을 이겨내며 마침내 생명의 공급자로 책임을 다하는 하나님의 사람들이 펼치는 이야기이자 그들의 고백입니다. 애초에 '생명의 동산'에서 추방되었던 인간이 그저 고난을 겪어낸 이야기가 아닙니다. 하나님의 섭리에 눈뜨고 구체적인 삶과 역사의 현장에서 생명과 희망, 사랑과 평화의 주체로 일어서는 이야기입니다.

하나님은 인간이라는 생명을 창조하셨는데, 그 인간은 생명을 가벼이 여기고 자멸의 길을 걸었습니다. 그러나 하나님은 인간이 죄를 지을 때마다 번번이 경고하셨고 살 길을 끊임없이 열어주셨습니다. 그래서 칠 년 흉년의 큰 위기도 요셉이라는 지혜로운 한 존재를 통해 공동체 전체를 살리는 역사를 만들어내셨습니다.

우리 자신의 '창세기'를 위하여

생명 · 자유 · 해방의 하나님은 이렇게 우리의 편에 서서 그 사랑을 관철하십니다. 그 사랑으로 우리는 새로운 존재로 거듭날 수 있습니다. 의지와 용기가 샘솟고 황폐한 영혼에 생명과 사랑의 힘이 태어납니다. 우리가 새롭게 창조되는 시간이 곧 '태초'입니다. 태초의 시간은 멀고 먼 태곳적 알 수 없는 원초적 어느 지점으로만 그치는 것이 아니라 한 사람의 인생이 변화되고 있는 현재진행형의 시간입니다.

돌아보면, 인간은 하나님의 축복 속에 하나의 생명체로 탄생했습니다. 우리가 그 은총을 잊고 생명의 길에서 스스로 멀어졌을 뿐입니다. 하지만 하나님은 그 어느 순간에도, 생명의 줄을 놓지 않으시고 우리가 고난을 겪는 중에도 준비해두신 축복과 은혜를 배우는 과정으로 이끄십니다. 절벽에 서보기도 하고, 눈물을 하염없이 흘려보기도 하고, 두려움과 불안에 휩싸여 밤을 지새우기도 하면서 우리는 비로소 자신을 깊이 돌아보고 하나님과 마주하는 시간을 갖습니다. 그 순간, 우리는 새롭게 창조됩니다. 새로운 태초의 사건이 그렇게 시작되며, 하나님과 우리는 하나가 되어 생명의 역사를 다시 써나가는 것입니다.

창세기는 이미 기록이 완성된 사건이나 고정된 역사가 아닙니다. 지금도 끊임없이 진행 중인 하나님의 사건입니다. 이 태초의 순간을 나날이 경험하여 새로워지고, 그 가운데 자신의 '창세기'를 가지는 멋진 인생을 살아가야 합니다. 우리 자신이 창세기의 저자가 되는 겁니다. 우리는 흙먼지처럼 미미한 존재로 출발했으나 하나님께서 생명의 기력을 부어주셨습니다. 이로써 우리를 둘러싸고 있는 현실을 아름답고 새롭게 창조해

나가는 주인공이 될 수 있습니다. 우리는 하나님 나라의 주인이며 새로운 역사의 주역입니다. 그렇게 해서 인류는 생명의 역사를 자신의 능력으로 삼아가는 축복을 누리게 됩니다. 창세기는 그 문을 여는 열쇠를 우리 손에 쥐어주고 있습니다.

여기서 창세기는 막을 내리지만 하나님께서는 여전히 이 축제의 장으로 우리를 초대하고 계십니다. 거기에서 우리는 반드시 하나님을 만나 사랑과 생명이 넘치는 충만한 삶을 살게 될 것입니다. 우리가 새롭게 창조되는 '태초의 시간'은 어느 때에도 멈추지 않습니다.

48

¹ 이런 일이 있은 지 얼마 되지 않아서, 요셉은 아버지의 병환 소식을 들었다. 요셉은 두 아들 므낫세와 에브라임을 데리고, 아버지를 뵈러 갔다.

² 야곱 곧 이스라엘은 자기의 아들 요셉이 왔다는 말을 듣고서, 기력을 다하여, 침상에서 일어나 앉았다. ³ 야곱이 요셉에게 말하였다. "전능하신 하나님이 가나안 땅 루스에서 나에게 나타나셔서, 거기에서 나에게 복을 허락하시면서, ⁴ 나에게 이르시기를 '내가 너에게 수많은 자손을 주고, 그 수가 불어나게 하겠다. 내가 너에게서 여러 백성이 나오게 하고, 이 땅을 너의 자손에게 주어서, 영원한 소유가 되게 하겠다' 하셨다. ⁵ 내가 너를 보려고 여기 이집트로 오기 전에, 네가 이집트 땅에서 낳은 두 아이는, 내가 낳은 아들로 삼고 싶다. 르우벤과 시므온이 나의 아들이듯이, 에브라임과 므낫세도 나의 아들로 한다.

⁶ 이 두 아이 다음에 낳은 자식들은 너의 아들이다. 이 두 아이는 형들과 함께 유산을 상속받게 할 것이다. ⁷ 내가 밧단을 떠나서 고향으로 돌아올 때에, 슬프게도, 너의 어머니 라헬이 가나안 땅에 다 와서, 조금만 더 가면 에브랏에 이를 것인데, 그만 길에서 세상을 떠나고 말았다. 나는 너의 어머니를 에브랏 곧 베들레헴으로 가는 길옆에 묻었다."

⁸ 이스라엘이 요셉의 아들들을 보면서 물었다. "이 아이들이 누구냐?" ⁹ 요셉이 자기 아버지에게 대답하였다. "이 아이들은 여기에서 하나님이 저에게 주신 자식들입니다." 이스라엘이 말하였다. "아이들을 나에게로 가까이 데리고 오너라. 내가 아이들에게 축복하겠다."

¹⁰ 이스라엘은 나이가 많았으므로, 눈이 어두워서 앞을 볼 수 없었다. 요셉이 두 아들을 아버지에게로 이끌고 가니, 야곱이 그들에게 입을 맞추고 끌어안았다. ¹¹ 이스라엘이 요셉에게 말하였다. "내가 너의 얼굴을 다시 볼 것이라고는 생각도 못하였는데, 이제 하나님은, 내가 너의 자식들까지 볼 수 있도록 허락하셨구나." ¹² 요셉은 이스라엘의 무릎 사이에서 두 아이들을 물러나게 하고, 땅에 얼굴을 대고 엎드려서, 절을 하였다. ¹³ 그런 다음에 요셉은 두 아이를 데려다가, 오른손으로 에브라임을 이끌어서 이스라엘의 왼쪽에 서게 하고, 왼손으로 므낫세를 이끌어서 이스라엘의 오른쪽에 서게 하였다.

¹⁴ 그런데 이스라엘은, 에브라임이 작은 아들인데도, 그의 오른손을 에브라임의 머리 위에 얹고, 므낫세는 맏아들인데도, 그의 왼손을 므낫세의 머리 위에 얹었다. 야곱이 그의 팔을 엇갈리게 내민 것이다. ¹⁵ 야곱이 요셉을 축복하였다. "나의 할아버지 아브라함과 아버지 이삭을 보살펴 주신 하나님, 내가 태어난

날로부터 오늘에 이르기까지 나의 목자가 되어주신 하나님, 16 온갖 어려움에서 나를 건져주신 천사께서, 이 아이들에게 복을 내려주시기를 빕니다. 나의 이름과 할아버지의 이름 아브라함과 아버지의 이름 이삭이 이 아이들에게서 살아 있게 하여주시기를 빕니다. 이 아이들의 자손이 이 땅에서 크게 불어나게 하여주시기를 빕니다." 17 요셉은 아버지가 오른손을 에브라임의 머리 위에 얹은 것을 보고서, 못마땅하게 여겼다. 요셉은 아버지의 오른손을 에브라임의 머리에서 므낫세의 머리로 옮기려고, 아버지의 오른손을 잡고 말하였다. 18 "아닙니다, 아버지! 이 아이가 맏아들입니다. 아버지의 오른손을 큰 아이의 머리에 얹으셔야 합니다." 19 그러나 그의 아버지는 거절하면서 대답하였다. "나도 안다. 내 아들아, 나도 안다. 므낫세가 한 겨레를 이루고 크게 되겠지만, 그 아우가 형보다 더 크게 되고, 아우의 자손에게서 여러 겨레가 갈라져 나올 것이다." 20 그날, 야곱은 이렇게 그들을 축복하였다. "이스라엘 백성이 너희의 이름으로 축복할 것이니 '하나님이 너를 에브라임과 같고 므낫세와 같게 하시기를 빈다'고 할 것이다." 이렇게 야곱은 에브라임을 므낫세보다 앞세웠다. 21 이스라엘이 요셉에게 말하였다. "나는 곧 죽는다. 그러나 하나님이 너희와 함께 계시고, 너희를 조상들의 땅으로 돌아가게 하실 것이다. 22 그리고 네 형제들 위에 군림할 너에게는, 세겜을 더 준다. 세겜은 내가 칼과 활로 아모리 사람의 손에서 빼앗은 것이다."

49 1 야곱이 아들들을 불러놓고서 일렀다. "너희는 모여라. 너희가 뒷날에 겪을 일을, 내가 너희에게 말하겠다.

2 야곱의 아들들아, 너희는 모여서 들어라. 너희의 아버지 이스라엘이 하는 말에 귀를 기울여라. 3 르우벤아, 너는 나의 맏아들이요, 나의 힘, 나의 정력의 첫 열매다. 그 영예가 드높고, 그 힘이 드세다. 4 그러나 거친 파도와 같으므로, 또 네가 아버지의 침상에 올라와서 네 아버지의 침상을 더럽혔으므로, 네가 으뜸이 되지는 못할 것이다.

5 시므온과 레위는 단짝 형제다. 그들이 휘두르는 칼은 난폭한 무기다. 6 나는 그들의 비밀 회담에 들어가지 않으며, 그들의 회의에 끼어들지 않을 것이다. 그들은 화가 난다고, 사람을 죽이고, 장난삼아 소의 발목 힘줄을 끊었다. 7 그 노여움이 혹독하고, 그 분노가 맹렬하니, 저주를 받을 것이다. 그들을 야곱 자손들 사이에 분산시키고, 이스라엘 백성 사이에 흩어버릴 것이다. 8 유다야, 너의 형제들이 너를 찬양할 것이다. 너는 원수의 멱살을 잡을 것이다. 너의 아버지의 아들들이 네 앞에 무릎을

끓을 것이다. 9 유다야, 너는 사자 새끼 같을 것이다. 나의 아들아, 너는 움킨 것을 찢어 먹고, 굴로 되돌아갈 것이다. 엎드리고 웅크리는 모양이 수사자 같기도 하고, 암사자 같기도 하니, 누가 감히 범할 수 있으랴! 10 임금의 지휘봉이 유다를 떠나지 않고, 통치자의 지휘봉이 자손만대에까지 이를 것이다. 권능으로 그 자리에 앉을 분이 오시면, 만민이 그에게 순종할 것이다.

11 그는 나귀를 포도나무에 매며, 그 암나귀 새끼를 가장 좋은 포도나무 가지에 맬 것이다. 그는 옷을 포도주에다 빨며, 그 겉옷은 포도의 붉은 즙으로 빨 것이다.

12 그의 눈은 포도주 빛보다 진하고, 그의 이는 우유 빛보다 흴 것이다.

13 스불론은 바닷가에 살며, 그 해변은 배가 정박하는 항구가 될 것이다. 그의 영토는 시돈에까지 이를 것이다.

14 잇사갈은 안장 사이에 웅크린, 뼈만 남은 나귀 같을 것이다. 15 살기에 편한 곳을 보거나, 안락한 땅을 만나면, 어깨를 들이밀어서 짐이나 지고, 압제를 받으며, 섬기는 노예가 될 것이다.

16 단은 이스라엘의 한 지파 구실을 톡톡히 하여, 백성을 정의로 다스릴 것이다. 17 단은 길가에 숨은 뱀 같고, 오솔길에서 기다리는 독사 같아서, 말발굽을 물어, 말에 탄 사람을 뒤로 떨어뜨릴 것이다. 18 주님, 제가 주님의 구원을 기다립니다. 19 갓은 적군의 공격을 받을 것이다. 마침내 적군의 뒤통수를 칠 것이다. 20 아셀에게서는 먹을거리가 넉넉히 나올 것이니 그가 임금의 수라상을 맡을 것이다.

21 납달리는 풀어놓은 암사슴이어서, 그 재롱이 귀여울 것이다.

22 요셉은 들 망아지, 샘 곁에 있는 들 망아지, 언덕 위에 있는 들 나귀다.

23 사수들이 잔인하게 활을 쏘며 달려들어도, 사수들이 적개심을 품고서 그를 과녁으로 삼아도, 24 요셉의 활은 그보다 튼튼하고, 그의 팔에는 힘이 넘친다. 야곱이 섬기는 '전능하신 분'의 능력이 그와 함께 하시고, 목자이신 이스라엘의 반석께서 그와 함께 계시고, 25 너의 조상의 하나님이 너를 도우시고, 전능하신 분께서 너에게 복을 베푸시기 때문이다. 위로 하늘에서 내리는 복과, 아래로 깊은 샘에서 솟아오르는 복과, 젖가슴에서 흐르는 복과, 태에서 잉태되는 복을 베푸실 것이다.

26 너의 아버지가 받은 복은 태곳적 산맥이 받은 복보다 더 크며, 영원한 언덕이 받은 풍성함보다도 더 크다. 이 모든 복이 요셉에게로 돌아가며, 형제들 가운데서 으뜸이 된 사람에게 돌아갈 것이다.

27 베냐민은 물어뜯는 이리다. 아침에는 빼앗은 것을 삼키고, 저녁에는 움킨 것을 나눌 것이다."

28 이들은 모두 이스라엘의 열두 지파이다. 이것은 그들의 아버지가 그들을

축복할 때에 한 말이다. 그는 아들 하나하나에게 알맞게 축복하였다. ²⁹ 야곱이 아들들에게 일렀다. "나는 곧 세상을 떠나서, 나의 조상들에게로 돌아간다. 내가 죽거든, 나의 조상들과 함께 있게 헷 사람 에브론의 밭에 있는 묘실에 묻어라. ³⁰ 그 묘실은 가나안 땅 마므레 앞 막벨라 밭에 있다. 그 묘실은 아브라함 어른께서 묘실로 쓰려고, 헷 사람 에브론에게서 밭과 함께 사두신 것이다.

³¹ 거기에는 아브라함과 그분의 아내 사라, 이 두 분이 묻혀 있고, 이삭과 그분의 아내 리브가, 이 두 분도 거기에 묻혀 있다. 나도 너희 어머니 레아를 거기에다 묻었다. ³² 밭과 그 안에 있는 묘실은 헷 사람들에게서 산 것이다."

³³ 야곱은 자기 아들들에게 이렇게 이르고 나서, 침상에 똑바로 누워 숨을 거두고, 조상에게로 돌아갔다.

50 ¹ 요셉이 아버지의 얼굴에 엎드려서, 울며 입을 맞추고, ² 시의들을 시켜서, 아버지 이스라엘의 시신에 방부제 향 재료를 넣게 하니, 시의들이 방부제 향 재료를 넣는데, ³ 꼬박 사십 일이 걸렸다. 시신이 썩지 않도록, 향 재료를 넣는 데는 이만큼 시간이 걸린다. 그리고 이집트 사람들이 그의 죽음을 애도하며, 칠십 일을 곡하였다. ⁴ 곡하는 기간이 지나니,

요셉이 바로의 궁에 알렸다. "그대들이 나를 너그럽게 본다면, 나를 대신하여 바로께 말씀을 전해주시오. ⁵ 우리 아버지가 운명하시면서 '내가 죽거든, 내가 가나안 땅에다가 준비하여 둔 묘실이 있으니, 거기에 나를 묻어라' 하시고, 우리 아버지가 나에게 맹세하라고 하셔서, 내가 그렇게 하겠다고 맹세하였소. 내가 올라가서 아버지를 장사지내고 올 수 있도록, 허락을 받아 주시오." ⁶ 요셉이 이렇게 간청하니, 고인이 맹세시킨 대로, 올라가서 선친을 장사지내도록 하라는 바로의 허락이 내렸다.

⁷ 요셉이 자기 아버지를 묻으러 올라갈 때에, 바로의 모든 신하와, 그 궁에 있는 원로들과, 이집트 온 나라에 있는 모든 원로와, ⁸ 요셉의 온 집안과, 그 형제들과, 아버지의 집안사람이, 그들에게 딸린 어린 아이들과 양 떼와 소 떼는 고센 땅에 남겨둔 채로 요셉과 함께 올라가고, ⁹ 거기에다 병거와 기병까지 요셉을 호위하며 올라가니, 그 굉장한 상여 행렬이 볼 만하였다.

¹⁰ 그들은 요단 강 동쪽 아닷 타작마당에 이르러서, 크게 애통하며 호곡하였다. 요셉은 아버지를 생각하며, 거기에서 이레 동안 애곡하였다. ¹¹ 그들이 타작 마당에서 그렇게 애곡하는 것을 보고, 그 지방에 사는 가나안 사람들은 "이집트 사람들이 이렇게 크게 애곡하고 있구나" 하면서, 그 곳 이름을

아벨미스라임이라고 하였으니,
그곳은 요단 강 동쪽이다.
¹² 야곱의 아들들은, 아버지가 명령한
대로 하였다. ¹³ 아들들이 아버지의
시신을 가나안 땅으로 모셔다가, 마므레
앞 막벨라 밭에 있는 굴에 장사하였다.
그 굴과 거기에 딸린 밭은 아브라함이
묘 자리로 쓰려고 헷 사람 에브론에게서
사둔 곳이다. ¹⁴ 요셉은 아버지의 장례를
치르고 난 다음에, 그의 아버지를
장사지내려고 그와 함께 갔던 형제들과
다른 모든 사람들을 데리고,
이집트로 돌아왔다. ¹⁵ 요셉의 형제들은
아버지를 여의고 나서 '요셉이 자기들을
미워하여, 그들에게서 당한 온갖
억울함을 앙갚음하면 어쩌나' 하는
생각이 들어서, ¹⁶ 요셉에게 전갈을
보냈다. "아버지께서 돌아가시기 전에
남기신 유언이 있습니다.
¹⁷ 아우님에게 전하라고 하시면서 '너의
형들이 너에게 몹쓸 일을 저질렀지만,
이제 이 아버지는 네가 형들의 허물과
죄를 용서하여주기를 바란다'
하셨습니다. 그러니 아우님은, 우리
아버지께서 섬기신 그 하나님의 종들인
우리가 지은 죄를 용서하여주시기
바랍니다." 요셉은 이 말을
전해듣고서, 울었다.
¹⁸ 곧 이어서, 요셉의 형들이 직접 와서,
요셉 앞에 엎드려서 말하였다. "우리는
아우님의 종입니다." ¹⁹ 요셉이 그들에게
말하였다. "두려워하지 마십시오. 내가

하나님을 대신하기라도 하겠습니까?
²⁰ 형님들은 나를 해치려고 하였지만,
하나님은 오히려 그것을 선하게
바꾸셔서, 오늘과 같이, 수많은 사람의
생명을 구원하셨습니다.
²¹ 그러니 형님들은 두려워하지 마십시오.
내가 형님들을 모시고, 형님들의
자식들을 돌보겠습니다." 이렇게 요셉은
그들을 간곡한 말로 위로하였다.
²² 요셉이 아버지의 집안과 함께
이집트에 머물렀다. 요셉은 백 년 하고도
십 년을 더 살면서, ²³ 에브라임의 자손 삼
대를 보았고, 므낫세의 아들 마길에게서
태어난 아이들까지도, 요셉이 자기의
자식으로 길렀다. ²⁴ 요셉이 자기
친족들에게 말하였다. "나는 곧 죽는다.
그러나 하나님께서 반드시 너희를
돌보시고, 너희를 이 땅에서 인도하여
내셔서, 아브라함과 이삭과 야곱에게
맹세하신 땅에 이르게 하실 것이다."
²⁵ 요셉은 이스라엘 자손에게 맹세를
시키면서 일렀다. "하나님께서 반드시
너희를 돌보실 날이 온다. 그때에 너희는
나의 뼈를 이곳에서 옮겨서, 그리로
가지고 가야 한다."
²⁶ 요셉이 백열 살에 세상을 떠나니,
사람들은 그의 시신에 방부제 향 재료를
넣은 다음에, 이집트에서 그를
입관하였다.